『ふる郷もの語』　正誤表

47頁　「村落の歴史」　注（1）　……正堂の造語カ。↓剏立《そうりつ》の誤植と思われる。
55頁　「思い出す人々」　第一段落二行目～　憧憬するように……（＝目的や理想に……）↓憧憬する（＝目的や理想に……）ように……
60頁　「無名の英雄」　第三段落二行目　総当《そうとう》　↓相当
95頁　「悪疫防御」　注（1）『双岩村誌』よると　↓『双岩村誌』によると
125頁　「命拾い」　第一段落二行目　型《かたち》　↓型《かた》
128頁　「手織り木綿の話」　第三段落二行目　聞えて　↓聞こえて
166頁　「老松」　第四段落三行目　切り落す　↓切り落とす
168頁　「うら山」　第二段落二行目　明かるう　↓明るう
241頁　「錦山秋月居士」　最終段落二行目　夜な夜な照す　↓夜な夜な照らす
282頁　「境せゝり（中）」　第三段落一行目（二カ所）と第四段落一行目の山村　↓山村《ママ》（山林の誤植カ）
288頁　「幻影の演劇」　注（2）　妹背山婦女庭訓《いもせやまおんなていきんくん》　↓妹背山婦女庭訓《いもせやまおんなていきん》
321頁　「叔父の村」　このページの一行目　伝っている　↓伝わっている
355頁　「孤独なる盂蘭盆会」　このページの七行目　明かるく　↓明るく
359頁　「おまん法事」　このページの二行目　掘り初めて　↓掘り初《ママ》めて（始めて）
381頁　このページの四行目　少なくも彼には　を愛し　↓少なくも彼には□□《（郷土）》を愛し

ふる郷《さと》もの語《がたり》

ある地元新聞記者が記録した、
四国山間部集落における
幕末から昭和戦前の生活世相

曽我正堂 著
曽我 健 編

文生書院

東京府豊玉多摩郡淀橋町柏木70番地（正堂の自宅）にて、明治44年5月16日撮影。
左から：妹・延子、正堂、長女・清子、次女・光子、妻・君代、父・太郎市

家族写真。撮影年月日不明。
左から：正堂、次女・光子、四女・淑子、長女・清子、子供名不明、妻・君代

正堂のパスポート写真

末弟・敏の家族と。撮影年月日不明。
後列右端が正堂

『曽我正堂文集』に掲載された肖像写真

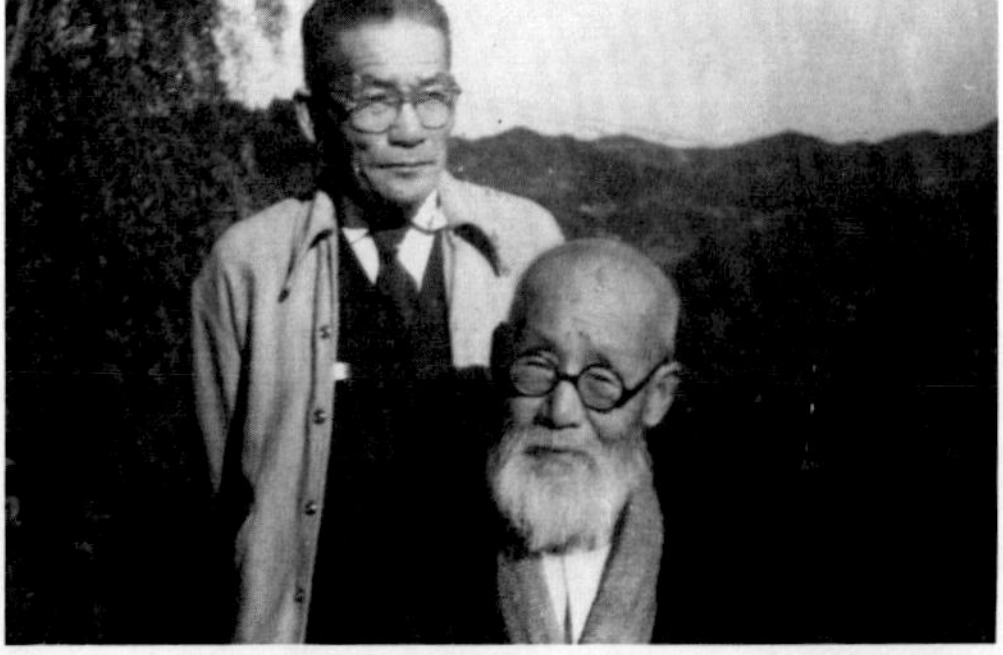

晩年の正堂。八幡浜図書館長の兵藤氏と。昭和33年頃

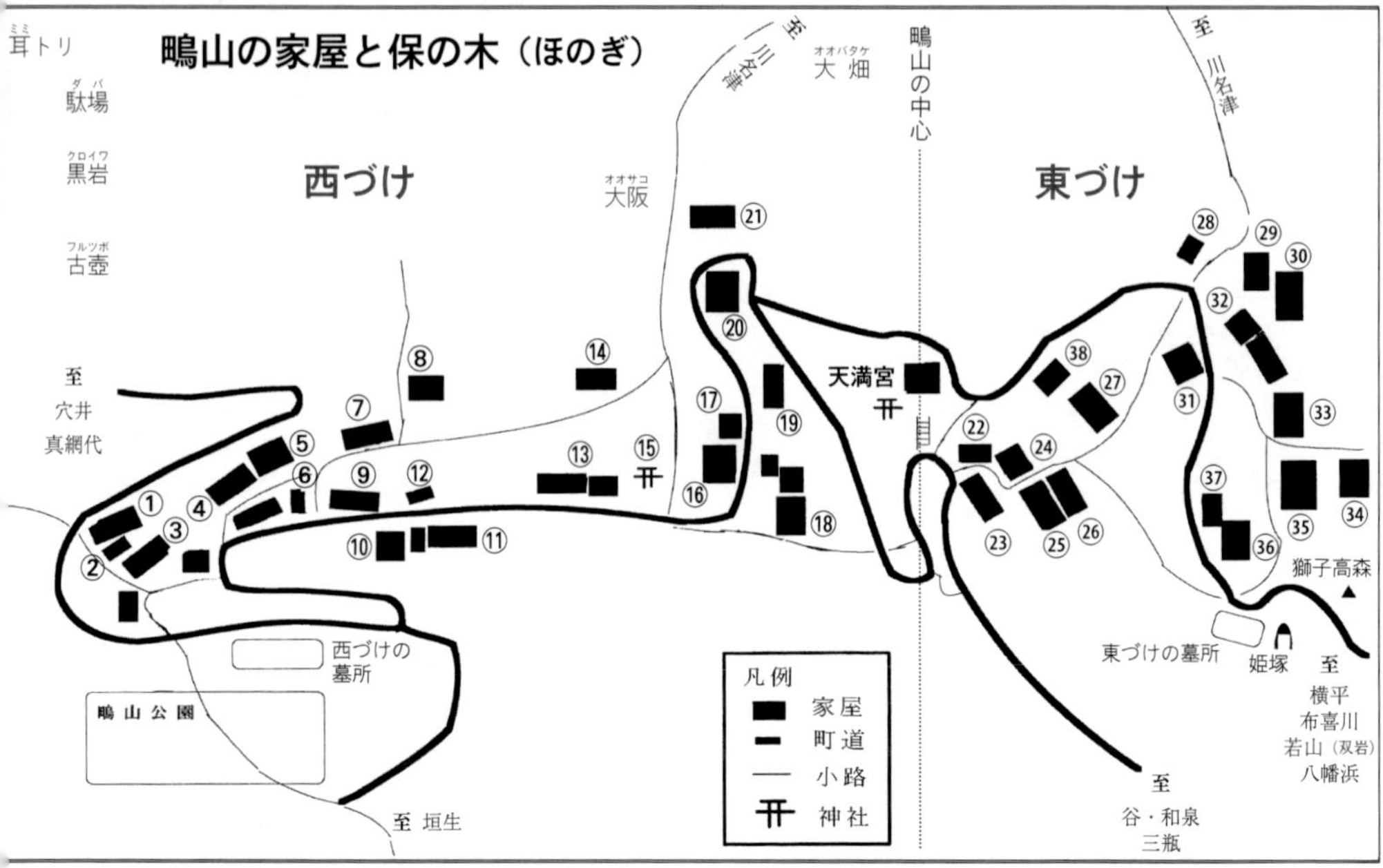

西づけ

① 坂本
② 峠《とう》（家屋なし）
③ 坂本
④ 上（かみ）
⑤ 川の上（かはのえ・かわのえ・かわのうえ）
⑥ 共同浴場（家屋なし）
⑦ 玄八（源八・げんぱち・正堂の生家）
⑧ 宇根（うね・家屋なし）
⑨ 西村
⑩ すきた（家屋なし）
⑪ 下屋敷
⑫ 垣内（かきうち・家屋なし）
⑬ すみとこ
⑭ 庵の上（あんのへ・あんのうえ）
⑮ 青木神社
⑯ 旧幽玄庵（集会所）
⑰ 消防倉庫
⑱ 森（もり）
⑲ 尾の上（おのえ・家屋なし）
⑳ 旧農協支所（現在閉鎖）
㉑ 東坊子（とうばしり・家屋なし）

東づけ

㉒ 村持ちの家（家屋なし）
㉓ 前田（家屋なし）
㉔ 堀の下（家屋なし）
㉕ 立道《たつみち》
㉖ 木戸
㉗ しもなか（家屋なし）
㉘ 共同浴場（家屋なし）
㉙ 空（そら）
㉚ 中山
㉛ 中屋敷
㉜ 屋敷（やしき）
㉝ 親家（おやけ）
㉞ ぬたくぼ（家屋なし）
㉟ 横畑（よこばたけ）
㊱ 岡（おか・家屋なし）
㊲ 新宅（家屋なし）
㊳ 釣井（つりい・家屋なし）

ふる郷《さと》もの語《がたり》

ある地元新聞記者が記録した、
四国山間部集落における
幕末から昭和戦前の生活世相

曽我正堂 著
曽我 健 編

目次

目次

解説

解説

曽我《そが》　健《たけし》

一　『ふる郷もの語』と作者曽我正堂の生い立ち

本書『ふる郷もの語』は、私の祖父、曽我正堂《せいどう》（正堂は号：名は鍛《きとう》）が昭和十一（一九三六）年から昭和十六年まで伊予日日新聞社の同僚であった達川久吉が発行していた『愛媛日曜新聞』に寄稿したものである。正堂はこの『ふる郷もの語』を出版するつもりだったようで、昭和十七年に出版した彼の著書『郷土伊予と伊予人』の最終ページに予告と銘打って「予陽《よよう》偉人群像、ふる郷もの語、伊予文人小伝集補遺《ほい》　全一冊」と宣伝している。「いつ出版できるかわかりませんがぼつぼつ材料が整理されています。郷土伊予と伊予人の姉妹編として刊行の予定です」と注意書きを入れ、予約申し込みをすれば内容目次などを送るとしている。正堂の残した書簡の中には、予約を求める葉書や、予約をしたが何時出版されるのかなどを問いあわせた手紙も残されている。当時は紙が統制されており、結局出版はできなかったようだ。

正堂は戦後、達川久吉が新しく出した『四国公論』という新聞に「続ふる郷もの語」を連載したようだが、戦後のどさくさでスクラップとして残しておらず、私はやっと一、二部残っていた『四国公論』を見つけ、「三友興亡記」（「続ふる郷もの語」）をクリッピングした。したがって、「三友興亡記」は完結した物語とはなっていない。

正堂は記者のかたわら、伊予史談会の会誌『伊予史談』の編集を三十年近く担当しており、郷土史家でもあった。伝記の記述を得意としており『井上要翁伝』『中江種造伝』『上田久太郎翁』などたくさん残している。彼は民俗学にも関心を持っており、民俗学の雑誌に寄稿している。柳田國男《やなぎたくにお》とも親交があったようで柳田を交えた座談会の記事や、柳田からの書簡を残している。

『ふる郷もの語』は正堂のふる郷の様子を平凡に描いている民俗学に関連した冊子のようにも見えるが、その中には彼の生き方や、考え方など彼の人生観を織り込んでおり、戦争、教育、社会への批判も含まれている。

正堂は愛媛県の西部にある佐田《さだ》岬の基部のやや南に位置する小さな山村、双岩村鴨山《ふたいわむらしぎやま》（現、西予市三瓶町）で明治十二（一八七九）年に生まれた。鴨山の戸数は多いときは七十戸ほどあったそうだが、正堂が幼少のときにはすでにもう三十七、八戸ほどになっていたようである。集落は天満《てんまん》神社を挟んで東と西の二つに分かれ、東側の集落をヒガシヅケ、西側の集落をニシヅケと呼んでいる。正堂の生家はニシヅケにあった。ヒガシヅケの集落は西に面していて、ニシヅケの集落は南に面している。

柳田國男より曽我正堂宛てのはがき

　その生家は高台にあって、高い石垣の上に築かれており、見晴らしと日当たりはよかったが、石垣の脇の細い坂道を上り下りするのは不便であった。敷地内には隠居部屋、納屋、倉、母屋が並んで建っており、それらの建物の前は収穫物を干すためのかなり広い庭になっていた。母屋の西側には菜園があり野菜のほかにイチジクの木が数本植えてあった。菜園の西側の隅には牛小屋があった。北側は急峻《きゅうしゅん》な裏山がせまり、その斜面には雑木とともに数本の巨大な赤松が生えており、その松が倉と母屋のはるか上空を覆うように枝を伸ばしていた。松籟《しょうらい》が絶えることがなかった。本書の「老松《ろうしょう》」それに続く「うら山」でも正堂がとりあげている松であるが、随分年老いた松であった。

正堂の生家を含めあたりの農家はどこも石垣で斜面にへばりつき数軒が寄り添うように建てられていた。生家の高い石垣のなかほどにはまるで石垣を五十センチほど山側にずらして作ったかのように下から続く脇道がずっと通っていた。その道は隣の分家へと続いていた。道のすぐ下には一枚の広くて細長い畑があり、幅を狭めながら隣の分家の下まで続いていた。その畑の下とさらにその下には分家が一軒ずつあった。

何かがあるとすぐに、これら分家の人たちが駆けつけてくれた。

正堂が生まれたのは明治十二年七月十五日となっているが、これは登記上のことで、実際には明治十一年三月

正堂の生家（上方の家屋）。昭和30年代前半撮影

正堂が建てた隠居屋。二階は書庫になっていた。
昭和30年代前半撮影

一日らしい。本書の「三友興亡記」を読んでもらえばわかるが、村では出生届に実際の出生日を書かなかった時期もあるようだ。明治六年一月に徴兵令が発せられた。村人たちはこの徴兵令を非常に恐れ、できれば半年でも一年でもずらし、大きくなって兵役に就かせたいと願ったようである。それが半年や一年遅く出生届を出すのを役場の職員が大目に見た原因であるようだ。本書の「最初の兵隊さん」に次のような記述がある。

「当時徴兵といえば血税、血税といって入営すると生血を絞りとられるそうな、この世ながらの生き地獄のように考えられた」

農民がいかに徴兵を恐れていたかがわかる。

本書の「一村の隆盛」に「われわれ人間には、人間の力をもってしてはどうすることもできない一つの運命とか宿命とかいうものがあり、それが、われわれ人間を支配しているとしかどうしても考えられない」と述べている。正堂の本書の作品の中には運命論に影響されていると思われるものが少なくない。運命論とは自分たちが抱える問題は、あらかじめ運命によって決まっていて避けることができないものであり、受け入れるしかないという考えだ。

「世の中というものはなるようにしかならないものだ。それがほんとの世の中であり、ほんとに偉大なる社会というものの力であることをいまつくづく私はわかって来た」と本書の「旧正月」では述べているし、さらに「運命の神秘」では「われわれ人間は結局すべてが運命である。どんなにしても世の中というものはなるようにしか決してなるものではない。人間というものは死のうとしても決して死ねるものではない。それはもっと生きようとしても生きられないのと同じことである」と論じている。迷信や方位の吉凶などを信じることがなかった正堂であったが、当時、彼は長男と四女それに実母をたてつづけに亡くしており、それらが影響してことさら運命を強調したのかもしれない。

「一村の盛衰」にもあるとおり、医学の発達していない当時は原因不明の病などで大黒柱を失うことも珍しく

正堂の父母・太郎市とヒサ

なかった。「祖父の時代」と「祖父孫之進」に書いてあるように、正堂の祖父、孫之進は幼少時に父をなくし家は没落しかけたが、母を助け没落しかかっていた家を再建し、大小の池や多くの田畑を開いた。孫之進の生涯は朗らかさと、健康の生涯であった。

　孫之進の息子である太郎市、つまり正堂の父であるが、彼は農業をしなかった。学問や芸術に非常に興味を持っていたようで、幼い頃、村には寺子屋がなかったために、字の書ける村人に弟子入りし、師匠の家の用事を手伝いながら懸命に字を習った。青年期は行商をして、土佐との境近くまで行ったらしい。明治維新で村役場が出来たとき吏員となり、のちに村長になった。本書の「コレクター」にあるように太郎市は書画骨董が大好きでたくさん集めて暇なときにはいつも眺めていたらしい。村のいろいろな記録をとって保管することも趣味であったようで、その記録は正堂が『双岩村誌』を作るときに大いに役立ったようである。もちろん本書の元となる記事も大いに恩恵をうけているのである。

　娯楽に乏しい田舎で、最大の楽しみは祭りであった。西予市宇和町にある山田薬師は今でも縁日には人出が多いが、本書の「山田薬師」を読むとその賑やかさがうかがわれる。本書の「お峠祭り」からは高揚している、幼い正堂の様子が伝わってくるようであるが、明治三十年代の国策による小規模の村社や無格社の整理統合で統合され、青鷺《あおさぎ》神社は今はあとかたもない。本書の「穴井《あない》芝居」の中に「よく穴井芝居に川名津《かわなづ》神楽《かぐら》といわれていた」とある。テレビやラジオなどがない時代であり、芝居や神楽は子どもたちに強烈な印象を与えたと思われる。穴井芝居の衣装や道具のいくらかは今も残っていて、虫干しされている様子を新聞紙上で見かけることがある。川名津神楽は今もさかんで毎年、四月第三土曜日に川名津の天満神社で行われる火祭り、柱松《はしらまつ》神事で奉納される。正月前になると祖母がヤマクサ（ウラジロ）を取りに行くように言った。ヤマクサは近くの林にいくらでもあった。それから納屋に保存してある稾《わら》たばを持ち出し、少しずつ水をふりかけながら木槌でたたきほぐして、慣れぬ手つきで綯《な》ってしめ縄を作った。りっぱなものは作れなかったが十分であった。しめ縄にヤマクサをつけて、家の各所にかざった。このようにして正月を迎える準備をした。正堂が「歳末風景」や「元旦」で述べているような神聖で盛大な正月風景は私たちが幼いときにはすでに村のどこにもなかったように思う。

私たちの村では旧暦の七月入りまでに墓掃除をして、七月入りにお参りを済ませることになっている。お盆には墓に行き線香に火をつけ、それを消さないように気をつけて仏様を案内して家まで帰った。これは私の役目だった。正堂は元気なときは精霊棚《しょうりょうだな》を組み立ててそこに仏壇から位牌を移し、果物や野菜を供えた。本書の「盂蘭盆会《うらぼんえ》」にあるような盆踊りは私の小学校時代まではあったように記憶する。

正堂が本書の「亥の子」に書いている亥の子はわれわれの時代の亥の子と違いはない。ご祝儀を分けてもらえるので、毎年楽しみに待っていたものだった。亥の子がいつまで続いたのかはよくわからない。私たちのあとまもなく終わったのかもしれない。

幼少時、正堂はあまり体が丈夫ではなく、長男であることから大事にされすぎたためよく病気になったようだ。それは本書の「不思議な命」に書いている。成人となっても同様であった。

小学校時代に関する記事は、本書の「小学時代の一」と「小学時代の二」くらいで他にはほとんどない。正堂は鳴山の博愛小学校を終え、明治二十二年、歩いて片道一時間半ほどかかる若山《わかやま》尋常小学校に入学、翌年同校を卒業している。高等小学校は八幡浜《やわたはま》にあったが、歩いて通うのは無理で、彼はこれ以降、明治二十八年まで通学

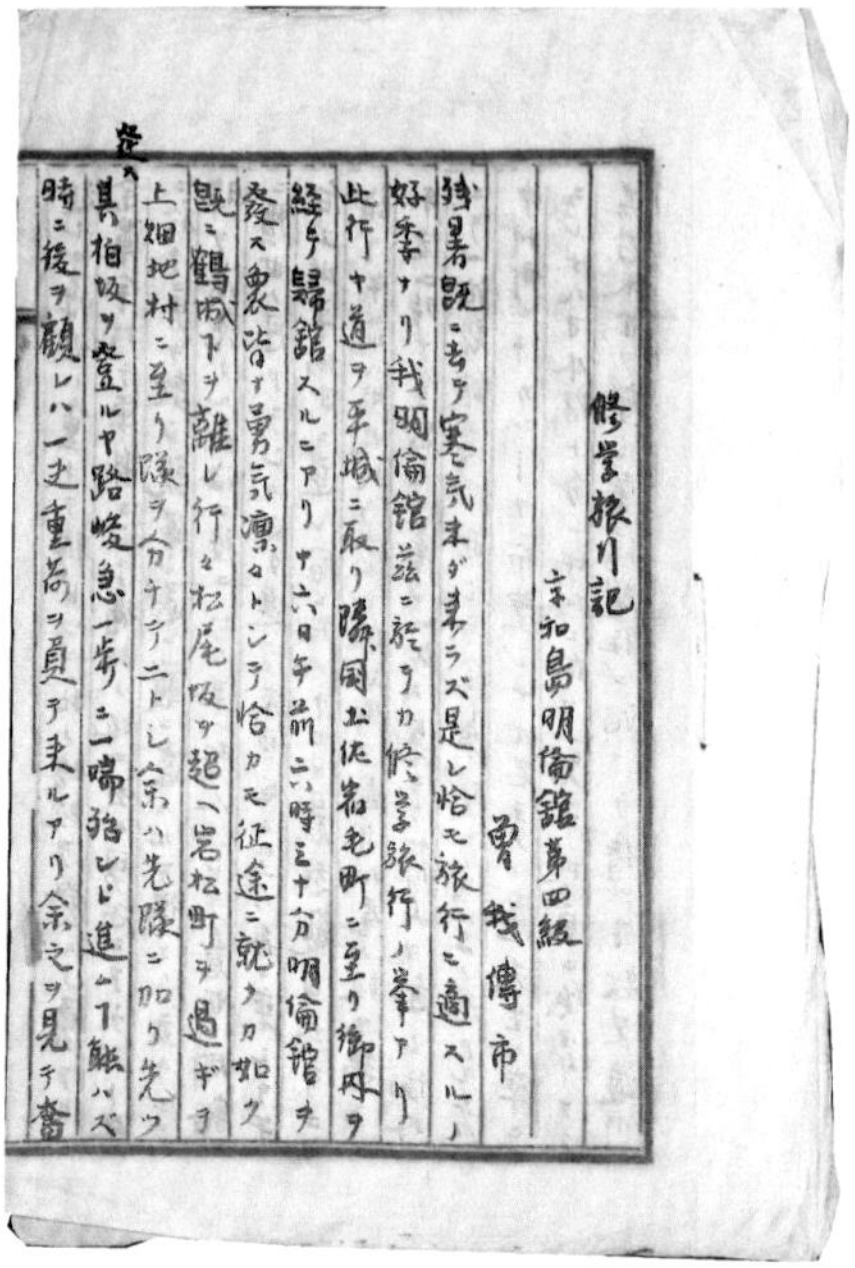
修学旅行記
宇和島明倫館第四級　曽我傳市
残暑既ニ去テ寒気未ダ来ラズ是レ恰モ旅行ニ適スルノ
好季ナリ我明倫館茲ニ於テカ修学旅行ノ挙アリ
此行ナ道ヲ平城ニ取リ隣国土佐岩毛町ニ至リ御内ヲ
経テ帰館スルニアリ十六日午前六時三十分明倫館ヲ
発ス衆皆ナ勇気凛々トシテ恰カモ征途ニ就クカ如ク
既ニ鶴城下ヲ離レ行々松尾坂ヲ超ヘ岩松町ヲ過ギテ
上畑地村ニ至リ隊ヲ分チテ二トシ余ハ先隊ニ加リ先ヅ
其柏坂ヲ登ルヤ路峻急一歩ニ一喘殆ンド進ム丁能ハズ
時ニ後ヲ顧レハ一丈重荷ヲ負テ来ルアリ余之ヲ見テ奮

明倫館時代の正堂の作文「修学旅行記」

せず、祖父孫之進と農業にいそしんだ。

正堂は農業も農民も好きであった。学問のない農民が大学を出た人間より劣るとは思わなかった。

「人間は学問があるから偉い、書物が読めないからつまらない人物だというようなことはない。人物の大小、その人格の高い低いは決して学問の如何《いかん》によるものではない」と本書の「無名の英雄」で断言している。さらに活動の舞台が一山村や一漁村に限られ、時代が保守と固定の時代であるため、山の百姓や浜の漁師の中に混じっている多くの英雄や偉人はその名が顕《あらわ》れないだけなのだという。そのため彼は鳴山の英雄伝に挑戦している。「伴さん一族」をはじめ「酒豪荒さん親子」、「佐平爺さん」とたくさんの英雄を紹介している。

明治二十八年に宇和島明倫館《めいりんかん》に入るが、翌年、明倫館は廃校になり、入れ替わりに開校した愛媛県尋常中学校南予分校に入学、明治三十二年、松山中学へ転校した。明倫館の様子を次のように愛媛タイムス刊『曽我正堂文集』で語っている。

「それからまた、わが宇和島明倫館なるものの校舎たる、もと藩の作事場《さくじば》だったということであるが、まことにそれはお粗末千万な建物で、窓にはれんじがついており、それに紙障子が入っていたように記憶する。裏側の廊下に太い竹が柵《さく》代わりにはめこまれていた」

明倫館に在学したのは一年間だけであったが、修学旅行記を残している。

「残暑既《すで》ニ去テ寒気未《いま》ダ来ラズ是《こ》レ恰《あたか》モ旅行ニ適スルノ好期ナリ我《わが》明倫館茲《ここ》ニ於《おい》テカ旅行ノ挙アリ……」で始まる一千二百字ほどの作文を罫紙《けいし》二枚に書いている。題は「修学旅行記」で宇和島明倫館第四級曽我伝一と記されている。本書の「三友興亡記」でも述べているが、正堂は幼名を伝一といった。鍜《きとう》に改名したのは彼が二十歳の時である。本書の「無名の英雄」にあるように、大叔父の良吉が名付け親になって改名したのであった。

修学旅行の目的地は高知の中村で、現在の四万十市であった。当然行きも帰りも歩き通しである。文語体で書いているのだが、二葉亭四迷の『浮雲』が出たのが明治二十年であるので、まだ言文一致体は習っていなかったのかもしれない。

珠山の進言により八幡浜市徳雲坊・梅之堂に安置された三尊仏

愛媛県尋常中学校南予分校には松山中学から左氏珠山《きししゅざん》が異動してきた。ちょうどこのころ漱石が熊本の第五高等学校に転任している。左氏珠山は漱石の「坊ちゃん」に出てくる漢文の先生のモデルといわれていることは本書の「左氏珠山」でもふれられている。私は珠山が子供の頃よく我が家に来ていて、孫之進の大の仲良しであったこと、凶漢に斬り殺された現場に正堂がいたことを本書の「左氏珠山」のもとになった記事を読んで初めて知った。明治五年、珠山は宇和島藩の旧藩主に梅之堂《うめのどう》三尊仏の八幡浜への返還を進言し、返還が実現したことでも知られている。三尊仏は現在八幡浜市徳雲坊《とくうんぼう》の梅之堂に安置され、庭に左氏珠山の碑が建てられている。

正堂は転校した松山中学では校友会である保恵会《ほけい》に入り保恵会雑誌の編集に力を発揮した。教師や卒業生に原稿の督促の手紙を出していたのか、片上伸《かたがみのぶる》や東草水《ひがしそうすい》の、原稿が遅れた言い訳めいた手紙が残っている。桜井忠温、水野広徳《ひろのり》、片上伸、服部嘉香《よしか》らとは松山中学で知り合っている。安倍能成はクラスメートだった。桜井忠温《ただよし》は正堂の妻君代の従兄《いとこ》であるので、桜井家とは家族ぐるみのつきあいであった。正堂は忠温と歳《とし》が近かったのと考えが合ったのか非常に仲がよかったようで、忠温は『曽我正堂文集』の表紙を彼独特の装画でかざってくれた。忠温の兄の鴎村《おうそん》や弟の忠武、妹の清子の書簡も残っている。

正堂は明治三十四年、私立東京専門学校高等予科に入学、翌年卒業、次いで東京専門学校が改名された早稲田大学の英文科に入学した。自分の大学時代について書いた記事はなにも見つかっていないが、課程表のメモ書きや名簿を残していた。課程表のメモによると、一学年から三学年まで英文学と英文学史は坪内雄蔵《ゆうぞう》（逍遥《しょうよう》）に、またブラッドベリー、ホースウェル、スチブンソンなどの外国人講師から英語を習い、さらに加えて二学年では小泉八雲《やくも》などにも習っている。

当時の早稲田大学大学部文学科は英文学科と哲学科に分かれていた。正堂の在籍した英文学科には四十一名、哲学科には三十八名の生徒がいた。英文学科には石割《いしわり》松太郎、吉江喬松《たかまつ》、小川健作（未明）、日高只一《ただいち》らがいた。石割松太郎や日高只一らとは卒業後も親交があったようで、書簡類が残っている。

明治三十八年七月十五日、正堂は早稲田大学を卒業した。就職口をさがしてみても、容易には見つからなかった。それでもやっと帝国大学内に設けられていた三上参次《みかみさんじ》が主任でやっていた史料編纂《へんさん》室に臨時雇いに採用された。日給三十五銭であった。正堂が父、太郎市に出した手紙によると、三上参次はとても親切な人で、懸命に正堂の就職口をさがしてくれた。しかし適当な就職口も見つからないので、史料編纂室の嘱託に採用するよう文部省（現、文部科学省）に手続きをしてくれたようである。手紙には三上の話が次のように記してある。

「『とにかく編纂員嘱託にしておく。山本や藤井は、月二十二円で一週間のうちで数時間休暇が与えてあるが、君は毎日出勤する事にして、二人よりは報酬を余計にする事にするから』とおっしゃっても下さったので一寸《ちょっと》でもそうしてもらえば小子《しょうし》（＝目上の人に自分を謙遜していう語）のためにはいいでしたから早速そういう通りにして頂《ちょう》戴《だい》する事になりました」

手紙によると辞令が下りる直前に三上から三井の話が出ている。

「三井の編纂室へ人を出す、報酬は三十円、ということで、更に先生からそのはなしがあってその方へ行きたければ行くようにとり計らってやるとのおはなしで、無論小子は金にこまって居ますから、少しでも報酬の余計の方がよいと思って三井の方へ行く様にお願いしましたのです」

明治三十九年三月一日、正堂は三井に出社した。三井の様子を次のように伝えている。

三井本館の昇降機（エレベートル）　戦前えはがき

「正面の建物が銀行で左は物産会社、右は小子の出る同族会です。左でも右でも玄関へ入るとエレベートルというものがあります。呼び鈴を押すと上から台が下がってくる電気の機械で人を台にのせて二階でも三階でもおくってゆくのです」
「編纂室は三階にあります。岡文学士、柴文学士、沼田文学士その外に村田、伊□両君と小子とこれだけが編纂員で、横井博士が編纂長でその上に顧問に三上、有賀両博士があります」
正堂は収入が安定した機会に、松山で下宿させてもらった石川家の次女石川君代と同三十九年結婚した。二人の子供にも恵まれたが、仕事はきつく、体は病魔にむしばまれていった。三上はいろいろと便宜を図ってくれたようだが、これ以上迷惑もかけられず、東京に居ては病も治らないと判断し、明治四十四年、三井退職を決断し帰山、療養に専念した。

二　正堂の記者時代

家族とともに鳴山に帰山した正堂は一年ほど療養し、松山に出た。子規の友人で俳人の柳原極堂《やなぎはらきょくどう》主宰の伊予日日新聞に主筆として招かれたからだ。

当時松山には『海南新聞』『愛媛新報』『伊予日日新聞』の三紙がしのぎを削っていた。『海南』と『愛媛新報』は政党の機関紙のような役割をになっていたので、財政的にはややゆとりがあった。厳正中立を掲げる伊予日日新聞は購読者だけがたよりであった。そのため、注目されるようにと活動は派手で、いろいろな催し事を開いた。俳句大会や自転車大会、料理講習会、四国では初めての飛行大会まで開いた。派手な催し事にも拘《かか》わらず、同社は極端な経営難で、社員にサラリーが出ない月もあった。極堂は常に金策にかけずり回っていた。次のように正堂は『曽我正堂文集』に書いている。

「それは柳原極堂さんの独力経営で、本尊様そのものから貧乏を堂々と標榜《ひょうぼう》、貧乏そのものを新聞経営の看板ないしモットーにしていたような新聞であった。

だから、われわれが貧乏なのはもとより当然であった。わたしも頑張ってはいたものの相当まいった。それで遂《つい》にわたしは大阪毎日新聞社に片足つっ込むようになり、それでもってやっとわたしの生活のゆとりもついて来た」

このようにして正堂は『大阪毎日』の愛媛版の記事と、『伊予日日新聞』の社説を書くことになった。

大正十三年、『海南新聞』が政友本党とともに政友会を去ったので、困った政友会愛媛支部長の岩崎一高《かずたか》は『伊予日日新聞』の買収工作をしかけた。極堂は水平社の問題、関東大震災朝鮮人虐殺《ぎゃくさつ》事件、甘粕《あまかす》事件などをひるまずにとりあげ批判してきた『伊予日日新聞』を政党の機関紙にはしたくなかった。昭和二（一九二七）年、彼はこれ以上中立を保つことは不可能と判断し終刊することを決断した。以後正堂は大阪毎日の通信員に専念した。

昭和七年二月四日、新渡戸稲造《にとべいなぞう》が松山へ講演に来て鮒屋《ふなや》（旅館）において「わが国を亡ぼすものは共産党か軍閥かである。そのどちらが恐いかと問われたら、今では軍閥と答えねばなるまい」と記者会見で述べた。オフレコとのことであったが『海南新聞』が執拗《しつよう》にこれを批判し報道を続けた。

それに呼応するかのように在郷軍人会も稲造を追求し、新聞報道で全国に知られるようになった。稲造の生命にまで危険が及んだ。正堂は『海南新聞』の記事は誤報だとする「新渡戸博士談話誤報事件」という記事を『大阪毎日新聞』愛媛版に載せた。新渡戸はそれで精神的にずいぶん助かったらしい。しかしその記事は『海南新聞』を激高させ、『海南新聞』の非難の矛先を『大阪毎日新聞』にも向けさせた。在郷軍人会は帝国在郷軍人会本部に稲造糾弾を提起し、本部で開かれた評議会で稲造は自らの発言を陳謝した。これがいわゆる松山事件である。

柳原極堂　『四国公論』より

稲造はこの事件の後、反日の嵐の吹きすさぶアメリカへ渡り日本の立場を訴えた。帰国後はカナダで開かれた太平洋会議に出席したが、病に倒れビクトリア市の病院で亡くなった。終戦後、歴史は稲造の松山の発言が正しかったことを証明した。日本はまさに国家滅亡への道をたどったのだった。

私が小学校の六年生の時のことだ。暗い我が家の茶の間で食卓を囲んで、祖父正堂と祖母、母が座っていた。正堂はふだんは終日寝込んでいたが、珍しくその日は寝間着の上に丹前《たんぜん》を着て起きていた。三人はひそひそと、話をしていた。正堂はもう自分は長く生きられないと感じていたのだろう。祖母と母もそう思っていたと思う。祖父から聞いておくべきことを聞き出していたのだった。

私はこの日の会話を忘れることができない。それは正堂が涙を流して話していたからである。話の内容は、昔、記者Mに重要な取材を命令したが、酒が好きなその記者は途中で飯屋により、一杯のつもりで酒を飲んだところがやめられず結局酔っぱらってしまい大事な取材をすっぽかしたということであった。

正堂の残した記事の整理をするようになって、この話が正堂の大阪毎日新聞の退職に関わっていると気づいた。その事件は昭和九年五月二十三日午後九時ごろ、松山高等商業学校（現、松山大学）の校長渡部善治郎《わたなべぜんじろう》がギャング団に拉致されて瀬戸内海の睦月島《むづきじま》に幽閉され、校長を辞するよう誓約書を書かされ、校長は帰宅するとすぐ辞表を出したが、ギャング団の首魁が自校の卒業生であったという奇妙な事件であった。この事件で大阪朝日松山通信部は特ダネを得て通信部主任は栄転、正堂の率いる大阪毎日松山支局は何も報道せず敗北したのである。

当時正堂が生徒の将来を考えて報道を差し控え、特ダネを逃したとまことしやかに世間で言われていた。「ちょっとの、ためらいによる敗北にもかかわらず支局の諸君は曽我さんに対する不満らしい言葉を全然洩らさなかったというのは曽我さんが「特ダネの栄誉」を瞬時、胸の抽出《ひきだ》しにしまわれたその気持を支局員の諸君が理解していたからだと思う」と『曽我正堂文集』で元愛媛新聞営業局長の藤田正が述べているが、そうではなくMの取材放棄を支局員はみな知っていた。しかし事実を話せば大阪毎日新聞社の信用をさらに落とすことになるので、それを恐れて支局員すべてが沈黙を守ったのが真相だろう。正堂も沈黙を保ち自分がすべてをかぶる以外方法がなかったのだろう。M以外の支局員には、のちに『黒部の太陽』を書いた木本正次《きもとしょうじ》、若くして亡くなったが樟蔭女子専門学校（現大阪樟蔭女子大学）の教授となった千葉政清《まさきよ》、愛媛新聞論説委員となった杉本敏夫がいた。優秀な記者がそろっていたのである。

当時、この事件の原因は渡部校長の私生活上のトラブルだと言われていた。しかし松山大学の川東竫弘《やすひろ》教授の論文（「松山大学の歴史と創立の三恩人・校訓「三実主義」について」『松山大学論集』第二九巻第二号、二〇一七年六月）によると、実際には渡部校長が自分の校長就任に異議を唱えた古参の教授・佐伯光雄を突然解雇したことが原因とのことだ。佐伯の教え子が解雇に反発して起こした事件であった。

正堂はこの事件の二ヶ月後に定年退職した。事実上の引責辞任であった。正堂はこのあと昭和十年二月に長男進《すすむ》を、翌年十一月に四女淑子《よしこ》を亡くした。長男進を亡くしたときに正堂が父の太郎市に出した手紙がある。

「……けれどもいまのわが淋《さび》しい心、暗い心、それは恐らく一生の淋しい暗いこころでせう、いまはどうしてよいか、ただあふれ出る涙あるのみです。私にもどうしてよいかわかりません、昨夜敏《さとし》（引用者注・正堂の末弟）も来てくれました、泣きかつ語りつつ通夜の第一夜をあかしました……」

この事件がなかったら正堂は大阪毎日松山支局長を続けていたであろうし、そうするとこの『ふる郷もの語』も生まれなかったし、その他の随筆も残されなかったろう。

そう思うと複雑な気持ちになる。

正堂の長男・進

令和二（二〇二〇）年十月、正堂宛の書簡の中から美濃部達吉《みのべたつきち》が正堂に出した手紙が見つかった。昭和十年十月三日の消印がおされていた。達吉が貴族院議員を辞職した直後に書かれており、窮地《きゅうち》に立った達吉を励ます手紙を正堂が出したようで、その手紙に対する礼状であった。その内容は、懇篤《こんとく》の手紙をもらい感銘の至りで深く奉謝《ほうしゃ》すること、結局最後は（貴族院議員辞職で）腰砕《こしくだ》けのやむなきにいたり慚愧《ざんき》の至りであること、学問の仲間内から権力や暴力のために迫害を受けるのは心外であること、今後も言論の自由の許す限り、命ある限り学問のために尽くす所存であることなどが書かれていた。

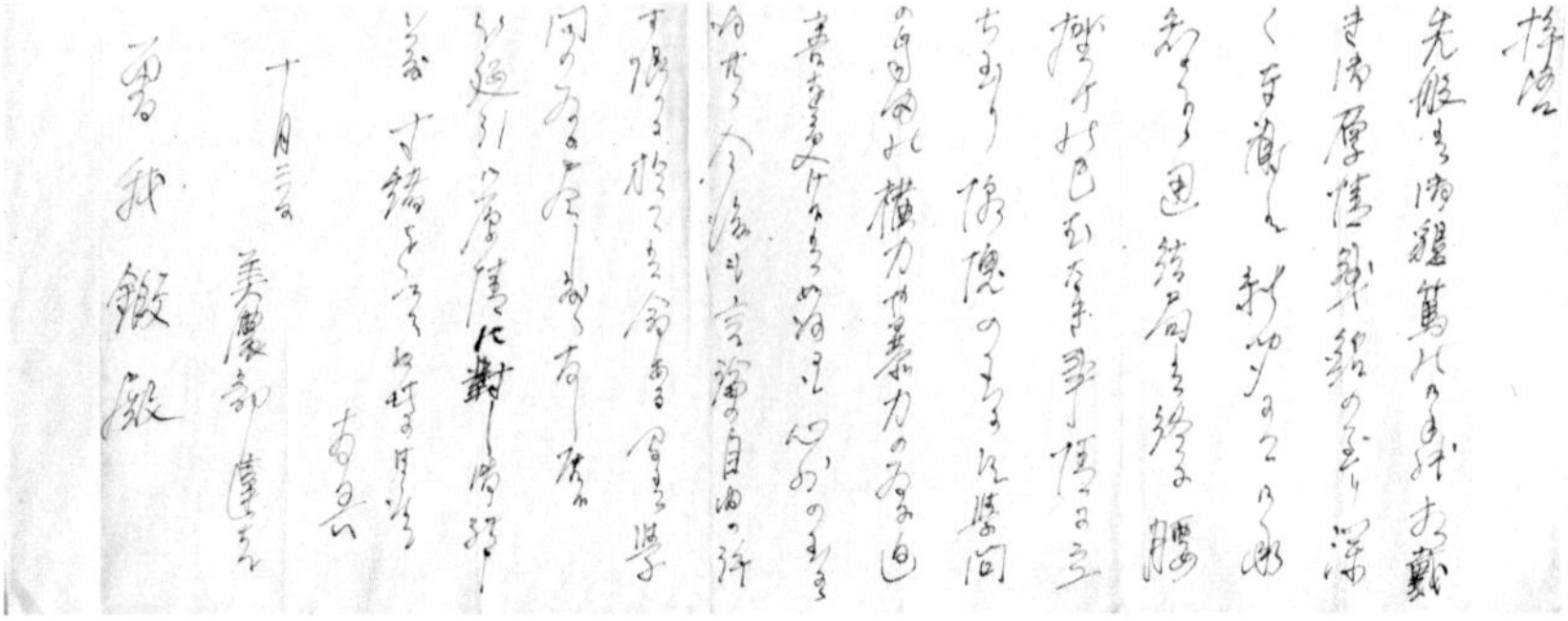

美濃部達吉より曽我正堂宛ての書簡

信頼できる者への手紙であることが読み取れた。美濃部とはたぶん帝国大学の史料編纂室で知り合ったのだろう。手紙は令和二年、兵庫県高砂市の美濃部親子文庫に寄贈した。

昭和十二年頃から自由主義的知識人への弾圧が激しくなり、正堂も十二年八月に書いた伊予新報の随筆を特高が問題視したため、一年半の休筆を強いられた。当時の事情を『曽我正堂文集』では次のように述べている。

「わたしどもの小学校時代には、わが農村で徴兵に合格するということは人《ひと》身御供《みごくう》にのぼることを意味していた。それは監獄にぶちこまれることと大した相違はなかった。（中略）その農村の愚鈍《ぐどん》な豚のような子弟をやがて出征一辺倒に養成し、育成しあげた日本帝国の国民教育をわたしは、しみじみ偉いものだと思ったのである。（中略）とにかくわたしの伊予新報に寄稿したその随筆が遂に特高の問題になり、その日わたしの随筆の載った伊予新報は同時に発売禁止処分に付され、おまけになお続いて随筆を連載するなら発行禁止もまた止《や》むを得ないと内示されたりして、わたしはやがて随筆のペンを折り、……」

昭和十四年一月二十四日から再開した。その随筆は次のようなものである。

「おそらく事変下の一年は、平和時代の三十年、五十年にもつつから（＝相当する）だろう。われらもの心ついて五十年、いまだかつてかくの如きもの凄《すご》い時代の大嵐を知らなかった。（中略）われらの微々たる人間の力でもって、どうしてこの大自然の暴威に抗することができよう。蟷螂《とうろう》の斧をふるって鉄車に向かうよりももっとそれは愚かなことである。だからその嵐にさからうものは傷つき倒れ、そのうしおに乗るところのものはやがて支配する。かくて眼《め》をもつものは眼を奪われ、耳をもつものは耳を奪われ、舌をもつものは舌を、ペンをもつものはペンを奪われつつ、（中略）愚鈍《ぐどん》にして怯懦《きょうだ》、何一つものにならないわれらではあるが、（中略）これからまた「わたし」の随筆をつづけることにした。この機会に「わたし」の随筆に日々一瞥《いちべつ》を賜《たま》い、もしくは賜わんとする皆様に特に深甚の敬意を捧《ささ》げさせて頂く」

昭和十六年十一月三十日に彼の随筆は『愛媛新聞』（現在の愛媛新聞とは関係なし）と改題した『愛媛日曜新聞』および『伊予新報』と共に終わった。昭和十六年十二月一日から新聞事業令で『海南新聞』『南予時事新聞』『伊予新報』の三紙が『愛媛合同新聞』として統合され、県内の他の新聞は廃刊を強制された。昭和十七年三月に愛媛県文芸協会が創立されたので、正堂はそこの仕事を手伝い、四月には『正岡子規伝』と『郷土伊予と伊予人』を出版している。昭和十八年三月～五月に月刊『愛媛文化』を創刊号から第三号まで編集出版し、『不及翁余影《ふきゅうおうよえい》』を出版した。

正堂の妻・君代。昭和30年代後半撮影

昭和二十年三月、戦争が激しくなり、松山に空襲がせまったために鳴山に戻ることにした。もうそのころは制空権はアメリカに完全に奪われていて、松山でもいつ空襲があるかわからず汽車に乗るのも危ない時代であった。

正堂と妻の君代はなんとか無事双岩駅に降り立った。二人はとぼとぼと歩きだし、若山集落の裏山の坂を上った。その坂を登り切ればあとは平坦《へいたん》な山道が続き、三十分ほど歩けば横平《よこひら》集落に達し、それか

正堂の末弟・敏

らまた三十分ほど歩けば鳴山集落に着くのである。二人は裏山の坂を登り切り、峠で一休みしながら今後のことを話したようだ。正堂はそのときの様子を『曽我正堂文集』に次のように書いている。

「われわれ、二人はそこにやがて腰をおろし、疲れたその足をのばして、しばしその樹の下蔭《したかげ》にやすらい、そしてうち語らったのであった。そのときわたしは老いたる妻に、否《い》な老いたるわたしそれ自らに、こうしみじみと言ったのである。

これでわたしの生活行脚もやっと終結だ。これから何年われわれは生きるか知れないが、とにもかくにもわれわれはこの山に落ちつき、最後はこの山の土となり、そしてその霊魂は、わが祖先とともにいつまでも安らかにこの静かな山の上に眠ろうではないか。もちろん大東亜戦争の前途などはわれわれには一切わからない。ただわかっているのは、毎日アメリカのB29がわれわれの上をわがもの顔に飛んでいる事実それのみである。（中略）これからわれわれは村に帰って甘藷《かんしょ》を栽《う》え、茄子を蒔《ま》き、胡瓜を蒔き、トマトをつくって粥をすすり、また山に木の実も拾ったり、小川に蟹《かに》をあさったり、なんとかして飢えを凌《しの》いで、世の中の成りゆくさまを見守ろうではないか。すべてはわが祖国のなりゆく運命であり、また同時にわれわれ個々の国民のそれが運命でもあるのだ」

故郷《ふるさと》に戻った正堂は、慣れぬ農業をしながらなんとか妻の君代と過ごしていた。そこへ私の兄を連れて朝鮮から長女の清子が引き揚げてきた。すぐに私が生まれた。正堂はわれわれを食べさせていくためにがむしゃらに働く以外に道がなかった。体の弱い彼にとってしょせんそれは無理であった。それでも七〜八年は元気に働き続けたが、昭和三十三年頃、肺炎で三瓶の仲村医院に入院、退院してからは寝たり起きたりの生活になった。脳動脈硬化症にかかっており、よく意識がなくなり、そのたびに医者を呼んだ。

正堂が亡くなった日には、正堂の末の弟で和泉《いずみ》へ養子にいっている敏が朝から来てくれていて、正堂の寝ている座敷の枕元に私と二人でいた。祖母は看病疲れで隣の部屋で休んでいた。私の母清子は炊事場にいた。正堂は午前中は眠ったり目を覚ましたりしていた。午後になると目を覚ますことはなくなり、息も静かになった。二時か三時頃だったろうか、突然正堂は大きい息をした。その瞬間に敏が私に向かってさけんだ。

「じいちゃんとおらべ（＝さけべ）。呼び戻せ」

私は声をつまらせながら

「じいちゃん」とさけんだ。

敏が

「兄さん、兄さん」といいながら、ワッと泣き出した。祖母や母が座敷にとんできた。

正堂の最期だった。昭和三十四年十二月二十八日午後三時二十分、享年八十一で静かに逝った。

三　『ふる郷もの語』の舞台、鳴山について

作者曽我正堂のふる郷である鳴山という集落は、昔は重山と書いたらしい。それは本書の「植林時代」の中に正堂が書いているが、実際にどう呼ばれていたか、いつから「シギヤマ」と呼ばれ始めたかなど詳しいことが分かっているわけではない。

たまたま「重山文書《しげやまもんじょ》」と呼ばれる南北朝期から室町期初頭にかけての五点の古文書が愛媛歴史文化博物館に保

正堂の生家の庭からの眺望。正面右前方：和泉、左：谷
昭和 44 年頃撮影

正堂の生家の庭からの眺望。右前方：谷、左手前の小高い山：獅子高森
昭和 44 年頃撮影

存されており、それにより南北朝時代にはすでに集落が成立していたことが証明される。村の開拓が始まったのはそれより前であるので、正堂は本書の「村落の歴史」で「おそらく事実は一千数百年、もしくは二千年内外であろうとわたしは思う」と述べている。正堂のいうことが本当だとしたら二千年続いた村が、今や世帯数はわずか八世帯、十人の住民が住むだけとなってしまった。

この「重山文書」のなかにいくつもの保《ほ》の木《ぎ》が出てくる。保の木とは土地の名前の総称のことで、私の住む地域では昔、保の木と呼んだようだが、他の地域では別の名前がいろいろあるらしい。詳しくは本書の「保の木」をお読み頂きたい。「重山文書」に出てくる語句のうち、保の木だろうと私が思う語句は次のとおりである。「よこばたけ、いもじり、なかばたけ、うめのきざこ、大ばたけ（オオバタケ）、大さこ（オオサコ）、ふるつぼ、くろいわ、だば、元はち（ゲンパチ）」であり、大ばたけ、大さこ、ふるつぼ、くろいわ、元はちはわが家が代々所有していた土地であった。わが家はゲンパチという屋号で、ニシヅケにあった。

集落には自然にできた平地はほぼない。したがって山の斜面に石垣を築き宅地や農地を確保しなければならなかった。村人は谷底を流れる川から自分たちが斜面にへばりついているその山の山頂まで一部の山林をのぞき、少なくとも五百年以上石垣をえいえいと積み上げて生活してきたのである。その石垣はいい加減なものではない。私は今までに、村の石垣が崩れたのを見たことがない。村じゅうが堅固な石垣で出来ているといっても過言ではない。

川は三本流れている。そのうちの二本は天満神社を挟むように神社の東側と西側に一本ずつ流れ、神社の石段のすぐ下で合流している。他の一本は西側の集落の裾を西から東に流れ、集落の入り口で神社の下を流れてきた川と合流している。このあたりになると私の高校時代までは狭い水田が棚田となって川に沿って続いていたものであった。川は東に流れ、やがて鴫山から大きな谷を挟んで正面に見える和泉《いずみ》集落の裾に至り、和泉集落の北隣の谷集落から流れてきた川と合流し南に向きを変え朝立《あさだつ》川となり三瓶《みかめ》湾に注《そそ》ぎ込んでいる。

集落の坂道を五十メートルほど登ると山頂に至る。山頂からは八幡浜市の町並みが、そして川名津《かわなづ》や上泊《かみどまり》の集落が見渡せる。左氏珠山が生まれた舌田も見える。この山頂の保の木はオオバタケといい、「重山文書」中のオオバタケである。そこはちょうどラクダのこぶの間のようなところで随分見晴らしのよいところである。宇和海は足下にあり、遠くに見える佐田岬半島と手前の諏訪崎で八幡浜湾が遮《さえぎ》られているように見えるのでまるで湖のようだ。かつて鳴山の隣の横平《よこひら》集落から穴井集落まで波打つように続く尾根道を歩きながら箱庭のような景色をながめ続けることができたものだった。この山頂の尾根道を横切るように川名津に行く山道があって、三瓶から八幡浜に行く近道となっていたので、戦前と戦後しばらくは通る人もかなり多かった。本書の「双難」に登場する正堂が迷った道はこの道である。川名津から上ってくるその道はオオバタケで山頂を通る尾根道と南東と南西に下る二つの小道と結び合っていた。南東へ下る小道はヒガシヅケに至り、南西に下る小道はニシヅケに至った。このオオバタケの峠には大きなクヌギの木が二、三本生えていた。

本書の「双岩村分裂記」にあるように昭和三十年、双岩村は消滅し、鳴山と和泉は三瓶町と合併し、他の村は八幡浜市と合併した。私たちはバスで三瓶小学校に通うことになった。そのため私は八幡浜市と合併した横平と布喜川の中間にあった双岩村立布喜川小学校に一年だけ通った。

その学校から平坦で広い新道を通らず、わざわざ山頂の道を通って帰ったときは、私たちはいつもそのクヌギの木の下で休み、それから二手に分かれて家に戻った。もちろん今はそのような道もクヌギの木も消え去って、山頂の十数メートル下を農道が走っているが、そこから見る景色は平凡で昔の面影はちっとも感じられない。

ヒガシヅケの端に岡ノハナという保の木がある。そこはすこし谷の方に張り出した小高い丘で、そこにヒガシヅケの墓地の大半があり、その中に姫塚《ひめづか》がある。正堂は五年を費やして、大正八（一九一九）年に出版した『双岩村誌』にこの姫塚を取り上げている。姫塚が文字で記録されたのはこれが最初であったろう。癩《らい》病にかかった京都の公家のお姫様がうつろ船に乗せられてながされ、陸地に上がろうとすると、その辺の者が押し流した。

やっとお姫様は鴨山に来られて村人に養ってもらったので、この村には癩病患者が出ないよう守ってやるといって死なれたということである。この口碑《こうひ》をはっきりと裏付けるものは何もなく、姫塚といわれる塚が残っているだけである。本書の「癩姫塚」はこの口碑をもとにした正堂の創作と思われる。次の「五輪塔の歌一首並短歌」も口碑にもとづいて正堂が作ったものだろう。続く「飯野山《いいのやま》城」も正堂の創作であろうが、穴井《あない》集落と垣生《はぶ》集落の間の小高い山上に城があったことだけは、地形や残存物から確かであるようだ。本書にはほかに「飯野古城《じょう》址《し》に就いて」（上）（下）（補遺）もあるのでこちらもお読みいただきたい。次の「幽玄庵《ゆうげんあん》」は今の集会所のある場所（口絵参照）に以前あった庵寺でそこの金《きん》の仏像が盗まれたという口碑をもとにしている。次の「武蔵黒岩六部」の中には鴨山の保の木が織り込まれている。

四　正堂の人生観

正堂は『伊予新報』の随筆「雛《ひな》の行方」で、農村というものは都市のための孵卵器《ふらんき》のようなものだという。都市のために必要な人材をどしどし孵化《ふか》し、大きく育ててすべて無償で都会へ飛び立たせている。これでは農村をいつまでも維持できるはずがない。加えて農村は農業だけではもはや維持は困難である。農村も商工業に頼る以外に生き残る道はない。それができない村は将来消え去るのみであると述べている。正堂の予測は間違っていなかった。現在すでに多くの村は廃村となり空き家と墓が残るだけになっている。このような村は今後ますます増えていくだろう。正堂がこの「ふる郷もの語」を書くことを思い立ったのは、後世の人々が消え去った、または消え去ろうとする農村の暮らしの中から彼らの生きる糧を見いだすだろうと考えたからにちがいない。

正堂は人間というものはいくら高度な知識や技術を持ってもそれだけでは幸せにはなれない。それらを持てば持つほど悩みも増すという。それでは人間は何によって救われるのか。彼は『伊予新報』の随筆「炉辺語」にその例としてゲーテのファウストとトルストイの生き方を取り上げ、自らの人生観を語っている。それをここに取り上げる。

「ゲーテのファウストは、悪魔メフィストフェレスの魔力で、あらゆる学問、あらゆる事業、あらゆる人生を経験し、支配したが、ついにいずれにも満足することができず、その最後に百姓になり、孜々《しし》として荒野を開拓し、これに穀物の種子を播《ま》いて、初めて人生の満足を得たかのようにわたしは思う。またかのトルストイ翁は、若くして人生の悩みを抱き、あらゆる教理、あらゆる学問によって、その煩悶《はんもん》を解脱《げだつ》せんと試みたが、ついにまた何の得るところもなかった。結局無知な農民の素朴な、原始的なその信仰によって、初めて救われ得たのであったと思う」

ゲーテにしろ、トルストイにしろ最後は農民の素朴な生活と素朴な信仰に救いを求めたのだと正堂はいう。

正堂は続いて次のようにいう。「いまわたしはつくづく思い起こす、わたしの死んだ祖母が、向こうの山のこなたから、東の大空にかけて、美しい虹がかかると、よく話してくれた。『あの虹の橋がたっているあたりの地下を深く掘り下げると、そこには七つの貴い宝が黄金の壺《つぼ》にはいって埋まっている。その七つの宝を掘り出したもののみが、あの七彩《なないろ》の虹の橋を渡り、天に昇ることができるが、しかしわれわれ人間は、決してあの虹の橋に近づくことはできない、あの虹のかかっているあたりに行けば、もうそこには虹の姿はなく、われわれ人間は永久に七つの宝を得ることもできず、また天に昇ることもできないのだ、それがすなわちわれわれ人間の運命というものである』と」

正堂の祖母は、人間の欲望というものは限りないものであり、はかないものでもあるので、それをいくら追い求めても幸せにはなれないということを諭している。幸せを求めたいなら正堂のいまいる農村で求めよと教えたのである。しかし若い正堂にはそれが理解できず、ふる郷を旅立った。

「或《ある》いは花の都といい、或いは賑《にぎ》わう城下というも、それは要するにわが人生の墓場に過ぎない、そこにわたしはまた何ものをも得ることはできなかった」

半世紀を過ぎて、自らの過去を振り返ると、正堂にはむなしさだけが残った。祖母のいう通りであった。

「ほんとの幸福、ほんとの安心というものは、やはり原始的な百姓の素朴なる生活、素朴なるその信仰によってはじめて得られるものであり、端的にこれをいえば、その百姓の家の炉辺にこそ、それが求められ得るのではないかと、わたしはこれを思うのだ」

これが彼の人生への結論であった。

いまこそ、見捨てられ、忘れられようとしている山村にもういちど光を当て、見直してみてはどうだろうか。

正堂と君代の墓碑

凡例

・原文は、旧字・旧仮名で記されているが、現代読者の便をはかるため新字・新仮名にあたらためた（歴史的史料の引用はその限りではない）。詩、俳句、和歌等文芸作品のみは新字・旧仮名とする

・明かな誤字脱字、当て字は訂正し、句読点をおぎなった

・難解と思われる用語は編者により文中に（＝　）として解説を記し、長文にわたる解説が必要なもの、あるいは参考文献のあるものについては各見出し末に注記した

・現代の見知からは差別的ととられる用語が使用されているが、作品が書かれた年代を考慮し、そのまま掲載するが、編者の判断で伏字（■■）とした箇所がある

ふる郷もの語

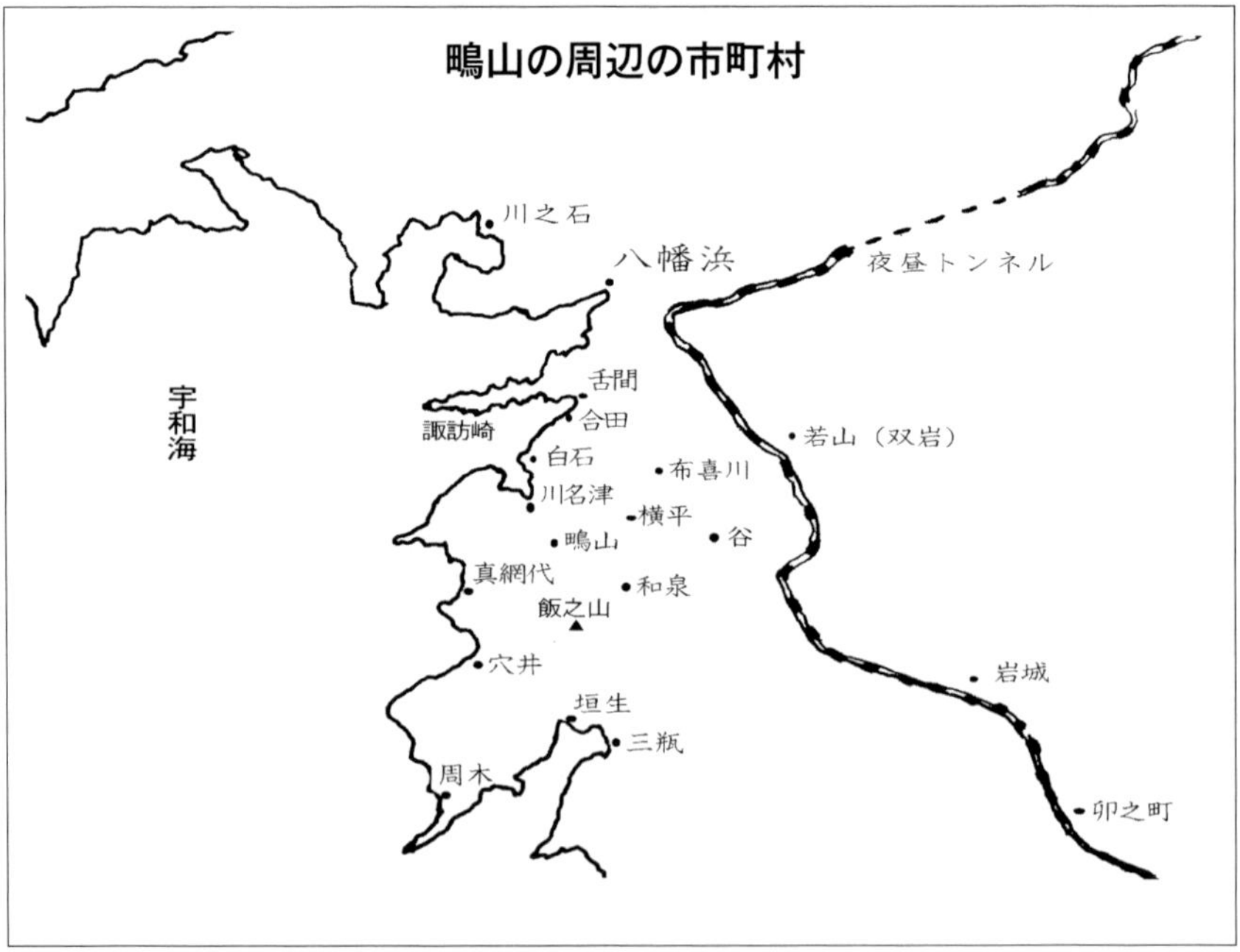

鴫山の周辺の市町村
川之石
八幡浜
夜昼トンネル
宇和海
舌間
合田
諏訪崎
若山（双岩）
白石
布喜川
川名津
横平
谷
鴫山
真網代
和泉
飯之山
穴井
岩城
垣生
三瓶
周木
卯之町

1　はしがき

越鳥《えっちょう》は南枝《なんし》に巣くい、胡馬《こば》は北風に嘶《いなな》く、何人もその故郷《ふるさと》ほど懐《なつ》かしいものはないであろう。(1) いかに人間《じんかん》(＝にんげん) 到《いた》るところ青山《せいざん》あり(2)といっても、雨のあした、風の夕べ、絶えず偲《しの》ばるるはそのふる里のくさぐさの(＝さまざまの) 懐かしい思い出である。いでわたしの故郷《ふるさと》、わたしがまだ紅顔《こうがん》の一少年であった時代の故郷人《ふるさとびと》や、故郷人の生活、その環境などについて少しくこれを語らしめよ。もとより無名の一農村、その草木とともに、またその小鳥や昆虫とともに、徒《いたずら》に(＝意味もなく) 花咲き花落ちつ、平和に生まれ、平和に活《い》き、そして平和に死んでゆきし人々、いまその人々の言行《げんこう》や、事跡や、逸話を少しく憶《おも》い起こしてみたいと思ってももう、二昔も三昔も前のことではあり、茫乎《ぼうこ》として(＝とりとめなく) 全く夢の如く、少年時代の楽しかりしいろいろなる年中行事、いつまでも忘れられぬ懐かしい深い印象といったところで二、三十年も前のことは、いつとなくぼやけゆき、はっきりとした連絡のつかないことのみ多く、とうていまとまった故郷《ふるさと》物語の書けるはずはない。書き終わってみたならば、おそらくたわいのないものとなるであろうが、明治時代の農村生活のプロフィールのいくらかを、極めてぼんやりとでも書き伝えることができたならば、まずお手拍子喝采《てびょうしかっさい》とでも申すべきところであろう。

(1)［文選、古詩十九首、其一「胡馬依北風越鳥巣南枝」］南方の越の国から渡ってきた鳥は、故郷を慕って、樹に巣をかけるにも南の方の枝をえらぶ。故郷を慕う心の切実なことにたとえる。

(2)［蘇軾詩「是処青山可埋骨」］青山＝骨を埋めるところ。自分の大きなのぞみを実現するためには、故郷だけにこだわらず、広い世間に出て活動すべきであるという教え。

2　一村の盛衰《せいすい》

わたしは、この頃つくづく人間の運命というものについて考えるのであるが、われわれ人間には、人間の力をもってしてはどうすることもできない一つの運命とか宿命とかいうものがあり、それが、われわれ人間を支配しているとしかどうしても考えられないのである。村の古老たちが語り伝えたことや、わたしの少年時代以後の村の盛衰について考えてみてもたしかに村の盛衰に一つのリズムがあり、ある不思議な、不可抗力に支配されて、ある時代には、一家の大黒柱たる戸主もしくは戸主級の壮年者がつぎつぎに死んでゆき、しかもそれが東西の二つの組にわかれている、その東組にのみこの不可思議な見えざる呪いの手が及んで、数年間にほとんど働き盛りの戸主を全滅せしめ、その結果一時東組は後家さんの主婦と未成年の戸主ばかりになったりしたことなどもあったのである。こうした村の盛衰にしても、これを運命というより外に何人《なにびと》をも十分に首肯《しゅこう》せしむるに（＝納得させるに）足る合理的説明が果たして存するかどうかということをわたしは少なくも疑問とする者である。

またある時代には不思議に東づけの組が景気がよく比較的富み栄え、これに反対に西づけの組は常に悲境をかこったり、またある時代にはその反対であったり、もちろんこれには一部説明のできる理由も存しないではなく、その時代時代のリーダーがときによって非常に真面目で勤勉で、その感化力がその周囲の人々に及び、かくてわが村人の精神大いに作興《さっこう》し（＝盛んになり）緊張努力の結果、急に村が朗らかに、知らず知らず富んで来たとか、これと反対に、むやみに酒を飲んだり遊興したりする青年が多くなり、その結果いつしか村をあげて経済的に行き詰まることになったとか、そういうことももちろんあるにはあるのであるが、そういう合理的説明のできる事実をば引き去って、そのあとに残る説明のできない、一村の栄枯盛衰の跡についてこれを考えるときに、わたしはどうしてもそこに村の一つの運命、その盛衰のリズムのうらにあるわれわれには全く不可知なる、そして不思議なる一つの運命というものがそこに存することを何となく信ぜざるを得ないのである。（昭和十一年十一月二十日）

3　多々羅《たたら》杏隠《きょういん》

いまでも物を売るうちというものは一軒もない、全く商業絶無の一小農村で、強いて物を売る家をもとめるならば、郵便箱がかかっていて、そこに郵便切手やはがきを売っている、ただそれだけである。外《ほか》には現金をもって物を買ううちといっては絶対に一軒もない。わたしのふる里というのは、そうした純農村である。

それでもいまから約八十余年前、ことし八十五歳のわたしの老父の赤ン坊時代には、疱瘡《ほうそう》お医者さんと呼ばれた、当時では頗《すこぶ》るハイカラの一人のお医者さんが住んでいたこともある。それは多々羅《たたら》良碩《りょうせき》さんと称し、名は正誠、雅号を杏隠《きょういん》といった方、わたしの郷里《ふるさと》、鴨山に住まわれたのは多分三、四年間くらいのものであろう。

その長男でわたしの青年時代に周木《しゅうき》（現、西予市三瓶町）で開業医をなさっていた、わたしの老父と同年の故谿哉さんは、わが鴨山《しぎやま》で生まれた方だと聞いている。それから次男の恕平先生――東大の農科大学講師などをなさっていた方――は玉津《たまつ》、三男の勇さんと四男の健吉先生はいずれも朝立《あさだつ》（現、西予市三瓶町）の産、健吉先生は、わたしが宇和島明倫館《うわじまめいりんかん》に入学した時分、その明倫館の教諭をなさっており、わたしは先生のお宅に丁度一ヶ年間お世話になったのであった。

この多々羅良碩先生がどうした因縁で、わが鴨山のような不便な、さびしい片山里《かたやまざと》、戸数といっても僅《わず》か三、四十戸の農村に一時的にもしろ住まわれたものであろう。いま考えても甚だ不思議に感ぜられるのであるが、老父などのいうところによると、当時の鴨山にはすいほう(1)で無縁地《むえんじ》の治右衛門などというその頃の大のハイカラで、いわゆる旦那衆気取りの、山村には珍しいインテリ階級の人物が一人いて、年中力士だの、遊び人などを世話していたそうで、多々羅先生なども自然そんな手よりから来住されたものであろう。その住宅というのは鎮守の杜《もり》のすぐ麓《ふもと》で村持ちの小さい草《くさ》ぶきの家があってそれが充てられていたといわれている。

わたしの祖母の話によっても、その頃の鴨山部落はなかなかハイカラで、煙花《えんか》だの、しかけ花火だのその時分にはとても珍しい豪華な催しものがときどき催されたのだそうで、少なくもわが故郷《ふるさと》の文化史上、この時代が最も華やかな時代であったと想像される。

多々羅良碩先生は小松藩三津屋浦——現在周桑郡多賀村(2)——の出身で相当漢学の素養もあり、書もなかなか巧みで、狂歌をよくし、わたしの祖父などと非常に親善で、老父も津布里や朝立時代にたびたびこれを訪ね、その揮毫《きごう》(3)を沢山もらっていたが、特にわたしの記憶に残っている狂歌のなかに

雪の富士姫
まぶかに被る
嫁入りを何処へ駿河《するが》か白帽子

仮名に書きなす熨斗《のし》の面影
かた山に生いてめでたし早蕨《さわらび》は

たちいの間にも物忘れして
老いたりと笑わるることの多かりき

喜ぶ文字にかはる初春
華の家も七とせ過ぎて俗ならば

うない児が春を待夜の嬉しさは
寝るに寝られず寝られずに寝る

などというのがあった。

またかって宇和島藩主伊達氏から侍医に招聘《しょうへい》の交渉があったとき

地震にも動かぬ心薬箱
身の一生は藪《やぶ》に呉竹

と詠じこれをことわられた逸話が世にひろく知られている。その没年は明治二十三年十一月十四日で、三浦で逝《ゆ》く、享年七十八。

（昭和十一年十一月三十日）

（1）粋人、侠客。（『広辞苑』第五版）
（2）現在は西条市三津屋。
（3）（筆をふるう意）書画をかくこと。揮筆《きひつ》。（『広辞苑』第五版）

【参考1】多々羅良碩　「お国側面史話」（十）

先君姓多々羅氏、名正誠通称良碩、号杏隠、周布郡三家村人、周防山口城主大内氏之遠裔也。幼好学、遊於篤山先生之門、及壮学医於浪華。弘化中移宇和郡、賓於宇街之医二宮氏、課其児之暇、就氏益研刀圭術、竟以為業而尽瘁於種痘。評縦多歳迄明治初、以朝立浦為終焉之地。初種痘之入干本　邦也、人多忌避焉、先君斡旋干山村水郷之間、百方懇諭至賭首而保其効。当時種痘之遍行干遐垂、免於痘瘡之惨毒者、先君之功歟。晩節寓懐於俳歌寄興於江湖白鴎蒼烟之外独握一竿風月之権、諷詠自適、戯弄一世。且三余課村童、以為楽。終身不仕、其述懐歌曰、地震仁毛動加奴心薬凾身乃一生波薮仁呉竹。明治廿三年十一月四日、以病卒、享年七十八。配山本氏五男一女、第三男夭。嗚呼我兄弟、慈親而有厳師之恩終不能報其万一、可憾哉葬朝立浦。諸嘗受教誨者咸来会。蛍在浦北之高丘鵬際晴開、遥巒縹渺、嶼問之布帆、鴎外之漁艇、金鱗之潜躍、収在一眸、庶幾少慰其霊而已。

銘曰　濯々天真　抜俗出塵　節此淵明　不試一酉　志在朱四　逍遥漆園　竈烟屡冷　笑語常温　吐辞解頤　揮毫生雲　於戯清操　輿松柏存　足以警破　名走利奔　刻銘墓石　垂我後昆

陽堂《ようどう》（＝正堂の父、太郎市の号）翁《おう》かつて語つて曰《いわ》く、良碩先生がわが鴨山部落に住はれたのは三年ばかりだと聞くがはつきりとした年月はどうもわからない。その長男の谿哉さんがわしと同齢で鴨山で産まれられたといふから嘉永四（一八五一）年にはすでにこの村に来てゐられたことは明らかだ。わしができたときに良碩先生がおよろこびに来られて

〝おきよさん、あんたはきれうよしだから、できた子も美くしからうの〟

といつて、その添い寝をしてゐる赤ン坊を少し布団をひきあげて見られると、それはそれはおかしなまずい顔をしてゐたので、そのまゝだまつてふとんをかぶせたぎり何ともおつしやらなかつたと母がよく語つてゐた。

×

鴨山に三年ゐて、それからどこへ行かれたかよく知らないが、次男の恕平さんは東宇和郡の海岸の岩江部落にできられたそうで、それでその号を巌浦といつてゐられた。おそらく鴨山からそこにうつられたものであらう。それから周木にもゐられたことがあるといふが、つゞまり結局津布理《つぶり》のお寺の下の方へ移られ、それから朝立《あさだつ》のいまの予州銀行のあるあた

りへ小さい家を建てられてそこで終られたもので、いまの三瓶町に晩年はずつと住つてゐられたのだ。

×

老境に入られては釣が唯一のお楽しみで、いまは埋め立てゝすつかり市街になつて了《しま》つたが津布理と朝立の間に塩浜新田があつた、天気のよい日はいつもその海岸でゴチハゼを釣つてゐられた。一生貧乏ばかりしてゐた風流人でそれは恬淡《てんたん》な好い方であつた。年をとられては歯がなくなり、沢庵《たくあん》がかめないからといつて小さい臼で自分で漬け物を搗《つ》いては食べてゐられた。木の臼ではそれがうまくつけないからと、小さい石臼をつくらせて使用されてゐた。その石臼は出入の石屋が石碑の文字をつねに書いてもらふので、それの御礼につくつてさしあげたものだとのことであつたが、そのまはりに一首の狂歌が彫りつけてあつた。まだお孫はどこにもできてゐなかつた頃であつたらう、その狂歌といふのは〝孫あらばおもちやにやらん小石臼爺が話の思ひ出のたね〟といふのだつた。

×

一生清貧に安んじてゐた方であつたから随分不自由もされたものであつたらう。或る節季であつたが、少々借してある金があつたので催促がましく行くのも気の毒で、その付近まで行つたけれどわざと立ち寄らないで帰つた、それからその翌春お訪ねしたところが、

〝お前はわしの金のないことをよく知つてゐたものと見えて暮れにはとうとう来なかつたの、よし来てくれたところで実は一文も払ふ金はなかつたのだ、やつと春になつて少々都合がついたからけふはそれを払うぞ。わしも昨年の暮ぐらゐやりくりがつかないで困つた年といふものはなかつた。しかたがないので布団を頭からかぶつて寝てゐた、そうするといろいろのことが胸のうちに浮ぶもので〝婆さんや紙と硯《すずり》箱をこゝへもつて来てくれ〟といつて、そいつをぽつりぽつりと書いてゐたところがこれほどできてやつと大晦日《おおみそか》の夜が明けたよ〟と話された。

それを読んでみると皆ンな狂歌で非常に面白い真情流露とでもいふものか、年の瀬の実感がそれはそれは面白く詠まれ

てゐる。全部で五、六十首もあつた様に思ふ。あまり面白いので

〝わたしにこれを写させて下さい〟

といってそれを写しかけると、

〝わしがそんなら短冊にそいつを書いてあげよう〟

といつて十枚ばかり書いてもらつてもどつて来た。それがいまのけてあるとい丶と思ふのに皆んな人にやつて一枚も残つてゐない。わしはあい口であつたので遊びに行くといくらでも書いてもらつたもので、お婆さんがよく

〝あなたにだけはいくらでも書きますのに、他の方のはあれあんなに床に沢山にたまつて、なかには十年ぐらゐも前に頼まれたのもありますよ〟

といつて笑はれたりしたこともあつた。

×

この碑文は、三瓶町のうしろの山の墓石に刻られてゐるもので谿哉さんに写して贈つてもらつたものであるが、文章は恕平さんがつくられたもので釣の狂歌なども載せてあり、もつと長文であつたが彫刻し得ないために飯田翁が大分削つて短くされたものだといふ。

【参考2】医者　『双岩村誌』（一八〇頁）

村に始めて医師の開業を見たるは、嘉永二三（一八四九・一八五〇）年の頃大洲藩出身の青野涼泉が若山に住居したると、小松藩出身の多々羅良碩が鳴山に来住したる時なるべし、現在には中津川に和家哲哉、若山に小川清、井上永治の両医あり、その他の各部落に於いてはいづれも医師を欠き、八幡浜、神山、三瓶、真穴、川上等より之れを聘《へい》してその治療を受けつ丶あり、尚ほ難治の病気に対しては大分、福岡、京都等に出養生する者あり

4　左氏珠山《さししゅざん》

わたしの祖父が四十二の年賀のとき舌間《したま》の修験者(1)宝珠院《ほうじゅいん》さんを迎えて大般若《はんにゃ》経の読誦《どくじゅ》（＝読経）を願ったが、この宝珠院さんなるは毎年春のお日待《ひま》(2)ちによく鳴山へやって来られた。来られればいつもわたしのうちを宿にして泊まられたそうであるが、ある年のお日待ちに多分親子一緒だったであろうが、令息の、あとで左氏珠山といった方、まだそのときは、十四、五歳の少年であったが東づけの方へご祈祷に行かれて夜遅くなってもなかなか帰って来られない。

わたしの祖父がどうされたのであろうと非常に心配しているところへ夜半過ぎてやっと帰って来られた。そしてしきりにうれしそうににこにこしておられるので、どうされたんかと聞いたところが、

「わたしは今日は思いがけないいゝ宝を得ました。実はお日待ちをすまして帰りがけに、多々羅良碩先生を訪ね、いろいろ学問上のお話をして来たが、わたしの知らないむつかしい字を一字多々羅先生に教えてもらいました。いろんな学問上の話から遅くなりました」

といわれたので、わたしの祖父は、学問というものはそんなに楽しみなものかとつくづく感心したといって、よく後年そのことをくり返し話していた。

この左氏珠山先生はその名を憧《すなお》、通称を良吉といった方で、晩年松山中学校や南予分校で漢学の先生をなさっていた老詩人で、夏目漱石の「坊っちゃん」で初対面の印象に漢学の先生は流石《さすが》に堅いものだ、昨日お着きで、さぞお疲れで、それでもう授業をお始めで、大分ご励精《れいせい》で ── とのべつに弁じたのは愛嬌あるお爺《じい》さんだとあり、またそのうらなり先生の送別会のところでは、向こうの方で漢学のお爺さんが歯のない口を歪《ゆが》めて、そりゃ聞こえません伝兵衛《でんべえ》さんお前とわたしのその中は……と迄は無事にすんだが、それから？　と芸者にきいている、爺さんなんて物覚えのわるいものだとある、有名な「坊っちゃん」のモデルの一人である。

わたしの祖父は、左氏珠山先生とは大の仲よしであり、よく珠山先生の思い出を話していた。かつて裁判官をつとめておられたことがあり、その時代に神経痛か何かにかかられて片手が不自由になりついにそれをよされたんだというようなうわさ話がいまにわたしの記憶にかすかに残っている。

その後わたしは宇和島に遊学し、中学校の第一年は私立明倫館《めいりんかん》で学び、その翌年に松山中学の南予分校が宇和島に設けられ、明倫館は廃止されることになったので、われわれは入学試験を受けて県立松山中学南予分校の第二年生に編入されたのであったが、そのときに松山の本校から分校に新たに赴任して来られたのが左氏憧先生その他の数名の諸先生であった。われわれは左氏老先生には漢文と習字を教えてもらっていた。大きな口を開けて大きな声を出す先生で、焉《えん》という字はすなわち鳶《とび》で虚字《きょじ》(3)であり、うえへ鳶の飛び上がるようにはね返ってかかるところの一つの意義を持っている、という風に、まことに快活に愉快そうに教場をぶらぶら歩きつつ講義された。その老先生の長く垂《た》れた白髯《はくぜん》(=白いほおひげ)姿をいまわたしはときどき思いうかべおそらく初めてわれわれの教場へ先生が出て来られたときだったと思う、出席簿の生徒の名を呼びつつ、その顔に順次一瞥《いちべつ》を与えておられたが、それがわたしの順番になったとき、

「おうお前が孫之進《まごのしん》さんの孫か。日曜日にでもこの夏帰省するまでに一度ぜひ宅の方へ遊びに来てくれ。お爺さんは相変わらず元気か。わしが孫之進さんに差し上げたいものがあるから今度帰省するまでにきっと忘れないで来るように」

と、くれぐれもいわれたのであったが、そのいわれた言葉の通り夏休みまでに訪問すれば、それでよいことだとわたしはすぐには訪問しないでいた。

ところがある日の朝、わたしが下宿していた警察署裏の中の町をくだり、当時南予分校の仮校舎のあった丸の内の方へ曲がり、その歩みを進めると、丁度その辺に建っていた割長屋《わりながや》で鶴鳴館《かくめいかん》という木の標札《ひょうさつ》のかかっている前に白い単衣《ひとえ》に黒襦子《くろじゅす》の袴《はかま》をつけ下駄を穿《は》いた左氏珠山先生が黒い蝙蝠傘《こうもりがさ》を抱くようにかかえ赤血に染まって倒

れていられるではないか、しかもその前夜降った雨がまだ水たまりを作って、そのあたりに残っており、その水たまりがあたかも血の池のようにそこに漂《ただよ》っており、そして白髯の老先生の白衣の肩から鮮血が流れていた。その近所の人々や通りかかった人々がしきりに鶴鳴館に出たり入ったりして立ち騒いでいる。やがて先生の令息の申吉さんが大きな木刀か何かを持っていきせき駆けつけられるなど、その惨《さん》たる現場の光景を四十余年後の今日わたしはいまなおありありと思いうかべることができる。その加害者というのは高知県人で前記の鶴鳴館というささやかな塾を開いていた、すこし気の狂った老人だったということであった。こうした不慮《ふりょ》の災難のためにわが左氏珠山先生はついに逝去され、わたしはついに先生を自宅に訪問する機会を永久に失って了ったのであった。それは明治二十九（一八九六）年七月二十日朝のできごとである。

（昭和十一年十二月十日）

（1）修験道の行者。多く被髪で、兜巾《ときん》を戴き、篠懸《すずかけ》および結袈裟《ゆいげさ》を着け、笈《おい》を負い、金剛杖をつき、法螺《ほら》を鳴らし、山野をめぐり歩いて修行する。もとは太刀を佩びた。山伏《やまぶし》。（『広辞苑』第五版）

（2）日待ちというのは、本来、前の夜から体を清めて日の出を待って拝むこと。

（3）漢字で、実字に対する字。おおむね独立して用いることがなく、一定の意義のない字。于・者・焉・乎など（『広辞苑』第五版）

5　お日待ち

前記の如く、わたしの祖父の時代においては、お日待《ひま》ちに山伏《やまぶし》さんを迎えたものと見えるのであるが、わたしの記憶に残っている、わたしの老父の時代になってのお日待ちは毎年神職を迎えていた。夫《ふ》（＝その仕事をする男性）は若山《わかやま》の井上正秀《いのうえまさひで》というお太夫《たゆう》さんで神職としては飛騨《ひだ》さんとよばれていたかと記憶する。祖父の時代には穴井の薬師寺丹後という神職をよんだこともあったらしい。この日待ちと称するのは、春の家祈祷《やぎとう》で、必ずしも村内全部ではなかったが、中流以上のうちは大抵このお日待ちを営んだ。そのご祈祷が済むと寝床の上に貼るお守り、門口に貼るお守り、御荒神棚《おこうじんだな》から湯殿や便所までそれぞれのお呪符《じゅふ》のお札《ふだ》をお太夫さんから受け取って貼ってまわり、家族一同うち揃って神前にぬかずき、お太夫さんの祝詞《のりと》奏上、その鈴の音も神々《こうごう》しく、極めて敬虔に神代《かみよ》ながらに罪けがれを払い清めてもらい、そして近親を招き晩餐を供したりなどした。そのすがすがしいまどやかな光景をわたしはいまにいと懐かしくも美しく感じるのである。

（昭和十一年十二月十日）

6　村落の歴史

多くの村落の歴史について考えてみるのに、その村落の靱立《じんりつ》[1]された時代のはっきりとしているのは極めてまれであるようだ。わたしの部落なども、文献の徴《ちょう》す（＝見比べて考える）べきものの存し確かにこれを遡《さかのぼ》り得るのがいまから約四、五百年ないし七百余年前である。それから推断するときは村の開拓は少なくも一千年前とこれを見なければならぬ。おそらく事実は一千数百年、もしくは二千年内外であろうとわたしは思う。しかするときは（＝そうすると）、仮に戸主の一代を二十五年とし、草分けの家は少なくも四十世代を経ていなければならぬ訳であるが、村内における旧家といわれるわたしのうちなどにしてもその仏壇に存知《ぞんち》せられる位牌《いはい》、墓地の石碑などにつきて調べてみて僅《わず》かに十代に溯り得るに過ぎない。古文書、古記録といっては前記の吉野朝時代および鎌倉時代のものが僅かに四、五通珍しくも残存しているのみである。その他には全く絶無であり口碑《こうひ》伝説のたぐいもまずぼんやり四、五百年前まで溯り得る程度である。その墓石の如きも元禄時代以前のものはまた数えるほどしか残っていないし、わたしのうちの古い石碑なども二十数年前墓地の移転をしたときこわれて、いまはそのかけらが新墓地に堆積《たいせき》されている有様だ。だからいずれの村落でも徳川時代の初期以前は全くアンノン（= unknown 知られていない）で、いわば村落の有史以前である。

（1）辞書には見つからない言葉で、正堂の造語カ。団体でいう創立と同じような意味で使われている。

7　一家の変遷

わたしの家について調べてみるのに、わたし以前の戸主の名前は太郎助《たろうすけ》と孫之進《まごのしん》がほぼ一代がえになっている。その縁組は多くは部落内で行われたようであり、また他部落ととりやりしている場合も大ていはいまの双岩村《ふたいわむら》内にとどまっている。これはその時代の農村生活の実情から想像しても当然のことと思う。ある時代には養子せることもあり、また他部落に子供を養子にやっている時代もあり、わたしの高祖父にあたる太郎助爺《じい》さんというのは、部落うちから養子として入家せる人であるが、その多分義姉妹にあたる方であろうという、本村《ほんむら》部落に嫁入りされており、その方が持参金代わりに持って行かれたといわれているちさの木谷の水田、山林など、最近まで本村部落のその縁家《えんか》先の所有に属していた。こうしたことがむかしの村落にはよく行われたものらしい（傍点編者）。

8　祖父の時代

わたしの祖父は孫之進を称していたが、九歳のときに五つと三つの幼い二人の弟とともに父に死に別れ、それから母は一生後家を立て通して、祖父たちの子供を掬育《きくいく》（＝養育）し、わたしの二つのとき九十二歳の高齢で逝《ゆ》かれたが、わたしはその曾祖母の顔をぼんやりといまも記憶しているように思う。よく少年時代にその白髪婆さんのことを人々に語って不思議がられたが、いかに深い印象をうけたとしても二つの赤ん坊がその曾祖母の顔を記憶しているはずはない。多分人々の思い出話を自分の脳裏に描き、それがいつとはなく自分の印象となったものであろう。

9　祖父孫之進

わたしの祖父はたしかに豪《えら》い方であったと思う。九つのときに片親を失い、それからはただ一人の母を助け、子供の弱い腕で早くも一家の経営に参画《さんかく》し、その十三歳のときにはもう村落の夫役《ぶやく》にも自分で出ていたとよく後年語っていた。かくの如くして九十八歳の珍しい高齢で死ぬまで、昼も夜も実に働き通しによく働いた方である。その後家の母が何か用事があって里の方に行き、少々暇どってもどって来てみると、九つの頑是《がんぜ》ない（＝幼い）祖父が五つと三つの幼い二人の弟をいたわりつつ屋敷下の麦畑をしきりに耕していたそうである。わが祖父一生の奮闘努力は実にそのいたいけない幼年時代からしてすでに運命づけられていたわけである。かくの如くにしてわたしの祖父は一歩一歩その運命を開拓し、その二人の弟をそれぞれ分家独立させ、その五人の子供を養育しつつかくてわが一家の基礎を築いたところの一族の大功労者である。一生ほとんど病気というものを知らなかったほどで、全く健康そのものとも称すべき方であった。しかしてその兄弟も子供もまた皆元気であり、ぐんぐんと向上発展したわけであり、もちろんその活動の舞台が一山村に限られており、またその時代が保守と固定の時代であり、今日からその実質的成功を評価するなら、それは全くいうに足りないものであるけれど、もしその努力、活動そのものについていうならば、それは決して貧弱なものではない。わたしはつねに祖父が開拓整理した新田、畑、大小のため池、山林等々を見る毎《ごと》に、その倦《う》む（＝いやになる）ことなき根気と、たゆまざる努力の集積の実に偉大なるに驚嘆する。そしてこの偉大なる根気と努力をもっと大きな天地に、かつもっと効果的に発揮《はっき》集積《しゅうせき》し得たならばその結果や果たしてどうであったろう。きっと社会的に相当の成功をおさめ得たに違いない。要するにわれわれ人間の働きというものは、そのよって立つところ、その働くところの範囲の広狭大小により、自然その結果が決まるわけであり、言い換えるならその費やすエネルギーの大小と、その社会に及ぼす影響の差違とは必ずしも相一致するものでないとわたしはまた思う。

（昭和十一年十二月二十日）

10 歳末風景

歳末から年始にかけての山村風景、それはわたしにとって懐かしい故郷《ふるさと》の思い出のなかでも特に最も忘れがたい懐かしい思い出の一つである。小春日和のシーズンもいつしか過ぎてうす曇りの日のみ続く凩《こがらし》の冬になるとわたしは小学校から帰ってからよく枯れ枝を樵《こ》りに出かけた。それはやがて来るお正月にもやすための特別きれいな薪《たきぎ》であった。その樵って来た枯れ枝の束をうず高く部屋の前に積むのがわたしの子供行事の一つであった。それからも一つわたしに特に課せられたる年末行事は障子《しょうじ》張りであった。随分《ずいぶん》たくさんあった障子の張り替えと目張りはたいていわたしの小さい手でなされることになっていた。その他稲刈り、麦播《ま》き、甘藷《かんしょ》（＝さつまいも）ほり、田打ち、楮《こうぞ》（＝和紙の原料）切り、籾摺《もみす》り、切り干し、米つきなど、ときどきわたしもこれを手伝ったがそれらは多く興味本位でいわば働くのが好きであり面白かったので時に手伝わせてもらったのであった。かくていよいよ年末になるとすす掃き、餅つきの二大行事があった。押し詰まった旧の節季《せっき》の二十四、五日ごろに多くはすす掃きが営まれた。天気のよい日の朝、屋財、家財すっかり戸外に持ち出し天井の隅から床の下まできれいにこれを掃き清め、平生《へいぜい》乱雑になっていた什器道具がそれぞれにきちんと整理されると家のうちが急に明るく見ちがえるようにきれいになったことが感ぜられ子供心にも何となく愉快に嬉しかった。今日清潔法とか大掃除とかいっていそいそやかましくいわれているけれど、単にそのシーズンを異《こと》にするだけでわたしの子供時代にもそれはちゃんと行われていた。それからわたしのうちの餅つきは、わたしの子供時代から分家と一緒に行うことになっており、まず最初にわたしのうちのをつくので母などは午前二時、三時ごろから起き出てせいろ(1)をかけていた。何十臼とつかねばならぬので沢山の家族がより合ってわいわい騒ぎ立て、今度はお福だ、雑穀だ、水餅《みずもち》だなど、せいろにかけるもの、つくもの、手どりに回るもの、ちぎるもの、もむものそれぞれ分担して、とてもにぎやかでうれしかったが、それがわたしのうちだけで午前十時ごろまでもかかった。かくてすす掃き、餅つきの二大行事が終わると、門松《かどまつ》を斫《き》って（＝切って）また立て、このもとに幸い(2)を立て、しめ飾りの山草を採りに行くのがまた多くわたしの任務であった。それから座敷には柳をつり、手まりやかざり菓子をこれにつった。かくていよいよ歳末二十七、八日ごろに押しつまると、わたしのうちからは下男にお歳暮をもたせて母の里へ、また叔母や叔父のうちからはわたしのうちへ、お鏡と称する一重ねの大きなお祝い餅、大鯛の掛け物その他、足袋《たび》、下駄《げた》、草履《ぞうり》など、一人一人にあてたお歳暮のとりやり、遙《はるか》なる村の入り口を萌黄《もえぎ》の風呂敷をかけた平籠《ひらかご》をかついで来る伯母や伯父のうちの使いの者の姿をどんなにかわたしは楽しみに待ちこがれたことだろう。たしかにわたしの子供時代のうれしい印象の一つはこのお歳暮の到着であったのである。それからわたしども子供たちは歳の夜と称し大晦日《おおみそか》の晩、鎮守に行って徹宵《てっしょう》（＝夜通し）おこもりをした。餅と黒砂糖を母にもらって弁当に持って行き、餅

を焼いてこれに黒砂糖をつけて食べ、夜の明けるまでつばえて（＝たわむれて）遊んだ。（昭和十一年十二月三十日）

（１）木製の框《わく》があって、底を簀《す》とし、鍋・釜の上にのせて使う蒸し器。
（２）幸い木のこと。正月の飾り木。長さ一間ほどの棒にしめ縄をかざり、野菜・魚など正月の食料をつるすもの。

11 元旦

かくてやがて鶏《とり》が鳴き一夜明けるとめでたい元旦である。お宮から帰って来ると、父はもう若水《わかみず》を汲んで迎春の用意をしており、家族うち揃ってお三方《さんぼう》を頂き、屠蘇《とそ》を酌《く》み、雑煮を祝い、ごまめ、数の子等々お腹が一杯になるまでお正月の御馳走を詰め込むのであった。

間もなくお正月の回礼者が続々とつめかけてくる。そしてどこにもここにも
「あけましてお芽出度《めでと》うございます。年内には一方ならぬお世話様になりました。どうぞ本年もよろしくお頼み申します」
と型にはまったお年始の挨拶がとりかわされるのであった。

われわれ子供はまたどこも千里同風、（１）新しいよい着物を母に着せてもらい、紙鳶《たこ》をあげたり、こまを回したり、近所を跳び回って三々五々うち群れて愉快に遊んだ。

かくて二日の朝は鍬《くわ》休めと称し祝い餅、吊し柿などをおしめで鍬にくくりつけ、竈《かまど》、桶、釜その他日常絶え間なく使用する農具をも同様にまつり、三日の朝早くこの鍬休めの祝い餅を菜圃《さいほ》（２）に浅くうめて置くと、それを若い人たちが競って、さがし出し持って行く、これまた頗《すこぶ》る興味のあるお正月行事の一つであった。

ついで四日の朝は鴉《からす》のまだ鳴かないうちに起き出でて門松その他のしめかざりを徹し七日は七草と称し七草雑煮を煮て食する例であり、七日までに山仕事に出かける者は、必ず御幣《ごへい》(3)を切り、それを竹にさしはさみ、なお餅と干柿《ほしがき》をもはさみ、それを山の入り口に立てて山の神に供えねばならなかった。この日まで山の神は、その供えられた餅で雑煮をお作りになりておあがりになるので、どことなく山野を行くと雑煮の匂いがするといわれていた。しかしそれを決して口にしてはならなかった。

十四日は粟《あわ》またはかいつりと称し、ふしの小枝（＝雑木の小枝）を四、五寸（＝一二〜一五センチメートル）に切り、それを竹の割ったのにさし、あたかも粟の穂の形をしたものを作り、それを荒神様《こうじんさま》にお供えする例で、われわれ子供がそれを親戚のうちへ持っていくと五銭か十銭に買ってもらった。それは年始のお客様からもらうお年玉とともに、われわれ子供のお正月における書き入れの収入であった。なおこのかいつりとともに、十五日の朝、栗の木の枝の一尺七、八寸（＝五一〜五四センチメートル）のものの木頭《きがしら》を四つに割り、それで家内中の頭をたたき、また家の柱をたたき、それに御飯をぎっしり詰め、山草とおしめでくくり、これを荒神棚《こうじんだな》(4)に備える頗る古式な行事もあった。それで頭をたたくのは年中頭痛のしない呪咀《まじない》であり、その木口に御飯を詰めるのは年中うえないまじないであった。だからうんとよくきめて置かないとひもじい目をせねばならぬなどといわれていた。

またこの十五日にはお正月飾りをある一ヶ所に集めて焼く行事があり、これをはやしどんどと称した。これも多く、われわれ子供がこれに当たり、そのおしめを焼く火で水もちを焼いて食べる習慣であった。これを食べて置くと夏病みをしないとよくいわれていた。

二十日はまたたゑの正月と称し、これに食べまけないようにうんと満腹でなければならぬと雑煮を終日どっさり食べたものである。

（昭和十二年一月十日）

（1）遠隔の地にも近くにも同じ風が吹く意から、天下がよく治まっている太平の世（『広辞苑』第五版）

（2）野菜を植えた畑（『広辞苑』第五版）
（3）神祭用具の一つ。紙または布を切り、細長い木にはさんで垂らしたもの（『岩波国語辞典』）
（4）荒神はここでは屋敷神

12　雪の思い出

わたしは暮の二十七日にふる郷に帰って来て越年。久し振りにふる郷の新年を迎えた。母いまさず（＝おられず）、愛する末娘さえ亡くなった。さびしい新年ではあったが、それでも生き残れる一家四人がうち揃ってのお正月だと思うと、何となく心改まり、むかしの懐かしい思い出や当年とって八十七翁《おう》の老父を中心の水入らずののどやかな団欒にわたしどものむすぼれた（＝気がふさいで晴ればれしない）心も少しはなごんだ。年賀状の郵着《ゆうちゃく》する外には、新年らしい気分などほとんどなく、わたしは土蔵《どぞう》に我楽多《がらくた》とともにほり込まれていた二千点ばかりの書物と書類を整理するのを日課に知らず知らず一週間ばかり過ごした。もうそろそろ引き揚げねばならぬ、とその準備をしていると急にまた大雪、二、三日ついに動けなくなった。

むかしは雪が降るとよく兎狩《うさぎが》りが行われた。兎を狩りたてて人家近く追いだし、われわれ子供までわいわい騒いでそれを捕らえたことなどもあった。

わたしの記憶しているところでは、一尺五寸（＝四十五センチメートル）ぐらいは積んだこともあるが、三尺（＝九十センチメートル）も五尺（＝一・五メートル）も積んで交通が途絶したというようなことはかつてなかった。だが大昔は随分大雪が降ったもののようで、わたしの村落などでも、大雪が一月も二月もとけないので薪木《たきぎ》がついに欠乏して了い、家の根太《ねだ》(1)を切りとってもやしたという口碑《こうひ》(2)が残っておりその積雪を掘って生木をひき切って来てもやしたが、あとで雪がとけて見ると一丈（＝一・七メートル）も根が残っていたと言い伝えてもいる。そんな大雪が降ったこともあったほどで、古代には随分雪が積んだもののようである。

いまは猿も、鹿も、猪《いのしし》も、そんなものは片影も認めることができないが、わたしの高祖父などの時代には、そんな野獣がまた相当いたということである。

それらの野獣の被害がおそらくまた相当あったであろうし、木材、薪炭《しんたん》というものの需要もあまりなかった時代のことであるから植林というものには何らの注意が払われていなかったようで、いまはすっかり焼け山というものがなくなったが、わたしどもの子供時代には、森林よりも焼け山の方がずっと広かったと思う。

わたしは子供のときに、祖父などと火道切りによく出かけたことを記憶している。自分のうちの植林を保護するために、防火道を年々改修しなければならなかった。それは多くお正月過ぎの農閑期の仕事であった。そして早春の天気のよい日に村民総出でいたるところの山野を焼くのである。もうもうと黒い煙や紫の煙があちらにもこちらにも立ちのぼる。めらめらと赤い舌が枯れ野を舐《な》めて行く。それは一種の壮観でもあり奇観でもありわれわれ子供ごころをそそるに足る、ちょっと勇ましい光景であった。これによって秣草《まぐさ》（＝飼料用の草）の生長をよくし、また堆《たい》の資料（＝堆肥の原料）を得る目的もあったことと思うが、一つはまた山林が深いと自然野獣が生息することになり、その被害が少なくないためだったろうと思う。いまはその焼け野にすっかり植林されて、二、三十年目毎《ごと》に収穫せられる植林伐採による利益が相当なものである。むかしの山村の生活、わたしどもの子供時代のことを思うと極めてそれは貧弱であったように思う。財産を有しない水呑百姓《みずのみ》は一層それはみじめであった。働いても働いても口を糊《のり》することができなかったといってもい丶、日傭《ひよう》労働は一日玄米二升というのが大体きまりであった。だから玄米一石（＝百升）が四円しているときは、労働賃は一日八銭であったのである。十五、六歳から十七、八歳くらいでは、奉公しても、食べさせてもらった外《ほか》には半期半期におしきせ(4)を頂戴した程度であった。それに比較するといまは労働というものの価値がとても向上したもので、今日の相場で玄米二升は六十

二、三銭、日傭日当最低一円五十銭から二円にも及ぶものがあるとのこと。馬ひきなどは十円になるものもあるといい、馬車で坑木《こうぼく》を運搬するに人が三円、牛が三円五十銭、一日合わせて六円五十銭、もちろん働けない日もあるにしても相当な収入である。

こうした傾向はもちろん当然な傾向で、働かないでいて他人の労働の結果をしぼり取るということはない。すべての人々が同じように労働し、その労働によって生活するということがあたり前であり、これまでの間違った労働条件が段々是正されつつあるのをわたしはよいことだと思う。

（昭和十二年一月二十日）

（1）床板をうけるために床下にわたす横木（広辞苑第五版）
（2）昔からの言い伝え
（3）やっと暮らしをたてる
（4）［為着せ・仕着せ・四季施］主人から奉公人に季節に応じて着物を与えること。

13　思い出す人々

人間というものは、若くしては何人も恋愛に夢中であり恋愛がその生命であり恋愛のためには、金も、命もなにもかも擲《なげう》って顧《かえり》みないのであるが、この恋愛期を過ぎるというと社会的権力、社会的地位などにだんだん憧憬《しょうけい》するようになり、金《かね》第一、名誉第一という傾向になってくる。それでやっと自分というものの存在がとにもかくにも社会的に認められるようになるというと、まずその甲羅《こうら》に似せた住居がきっとほしくなる。成金でなくっ（＝目的や理想に達したいと強く望むこと）ても、また俗悪ならざるまでもとにかく住宅が造りたくなる。それがわれわれ人間の一つの本能である。さてこの第二の本能が満足されるというと今度はいよいよ最後の自分を存在づけようとする。それが老人期の墓碑の建設もしくは墓場の改善である。

旧臘《きゅうろう》（＝昨年の十二月）わたしが帰省するとかねてわたしの老父が多年の宿望であった祖先の塋城《おくつき》（＝墓所）の大改修を行っていた。コンクリートの石垣がめぐらされて、すっかりその内外の光景が一新されており、さびた墓が急にモダンに明るくなり、幽魂《ゆうこん》眠るの感じがなくなって、何だか死の明朗化、そんなような感想がするのであった。それにわたしが可愛い子供を相ついで失い、母をまた失った、その悲痛な哀情《あいじょう》を緩和するためには非常によい工作であった。わたしは毎朝意外に朗らかな気もちで墓参することができた。

かくてわたしの家《うち》の墓に詣でるついでに、わたしはまた隣合わせた他家の墓をも、ちょいちょい訪ねた。それはわたしの子供時代に、わたしがよく世話になった人々なのである。一つ一つの石碑に刻んであるその俗名を読んでみると皆わたしの知った人ばかりである。いまやわたしの古い知人はほとんど皆墓に移転し、生きている人間は十中八九新しい人々ばかりである。

墓はすじ向かい、家は下どなりの佐十郎爺さん、それは実に記憶力のよい老人であった。そのしこ名をお庚申《こうしん》佐十郎といったほど、何でもかでもよく記憶している話の豊富な、全く村の生きた年代記みた様な老人であった。わたしはいつかゆっくりこの村の稗田阿礼《ひえだのあれ》に昔の話を聞き、昔話を書きとめて置きたいと思ったのであるが、ついにその機会がなく、佐十郎爺さんは死んで了った。何月何日にこうしたことがあった、何の某が何年何月何日の何時頃にこうしたということまでを佐十郎爺さんはチャンと記憶していた。実に驚くべき記憶力である。わが国における今日の各種の考査試験の如くに、ほとんど単なる暗唱試験に過ぎないならば、わが佐十郎爺さんの如きは、これをして受験せしめたならば文験《ぶんけん》(1)でも何でもお茶の子さいさいで、いくつでもパスしたであろうと思う。世の中というものは実に不思議千万なもので、適材を適所に置かず、つねに不適材を不適所に働かせている。佐十郎爺さんのようなすぐれた記憶力の持ち主は、一生草深い里で百姓をして肉体労働で朽ち果てて了うし、そうかと思うと能力劣等で棒にも箸にもかからない様な息子がたまたま虚栄心と学資に困らぬ両親の子と生まれたが因果、小学校から中学校へ、中学校からも一つ上の上級学校へ進むために、ヤレ家庭教師だ、ヤレ準備教育だ、補習教育だと、親も子も血眼《ちまなこ》になってウンウン勉強させ、勉強してその結果が落第また落第、五年も、七年も、八年も、十年も、とうとう入学試験に日が暮れて、いかさま私学校のお情け卒業でやっとお茶をにごす者も決して少なくない。国家人物経済からいうも、こんな馬鹿馬鹿しいことはなく、子供のときにもし、頭脳の考査試験というものが正確にできるものならば、石屋の赤ン坊だって、立派にやらせば総理大臣ができるんである。(2) そのスタートにおいてチャンと運命づけを渡し、無駄な努力をさせないようにしたら、どんなに合理的か知れないのであるが、実際上そういうわけにも行かず、まことに不合理千万な世の中ではある。石塔《せきとう》を見ると佐十郎爺さんは昭和二年八月二十日に八十八歳で永眠とある。

（昭和十二年一月三十日）

（1）旧制の文部省中等学校教員検定試験の略。（『広辞苑』第五版）

（2）第三十二代総理大臣の広田弘毅は石材店を営む広田徳平の息子であった。

14　二人の大伯父

布袋《ほてい》さんよろしく便々《べんべん》たる（＝太って腹が張り出ているようす）腹のもち主だった好々爺《こうこうや》（＝円満で人のよいおじいさん）の辰治郎さんわたしのためにそれは大叔父に当たった。ほんとにその気分まで布袋さんのような好人物であった。たくさんな家族のためにその一生を貧乏に終始されたように記憶しているが、一向そんなことを苦にしていられるようでもなかった。ほそい目でにっこりにっこり笑ってつねに平然としていられた。いつ死なれたかそれもわたしはよく記憶しない。石碑を見ると昭和三年七月六日七十三歳で逝くとある。どうせ旅にいたわたしは、手紙でその知らせは受けたであろうが、やがて淡い印象として消え去ったのであろう。

いま、その墓にまいって、その人のいい辰叔父さんも、そのつれそいの少しよすぎるほどの人のよかったおりの叔母さんも、娘のおたきさんも、いまは皆あの世の人であるかと思うと、ほんとにあの世のお仲間の賑《にぎ》やかさが想像される。

米摺《こめす》り（＝もみすり）の晩にはそれぞれ大盤《おおばん》振る舞いが行われたもので、わたしたち子供は必ずそれに招かれて行ったが、その辰叔父さんの家の茶碗の底に一種のマークがついているので、潔癖《けっぺき》のわたしがそれを好まないというので、わざわざわたしのために一個だけ上等の茶碗が辰治爺さんのうちには備えつけられていたりした。

藤次郎爺さん、これもわたしの大叔父の一人で、農業兼木挽《こびき》のとても働き手であった。わが分家に養子にこられた人であった。一種の哲学とでもいったようなものを持っていた人で、苦労に処し、難局に処し、こつこつと働いてこれを切りぬけて行こうという人であった。

その楽天的な、勤勉家のあの愛そのよかった藤次郎爺さんが、忽然《こつぜん》と世を悲観、自ら死を急ぎ、この世からその姿を消すなんて、ほんとに人間の運命ほどわからないものはない。おそらく藤次郎爺さんはあの世で――俺《お》らは働くだけうんと働いたぞ、人の二倍も三倍も働いたがなあ、いくら働いても運がわるくなってくりゃ仕方がねえ、わしの思う通りにはうちのことはなかなか行かねえ、人間というものはいつまで生きていたところで同じことだ、すべきだけのことをして置けばさっさと御免被《ごめんこうむ》った方が厄介《やっかい》がなくていい、わしに娑婆《しゃば》に何の未練《みれん》があるものかい――ときっとさばさばとしていることであろう。

生きているときは森林の樹木が藤次郎爺さんの一等の親友だった。どんな注文でもそれが山の木に関する限りいつでもそれを引きうけてもらった。茱萸《しゅゆ》の木や桜の木のステッキをよく山でさがしてこしらえて来てもらったものだが、あまりそんなものに趣味をもたないわたしは一向とり合わなかった。だが博覧会かどこかで高知県から出品されていた月山の松の心《しん》のステッキを見て非常にそれを面白く思いその後帰郡《きぐん》したときにそのステッキの話をもち出し

「このあたりの山ではとてもステッキになるほどよく伸《の》んだ松の新芽はあるまい」

というと

「山をさがせばどんなものでもある、いつでも切って来てあげますよ」

と、早速十本ばかりも切って来てもらったのが、いまもわたしが持っている松の木のステッキで、海松《うみまつ》（＝ウミカラマツ）の握りをつけるのに三円ばかりもとられたが藤次郎爺さんの唯一の片身《かたみ》として、これだけはいつまでも失わないで持っていたいものだと思っている。由来《ゆらい》（＝元来）健忘性《けんぼう》のわたしは、ステッキや扇子《せんす》を持って出ればキット忘れて帰るが、この松の木のステッキだけは一寸《ちょっと》変わっているので忘れても忘れてもまたわたしの手にもどって来る。

「あなたはまた忘れなはった」

と藤次郎爺さんの霊がそれをわたしにもどしに来てくれるのかも知れない。

（昭和十二年二月十日）

15　無名の英雄

良吉親爺《りょうきちおやじ》、それはわたしの大叔父にあたる方であるが、実子がなかったので、わたしをよほど養子にほしかったらしいが、わたしは総領《そうりょう》でそういうわけにもいかず、わたしが幼いときに親どりということをして、良吉叔父をわたしは名親《なおや》と仰ぎ、いくつのとしだったか記憶しないが、わたしのいまの名はその良吉の親爺につけても

らったものなのである。ほとんど目に一丁字《いっていじ》ない(1)といってもいい位無学文盲《もんもう》の方ではあったが、わたしはいまでも非常に偉い方だったと思っている。

人間は学問があるから偉い、書物が読めないからつまらない人物だというようなことはない。人物の大小、その人格の高い低いは決して学問の如何《いかん》によるものではない。わたしはつねにそう思うのであるが、山の百姓のなかに、浜の漁師のなかに、どんなに多くの無名の英雄、無名の偉人がまじっているか知れない。ただその名が顕《あらわ》れるか顕れないかである。ただこれに磨きをかけるかかけないかである。ただその境遇がこれを然《しか》らしむる（＝そうさせる）だけの話である。いかに磨きがかかっていないといっても、まだ十分に玉の光を出し得ないといっても、玉はやはり玉であり、土や石ころとは自然その素質を異《こと》にするところがある。そこがすなわち無名の英雄たり、無名の偉人たるところである。

わたしがこうした意味の下にわが良吉親爺を確かに偉い方であった、偉い方になり得る素質を持った方であったとかたく信じている。もし学問をさせたならば総当《そうとう》の学者になられたであろう。もし相当の家庭に生まれ軍人にでもなる機会を持ったであろうならば、少なくも将軍と呼ばれたであろう。もし政治家たらしめたならば、一党の領袖《りょうしゅう》たり得たに違いない。ただ遺憾《いかん》ながら草深い山里の水呑《みずのみ》百姓の次男と生まれ、同じく百姓家の養子にもらわれ、百姓の業《ぎょう》に従い後紺屋《のちこうや》の暖簾《のれん》を買って染め物を兼業、村相当の資産を作っただけで死んで了われたのであるが、たしかに知恵者であり、明晰な頭を持った方であった。わたしの小学校時代のことで理屈はすっかり忘れて了ったが、わたしの改名の如きについても、なかなか理屈があり、学問もない方でそんなことまでよく考えられるものだと当時子供心に感心したことをいまでも記憶している。紺屋開業後、盆と師走の掛け取りの書き付けは大ていわたしが引きうけて書いていたものだがその帳面へ心覚《こころおぼ》えくらいの計算位が書ける程度の人であった。そのつれそいはわたしの祖母の妹であり、わたしは全く子のように扱われていたもので、在りし日のことを思うと衷心《ちゅうしん》懐かしく思う。

六右衛門爺さんは、多少奇人とでもいうべき風格の人物であった。まだ十三か四の子供のわたしをつかまえて、これは何と書いてあるか、この文字の意味は何という意味かなどと根ほり葉ほりよく聞く老人であった。夏は大きな古い扇子をその腰にさしてござった。その要《かなめ》には紐が通っており、その広い扇面《せんめん》にはごたごたと日用便覧のようなことが印刷されていたと思う。それがおそらく六右衛門爺さんの知識の源泉であり、わたしたちにくどくどと質問する、その質問の秘蔵庫でもあったであろう。

この六右衛門爺さんある夏の夕べ、隣村真網代《まあじろ》のお祭りに行った帰途狸《たぬき》に化かされ、あちらこちらと引っ張りまわされた揚《あ》げ句、夜半過ぎにやっとわたしのうちにたどりつき、

「わしは狸に化かされてさっぱり道がわからなかったところ、神様が早く孫之進《まごのしん》のうちへ行け行けといわれるので来ました」

という。それでもお祭りのお土産物の風呂敷はなお背なかに負うていた。それをおろさせといてみると、きりだめ(2)お鮨も、重箱《じゅうばこ》の団子もさんざんに食い荒らされ狸の毛が一ぱい風呂敷についていたそうである。

(昭和十二年二月二十日)

(1) 文盲であることをいう表現。

(2) 〝きりだめ〟とは木製長方形で、蓋《ふた》のある、多くは内外ともに薄漆塗りの料理箱。(『広辞苑』第五版)

【参考】迷信　『双岩村誌』(一六七頁)

死霊生霊の祟《たたり》を信じ、狐狸、犬神の俗説に迷ひ、和泉の栄螺《さざえ》の礮おさん狸、若山の夫婦岩の金平狸の話を事実と信じ、それに憑《つ》かれし患者を囲みて或《あるい》は呪符《じゅふ》をいたゞけ、或は線香を焚き、或は鉄砲を放つなど茶番狂言の限りを尽し、殊に滑稽《こっけい》なるは人間同士も亦た憑依《ひょうい》の能力ありとなし、この能力ある家族を呼んで犬神筋と称し、犬神の能力を以つて之れを子孫に遺伝

するものと考へ、その一族と縁組することを憚《はば》かり、言語道断の迫害を之れに加ふるなど笑ふべき事実少なからざりき

16　ひねり婆さん

心理学者は二重人格というようなことをいい、神道者《しんとうしゃ》などは守護神《しゅごじん》の憑依《ひょうい》などとよくいったりする。われわれ人間には、ときに不思議な力が加わったりまた無くなったりする狸つき、蛇つき、犬神《いぬがみ》つき等等々、神経作用だ、迷信だといって了《しま》えばそれまでのことだが、世の中には随分不思議なことがある。わたしは子供のときに、犬神つきの病人さんを見たことがある。ある犬神のうちの生き霊《いりょう》が、その婦人に憑依したと騒いでとても不思議なことを口走る、あばれる、看病の人々はまた看病の人々で、神仏の呪符《じゅふ》（＝おまじないの札）をこれにいただかせたり、いろんなことをいって責めたてる、全くそれは悲喜劇であった。

あるときはまた、同じその婦人に狸が憑依したことなどもあった。線香の火でくすべたり、空鉄砲《からでっぽう》を打ったりしきりに責めたてられて

「もう帰ります帰ります」

といってその病床を跳び起き、やがて様側《ママ》（＝縁側カ）から墜落、それで正気になりやがてけろりとしてよくなって了ったこともあった。やはり神経作用かなとわれわれの常識にはいかにもそうも思える点はあれど、何だかやはり不思議は不思議である。いま考えると、この婦人をうまく指導し、仕込んだであろうならば、おそらくそれは千里眼《せんりがん》婦人にもなり得たであろうし、またよき霊媒《れいばい》にもきっとなり得たと思う。そういう素質を持っているので自然犬神につかれたり、狸につかれたりしたのであろうと思う。

わたしのいわんとするひねり婆さんというのは、もちろんそれではない。それは非常に按摩《あんま》の上手な婆さんで

あった。わたしは小さいときによく頭が痛かったり、腹が痛かったりした。そんなときにはいつでもこのすみとこのひねり婆さんを呼んで来てひねってもらう。そうするとすぐになおって了った。歯が痛んで泣き叫んでいるときでも、ひねり婆さんのしなびた手が頭のまわりをなでてくれていると、いつの間にか、わたしはすやすやとやがて眠って了った。実に不可思議千万なひねり婆さんであった（傍点編者）。

今日手のひら療法だの指圧療法だのと称するのが、やはりこのひねり婆さん流のものではないかと思う。何でも婆さんの若いときには、少しもそんな技能はなかったそうで、その良人《おっと》といさかいをしたとか何とかで家を飛び出し、一人で四国遍路《へんろ》に出て、霊場八十八ヶ所を一巡《めぐ》り、かくて帰って来てから、その不思議なひねりができ出し、灸点《きゅうてん》などをやり出したのだということをわたしは子供時代に聞いたようにいま記憶している。そうするとやはり、四国遍路を婆さんがしている間に、ひねりや灸の霊力を持っている守護神が婆さんにのり移ったものかも知れない。この婆さん方々へ迎えられて行くので世間話がなかなか豊富であった。わたしはこのひねり婆さんにひねってもらいつつ、うつらうつらとそのとりとめのない噂《うわさ》話を聞くのが好きであった。そのひねり婆さんのしなびた手も白髪頭もいまはすっかり向が丘の墓の土に化して了った。

（昭和十二年三月十日）

（1）霊などがのりうつること。（『広辞苑』第五版）

17　穴井《あない》芝居

よく穴井芝居に川名津神楽《かわなづかぐら》といわれていた。川名津の神楽がどんなに面白かったか知らない。わたしはついにそれを見る機会が一度もなかった。ただ穴井芝居の方は遠い親戚がそこにあったのでよく見物に行ったものである。それは相当演劇の内容を持っていたもので素人芝居《しろうと》としては意外に盛んなものであった。旧の正月に前後二回ばかり興行されたと記憶している。それがために穴井の若い衆は二、三ヶ月もわざわざ歌舞伎俳優を呼んでこれを稽古《けいこ》したものである。年々その出しものも変わり、その背景から諸道具など随分《ずいぶん》凝《こ》ったものであった。妹背《いもせ》山《やま》だの、近江源氏《おうみげんじ》だの、天神記《てんじんき》だの、先代萩《せんだいはぎ》だの、わたしのわが国の芝居に関する知識の大半はこの穴井芝居によって養成されたものであった。

木戸銭《きどせん》こそ取らなかったと思うが、近在近郷から見物人が沢山押しよせたもので、全村の老弱男女《ろうにゃくなんにょ》は割り当てられた桟敷《さじき》にそれぞれ陣取り固唾《かたず》を飲んで見物したその光景をつくづくわたしは盛んだったと思う。八幡浜の虎屋だのその他の菓子屋おもちゃ屋なども海岸に露天を出して軒を並べていた。幕あいには観衆は重詰《じゅうづ》めを開いてご馳走を食べたその状景がいかにも花やかで朗らかであったのをわたしはいまも懐かしく思う。

その素人俳優、村の若衆の技量がどういう程度のものであったか、なかには天才的の若者なども或《あ》いはまじっていたかどうか、そんなことは小学時代のわたしに素《もと》よりわかろうはずはなく、ただわたしは現実を超越した、一つの美しい世界を心に描き出し、わたしどもの住んでいる現実世界とは全く別に、義経や、松王丸《まつおうまる》や、知盛《とももり》や、正岡《まさおか》などの住んだ、美しい夢の世界が存するかの様に思った、その子供らしい空想をいま一層懐かしくも面白くも感ずるのである。

先日わたしは、久しぶりにその穴井の福高寺《ふっこうじ》に参詣し、養道和尚に「いまでも穴井芝居はやっていますか」と聞いたが「先年火災に書き割り(1)も、衣装も、道具も殆《ほとん》ど焼いて了い、もう芝居はできない」という和尚の話であった。それでなくても時世の変化で、とてももう二度とわたしが穴井芝居を見る機会はないと思っていたのであった。こうした一面むかしの村の趣味生活、ほんとにのんきな、そして素朴な、おちつきのある人間味ゆたかな生活をわたしは衷心《ちゅうしん》から憧憬《しょうけい》する。今日の如く齷齪《あくせく》した生活、機械的な、そして没趣味な、人間味というもののない生活が、よしそれが物質的にどんなに向上したとしても、その外形がまたいかに美しいとしても、それはけっしてわれわれ人間というものの幸福でないとわたしは思う。今日の活動写真的趣味の興奮、非芸術的興味の氾濫ほどわれわれ現代人類のハートを傷つけ損なうものはないとわたしは思う。

（昭和十二年三月二十日）

（1）背景の一種。（『広辞苑』第五版）

【参考1】穴井芝居　『双岩村誌』（一六五頁）

穴井芝居と称して穴井の若い士の演ずる素人歌舞伎なるものあり、毎年正月に二回興行せられ、好劇家は争ふて行いて見物したりしが、近来は八幡浜、三瓶等の劇場に演ぜらるゝ旧歌舞伎、書生劇、節劇、活動写真の見物に行く者少なからず、その他浪花節語りの巡業し来り村人を集めて之れを聴かしむることあり

【参考2】お神楽　『双岩村誌』（一六五頁）

お神楽は多く鎮守《ちんじゅ》祭の余興《よきょう》として行はれ、剣の舞、盆の舞、火の舞、弓の舞を始め、岩戸開きを脚色せる大蕃神楽《おおばんかぐら》の如きは最も面白きものなりき

18　酒と煙草

農村生活は天地の悠々《ゆうゆう》たるを楽しみ、われわれ人間の自由と伸び伸びしたその気分が十分に味わえるところ

に生命がある。酒屋へ三里、豆腐屋へ二里、それが不便なれば不便なるほど純朴な、純真な農村生活を味わうことができる。

そうした意味では、わが農村は次第に退化しつつある。その純朴さ、その純真さを次第次第に失いつつある。もとより今日の山村といえども、これを市街地に比較すれば、機械化した純物質化した市街地に比較するならば、それは非常に素朴であり、朴直《ぼくちょく》であるけれども、むかしの山村気質、むかしの農村生活に比較すると驚くべくそれは近代化し、市街風化して来た。

わたしの祖父は、酒も煙草もいたく好きであった。今日の如く酒税というもののなかったときは、にごり酒、どぶろくを自ら醸造して飲んだりもしたらしいが、わたしの子供の頃はもうそれは許されなかったであろう。つねに清酒を飲み、取り寄せては自分も飲み人にも飲ませていた。よく甘藷《いも》焼酎というものを造ったことをわたしはいまも記憶している。大きな六、七尺もある高い桶のようなものを釜の上に載せ、その桶から滴々《てきてき》と（＝ぽたぽたと）したゝり落ちる酒精《しゅせい》（＝エチル・アルコール）を杯《さかづき》に受けて、よいとかわるいとかいって多くの人々と楽しげに味わっていたのをわたしはいまによく記憶している。

もちろん今日の煙草専売法の制定されるまでは、葉煙草も自分で作り、それを乾燥させたり、いろいろと世話をして、良い匂いの煙草にこれを仕上げて、それを入れるに従ってきざんでのんでいた。その葉煙草をきざむ大きな包丁、そのきざみ台、その葉煙草を揃《そろ》えてこれを押さえる板など、いまはどうなったか知らないがなかなか立派なものであった。そしてそのきざんだところの煙草をつめる煙草容器も、つねは（＝ふだんは）きんどうと呼ぶ、木をくりぬいた角い容器で、それに皮でできたきせるいれがついており、腰にさすようになっていたものであった。第一装用のよそ行きのものは、普通の皮製のたばこ入れであった。そのきせるは大阪の四ツ橋のものでないといけないと、つねに祖父はいっていた（傍点編者）。

こうした自給自足の農村、黄金のために無意味に苦労しない農村、齷齪《あくせく》とよけいのことに心労せず、悠々との

んきに暮らせたむかしの農村をわたしはまたなく（＝この上なく）尊くそして懐かしく思う。（昭和十二年三月三十日）

19　猿の婿入り

幼年時代に囲炉裏《いろり》の榾火《ほだび》にあたりつつ昔話をよくきかされた。夏の宵《よい》、涼み台にころがりつつお星様の話やお月様の話をきかしてもらった。子供時代をふり返るときに、誰だって懐かしいお伽噺《とぎ》の国への旅行を憶い出さぬ者はあるまい。桃太郎の話、猿蟹《さるかに》合戦の話、花咲爺《はなさかじじい》の話、大抵お伽噺の国は一通りは誰でも同じように旅行している。これももちろん多分に共通性を持っている昔話の一つと思うがわたしが母からよくきかされた猿の婿《むこ》入りの話がある。

むかしむかしあるところにお爺さんがあったとさ、それから三人の美しい娘を持っていたとさ。ある日のこと、そのお爺さん広い広い畑を打っていたところが、一人では、なかなかはかが行かない(1)。だんだんお日様は西に傾いて来る。一生懸命耕してはいるが、だんだんに疲れて来る。少なからず困っているところへ一匹のお猿さんがやって来た。

「爺さん、爺さん、さぞお骨が折れましょう」

という。

「そうだよ、年をとるとな、思うように畑も打てないよ」

「ではわたしが代わって耕してあげましょう。その代わりお爺さんのお娘の一人お嫁にくださいや」

という。お爺さん、うっかりお猿さんのいう通り、その娘の一人をお嫁にやることに約束して了《しま》う。

それからお爺さんに代わって、その男猿《おとこざる》がどんどん畑を耕して、日の暮れるまでにすっかり了《お》えて了《しま》い、

「ではお爺さん、あすまいりますからきっとお約束を間違えないようにね」

といってからその日はお爺さんとわかれてお猿さんはお山へ帰って行った。

それから道々お爺さんよく考えてみると
(冗談にもせよ、たしかにお猿さんに娘をやると約束した。あすはきっと行きますといった。果たして娘が承知してくれるだろうか、ハテこれは困ったことになったわい)

と、とつおいつ(=あれこれ)心配しつつおうちへ帰って来る。

「お父さん、帰ったかな」

といって三人の娘がチャンと夕飯の準備をなし、

「さあ、一緒に夕食を食べましょう」

といろいろ話しかけてもお爺さんどうしたものか屈託《くったく》そう(2)にして夕飯にお箸《はし》もつけない。

「どうしたん、お父さん」

と一番うえの娘が聞くと、

「実は、これこれでお猿さんのお嫁に誰か一人やることに約束をしてきたのだが、お前は行ってはくれまいか」

というと、

「いやですよ、お父さん、私はお猿のお嫁さんになるなんて真《ま》っ平《ぴら》よ」

という。

「そうか、お前はいやならばそれも仕方ない、それでは」

とさらに二番目の娘に同じように頼んだが、やはり
「私だってお猿のお嫁さんなんかになれますものか」

と、そういってお爺さんの頼みなどてんできこうとしない。

それをそばに見ていたところの末の娘が、

「お父さん、何もそんなことご心配には及びませんよ。お猿さんのところへは私が行ってあげますから御安心なさいよ、さあ夕飯を御一緒に食べましょう」

と、それから親子四人が夕飯を食べたあと、その末の娘がいうことには、「お父さん、私のお嫁入り支度《じたく》は外《ほか》には何にも入りませんが、風呂桶を一つと鏡を一つだけ買って下さいよ」

という。そこでお爺さん。

「それならばお安いことだよ」

と翌朝早速風呂桶と鏡をお爺さん町に行って買って来ました。するとやがてお猿さんが約束通りやって来ましたので
「お猿さん、お前はこれをおかるい（＝背負いなさい）、私はこの鏡を持って行きますからね」

そう娘はいってその風呂桶をお猿さんに背負わせ、自らは鏡を持ってお猿さんのおうちへやってまいりますと、途中に川が流れていて橋が架《か》かっていました。その橋を通りかかり半分ほど渡ったところで、娘はその鏡を流れの中へ落としました。

「あら、私鏡を落としてしまった、もうお嫁には行けない」

という。

お猿さん
「鏡ならば私が取ってあげるよ」

といって、風呂桶を背負ったままに川に飛び込みそのまゝぶくぶくと風呂桶に水が一杯になり川の底にそのまゝ沈んで了い賢い娘は

「お猿さんさよなら」

といって無事に帰って了いましたとさ。

（昭和十二年四月十日）

（1）仕事などがうまくいかない。

（2）退屈や疲労などで精気を失っているように。（『広辞苑』第五版）

20　若衆組

いまは青年団支部といっているであろうが、むかしは若連中《わかれんちゅう》といっていた、また若衆組ともいったように思う。十五歳になると、これに加盟せねばならなかった。脱退は妻帯するか、然《しか》らざれば三十歳であった。三十歳になれば独身者も退会せねばならなかった。

獅子高《ししたか》森という小高い山が東南に聳《そび》えていた。そこには金比羅神社が勧請《かんじょう》（＝神仏の霊を分けて別のところに移して祭ること）されていて頗《すこぶ》る形勝《けいしょう》の地（＝景色がすぐれているところ）であった。四方を見晴らして眺望に富んでいた。その金比羅神社のうしろの草原で毎年春、若い衆の花見の宴《えん》が催された。それは多く陰暦の三月十日であったと記憶する。桜花爛漫《おうからんまん》（＝桜の花がさきほこっているようす）たるところ松林に囲まれた山上の境内に陣取り、重詰めを開き、酒を酌み、太鼓をたたき、手をうって放歌乱舞《ほうからんぶ》、春の一日を愉快に遊び暮らす野趣満々《やしゅまんまん》のむかしの青年団総会。かつてそれに一度わたしも出席する光栄に浴したのであった。

そのときわたしはまだ十五歳になっていなかったけれど若い衆の元気にあやかるためだといって祖父が逸早《いちはや》くわたしを加盟させたのであったかのように記憶する。入会の祝儀である酒樽を幾さんにもたせてその花見の宴につらなったのであった。

それが一年一回の若連中の定期総会で、その他に若連中としては、春祭りや秋祭りに鎮守社頭《ちんじゅしゃとう》に大提灯《ちょうちん》をともしたり、幟《のぼり》を建てたり、富士の山と称して丘から谷へと長々と無数の豆提灯のイルミネーションを点じたり、夏の盆踊りの催しなどが大体その年中行事であったように思う。

【参考1】 若連中　『双岩村誌』（一六六頁）

男子十五歳に及べば若連中に加盟せざるべからず、若連中は又た之れを若者組と称し、各部落之れを有せざるなく一つの団体として行動したりき、然《しか》るに各部落に泊り宿と称するものあり、若者の多くが集合する場所にして、徒《いたず》らに空談に耽《ふ》けり、無益の遊びをなし、或は未婚の女子と野合するなど、その風紀上面白からざる点少なからざりしが、近来青年会の組織せらるゝに及び此等の悪習慣は漸次《ぜんじ》矯正《きょうせい》を見るに至れり

【参考2】 花見　『双岩村誌』（一六三頁）

花見は神社の境内若《も》しくば見晴しよき山嶺に陣取り、飲み、食い、唄ひ、舞ふて一日を愉快に暮らし、鴨山にては年々三月十日を以つて若連中の花見の宴を金比羅山に張り、新たに若連中に加入する者はこの日酒一升を連中に差し出す定めなりき

21　若衆宿

わたしは適齢未満で、ただ一回その花見の宴会に特別参加させてもらったのみで、その後は郷里に多くいなかったのであるから、若い衆生活そのものについては詳しいことは知らないのであるが、少なくも若衆宿と称するものの存していたことは事実である。今日でもそれはなお一部に存しているかも知れないと思う。それぞれ自宅から夜具をもちよって三人、五人の若い衆が毎夜そこに同宿したわけであって、読書のできるものは机や本箱もそこに並べ、毎夜ランプの下で一心に勉強していた殊勝《しゅしょう》なものも少なくなかったが、多くはノンセンス（＝ナンセンス）な馬鹿話に夜を更《ふ》かし、ときにはいろんなロマンスの花を咲かせなどしてよろこんでいたようである。そしてこの若い衆は多く、子供のない、気の置けぬうちを選び、そこに自然とより合ったもの丶ようであった。

（昭和十二年四月二十日）

22　山田薬師

わたしの幼い頭に深く印象されて今日に残っているものの一つに山田のお薬師さん詣《もう》（1）でがある。旧暦四月八日のお釈迦《しゃか》様の涅槃会《ねはんえ》のこの賑《にぎ》わいというものはすばらしいものであった。わたしは六つか七つの子供時代から十二、三まで祖父につれられたり叔父などと詣《まい》ったり、毎年ほどにお薬師様詣でをしたように記憶する。花で美しく葺《ふ》かれた小さい御堂のなかに天上天下唯我独尊《てんげゆいがどくそん》をきめこんでおいでになる甘茶のお釈迦様、ピーピーとなる肉桂酒《にっけいしゅ》屋のささやかな汽笛、円柱形のレコードで、何十本かのダラリとさがっているゴムの管を左右の耳にさしはさませて聴かせてくれた蓄音機、毎年同じようにやって来ていた、抜き身の太刀をつばのところまですっかり飲み込んだり、何十本かの縫い針を一本ずつ口の中にほりこんでそれに糸を通して再び吐き出したりする奇術師、ドンチャンドンチャン賑やかに客を呼ぶ西洋大魔術、はては地獄極楽ののぞき眼鏡など、四月八日の山田のお薬師様はトニカク一大歓楽場《かんらくじょう》であった。

お詣りをすましてから帰路にはいつも奈良屋という造り酒屋によって弁当を食べたように思う。そこに名物のつめ粕《かす》を買ってお土産に持って帰ったりもした。男の峠のお観音様の前に一ぷく、それから村裾《すそ》（＝村のふもと）のつき合わせで一ぷく日の暮れ方に帰って来た（傍点編者）。

（1）西予市、山田薬師（新四国曼荼羅霊場第五十三番札所、善福寺）

【参考】山田薬師

『双岩村誌』（一六〇頁）

四月八日　山田の薬師如来の灌仏会《かんぶつえ》(1)に参詣する者多し

（1）灌仏会とは釈迦の誕生当日の陰暦四月八日（現在では多く陽暦）に修する法会。花御堂をつくって誕生仏を安置し、甘茶（正しくは五種の香水）をそそぎかけて供養する行事（小学館『日本国語大辞典』精選版）

23　大峠祭り

谷(1)の大峠《おおと》(2)(3)祭り、青鷺《あおさぎ》神社の春祭りもまた楽しいもの丶一つであった。いまは村社《そんしゃ》に合祀《ごうし》してすっかり昔のお峠祭り情調《じょうちょう》を失ったが、わたしどもの子供時代には、お峠祭りの角力《すもう》とともになかなか賑《にぎ》やかでおびただしい参詣者があり疱瘡《ほうそう》の神様として近郷にその名を知られていた。

その村はわたしの母の出里《でざと》であったので、わたしは前日前々日から母と一緒に行った。その神社の境内にはいろいろな露店が出ていた。多くはお菓子や、おもちゃ等の屋台店であったが、そのおもちゃ屋の一軒にかぶと称する小さい獅子頭《ししがしら》のおもちゃがならんでいた。それがわたしは欲しくてたまらないので、急いで帰って来て母に買ってくれよといったらしく、その青鷺神社へは三、四町（＝およそ三百〜四百メートル）もあり、外祖父《がいそふ》がそれを買うために行ってみるともうそれは売れて了《しま》っていた。売れて手に入らないとなると尚更《なおさら》欲しく、盛んにだだをこねてとうとうわたしは外祖父をその翌日二里（＝八キロメートル）もある八幡浜まで買わしにやったりしたこともある。大峠祭りもわたしにとって又忘れられない懐かしいものの一つである。

（昭和十二年四月三十日）

宮鷺神社（旧青鷺神社）。明治42年に一宮神社と合併し、往時の情調を失った（181参照）

（1）八幡浜市谷。

（2）大峠は、八幡浜市若山の岡野地から谷へ越えるところにある峠。

（3）大峠祭りで賑わった青鷺神社は大峠にあった。明治の神社廃合でふもとの一宮神社に吸収され、現在は宮鷺神社として残っている。大峠には今は何も残ってはいないようである。

【参考1】大峠谷《おおと》　『双岩村誌』（一八九頁）

有名なる疱瘡《ほうそう》の神、青鷺《あおさぎ》神社の鎮座ましませし跡なり、毎年陰暦二月十九日にこゝに行はれたる大峠祭りは非常に盛んなるものなりき

【参考2】大峠祭りのにぎわい　『双岩村誌』（一六〇頁）

二月十九日　谷の大峠祭りの賑《にぎは》ひあり、参詣の老弱男女年々数千に上ぼる

【参考3】相撲　『双岩村誌』（一六四頁）

相撲は一年に一回若《も》しくば数回各部落に催さるゝ慣例なりき、好角家相会して先づ勧進元を組織し、尋《つ》いで牒状を広く近郷に飛ばし、土俵を築き、四本柱を建て、勧進元を東方と称し、寄りを西方と呼び、双方より力士を出してその勝負を争はしめ、勝負は多く二番勝負を以つてし、勝者にはぼんでんを与へ、役相撲には纏頭《てんとう》を投じ、行司に落度ある時は口々に罵《のの》しり騒ぎ、熱狂の極大喧嘩を惹《ひ》き起すことあり、中入りには勧進元より烏帽子桶に握飯を盛りて之れを土俵に積み重ね、役相撲の者之れを受け取り、やがて東西の桟敷に担《かつ》ぎ込み贔負《ひいき》にこれを分配す、村落の娯楽中相撲の如く元気に富み会心のものあらざりしが、谷の大峠祭の相撲を始めとして、今や各部落とも殆んど相撲の興行を見ざるに至れり

24　小学時代の一

わたしが初めて小学校にあがったのは五つのときであった。もちろん学齢にはまだ達していないのであったが、今日の子供が幼稚園に行くような気で、大きなお友達と一緒に許されて出席したものであろう。

その時代は小学校そのものがまことに原始的で、寺子屋のちょっと進化したものであった如くに想像される。清水文吾という若い先生が一人、生徒も十人かそこらのものであったであろう。紙で鶴を折ったり、兜《かぶと》を折ったりして、それを赤インキで端々《はしばし》を染めてもらって持って帰ったりしたことをおぼえている。全く幼稚園にでも行った位のことであったろう。

その小学校は庵(1)を利用して教場に使っていた。清水文吾先生は若い先生で独身であったからおうちから通われていたかもしれない。その次の上甲泉寿《じょうこうせんじゅ》先生はご夫婦に子供もありその庵に何年か住まわれていた。

上甲先生の時代であったかと思うが横平《よこひら》部落と月々交代で学校がたっていたことがある。この月がわたしの部落の庵が教場であると次の月は横平の庵が教場になるというわけでわれわれ生徒は一月置きに弁当持って通学したものである。いつも月末には村の人々が夫役《ぶやく》で塗板《ぬりばん》(2)や机や腰掛《こしかけ》を持って行ったり持って帰ったりしたもので、今日から想像するとおかしいほどであるが、それでも学校は立派に学校であったのである。それで教育もまた相当有効にできたのである。わたしは学校の施設などはそう大した問題ではなく、教師にその人は得れば少なくも小学校の教育は立派にできるものだと今日でもかたくこれを信じている。

もちろんわたしどもの学んだ時代の小学校というものはその設備がひとり不完全であるばかりでなく、教師その人の学問といっても知れたものであり、極めて変則である、教授法そのものも至って幼稚であったと思うが、しかもその先生の人格とか、精神とか、親切とかいう点になるとそれは大いに問題だと思う。

今日の如《ごと》くに教職というものがあまりに職業化し、商売化するようになると、その生徒の品性陶冶《とうや》、人格教育というようなことは結局駄目ではないかとすら、わたしはしばしば考えることがある。わたしの幼い頭に印象された小学校時代の先生をいま想い起こしてみるときにわたしはよほど今日のいかめしい訓導《くんどう》(3)先生たちとその調子が違っていたように思う。とにかく今日の小学校とはすべての点においてそれは月とすっぽんだ。

（昭和十二年五月十日）

（1）庵は隠遁舎または僧の閑居する小家のことだが、ここに出る庵（幽玄庵）は寺を兼ねた庵であり、また当時の村の公民館のような役割をも果たしていたようだ。
（2）黒板のこと。明治時代は塗板といった。
（3）旧制小学校の正規の教員の称。（『広辞苑』第五版）

25　小学時代の二

最初は博愛小学校といったが、やがて鳴山簡易小学校と呼ばれるようになった。その簡易小学校を卒業してからわたしは若山尋常小学校に入学した。

かくて尋常科がすむと、高等小学校に進むわけであるがその頃高等小学校といえば八幡浜に一つあったのみで外には付近に一つもなかった。八幡浜まではわたしの村から二里半（＝十キロメートル）もあり、毎日通学するというのは大変であり、父母の許《もと》をはなれて下宿する勇気もなく、わたしは高等小学校はてんで問題にせず、村の簡易小学校の小倉先生に日本外史などをぼつぼつ教えてもらったりして遊んでいた。

この時代には先生というものは実にしばしば更迭したようで、高月先生の前に友岡先生だの、宮本先生だのという方もあった。宮本先生というのは旧吉田藩士で二十位の若い先生であった。伯父のうちによく来られていて、夜寝てから浄瑠璃《じょうるり》の文句を口うつしに教えてもらったりしたことなどもあった。

簡易小学校というようになってからは文部省の読方書《よみかた》などという一定したやさしい教科書によるようになったがその以前の小学読本《とくほん》などはいま見ても随分《ずいぶん》とむつかしい文字が並べてあり、中等読本などというのはなかなかむつかしく漢文であった。それを小学校の上級生に教えていた。すべてが変則(1)で、もちろんよく読めもしなかったものであろうが、いずれにもせよ読書力というものはいまよりもずっとついていたように考えられる。

庵が教場になっていたので時間時間に半鐘《はんしょう》をうって村の者をびっくりさせた考えのない先生もあった。そのころ先生の月給は二円から三円、たかだか五円位であったようである。今日のごとく視学《しがく》(2)という者もなく、県や郡で行き届いた監督もおそらくできなかったであろう。各村で村長や学務委員などが直接交渉してきめた者であろうが、最初は吉田藩の士族と称する人々の多くが腰かけ的に小学校の教員になったようで、師範学校の卒業生などはわたしの村には全く一人もなかった。

だが薄給ではあっても、新鮮な野菜や山のもの、畑のものなど食いあまるほどに村人が代わる代わる持って来るし、やれお祭りだ何だと取りかえ引きかえ贈り物をするのでその頃の山村の小学校の先生という者は今日もいくらかそうではあるが、一層生活というものはのんきであったものである。

（昭和十二年五月二十日）

（1）普通のやり方ではないこと。（『広辞苑』第五版）

（2）明治十九（一八八六）年文部省に置かれ、学事の視察を任務とした行政官。（『広辞苑』第五版）

26 菖蒲の節句

新緑に風薫る初夏の頃になると特にわたしは故郷《ふるさと》を懐かしむ。故郷の若葉青葉の山を懐かしみ、五月晴れの明るい山村の生活を懐かしむ。

わたしは総領《そうりょう》の甚六《じんろく》(1)に生まれた。その山村の明朗な一家庭の寵児《ちょうじ》として少年時代をうかうかと過ごした。五月の節句前になると、さつきのぼりを建ててもらった。それは母の里から贈られた尉《じょう》と姥《うば》(2)の大きな布ののぼりそれと少し小さいのぼりと吹き抜きなどであった。今日の鯉のぼりはわたしたちの時代にはまだ地方にはなかったように思う。

それを毎朝建ててもらって夕方になるとまた仕舞ってもらうのがわたしの一つの楽しみでありそしてまたその誇りでもあった。熊手のようなものを斜《はす》に持っている尉の翁、ほうきを持ってこれに並んでいる老嫗《ろうう》の姿、その落款《らっかん》(3)は虎山とあったように思う。その大きく描かれた気高い、美しい姿を小高い山際の空高くはたはたと初夏の風にひらめく大のぼりに仰いだその嬉しい印象をわたしの網膜《もうまく》はいまにはっきりとあせず保存している。

この日本男児ここにありの表徴《ひょうちょう》たるさつきのぼりを毎年建てるのは七つか八つまで、今日のおそらく学齢期前後までだったと思う。そして五月五日の節句には、菖蒲《しょうぶ》を刈って来て軒端《のきば》にさし、頭痛のしないようにとその菖蒲で鉢巻《はちまき》をしたり、また菖蒲酒と称し菖蒲をさした徳利《とっくり》でお酒を飲まされたりもした。

(1) 長男・長女は大事に育てられたので、その弟妹よりもお人好しでおろかだということ。(『広辞苑』第五版)
(2) 能《のう》で、尉とは老翁、姥とは老女。
(3) 書画に筆者が自筆で署名し、または判を押すこと。または、その署や印。(『広辞苑』第五版)

27 雛の節句

雛《ひな》の節句には雛段《ひなだん》を飾り菱餅《ひしもち》や蓬餅《よもぎもち》もできた。さざえも供え、いり豆なども供えられていたのを記憶する。四日の雛あらしの日は天気さえよくばおうぐらの浜に磯と称し、うちつれて汐干狩《しおひがり》に行ったものであった。その帰途穴井《あない》を経由、神職薬師神氏のうちに雛が立派に飾られているというのでわざわざ立ちよって観せてもらったことなどもあった（傍点編者）。

さつきののぼりは七、八歳になればどこのうちにも建てないのであるが、雛人形は子供のあるうちにもないうちにも必ず飾る習慣であった。その雛段の設計や陳列は毎年またわたしの負担であった。雛御殿を組み立てたり、いろんな雛人形を妹たちを相手に飾ったのはつい昨日のようにさえ思うのに、もう二昔も三昔ももっとむかしのことになって了った。

（昭和十二年五月三十日）

28 雉子《きじ》の英知

わたしのふる郷は、文字通りの山村である。耕地の面積に比較して、山林面積が非常に広大である。それで昔は大部分焼け野が原であった。その焼け野が原に植林されたのは三、四十年来のことである。

わたしの少年時代には、よくその焼け野に草刈りに行った。女郎花《おみなえし》や石竹《せきちく》の花などの咲いている夏の野に、わたしどもはよく秣草《まぐさ》(1)を刈りに行った。ある日わたしは大谷《おおたに》という焼け野の傾斜地で草を刈っていると、足元から突然ケンケンと一羽の雉子《きじ》が飛び立った。驚いてそこを見ると、そこには雉子の巣があり、五つばかりの玉子が可愛らしくならんでいた。おそらくわたしの鎌の尖《さき》が、その巣に触れるまで、その親鳥はじっとその玉子を抱いていたものらしい。その親鳥の愛に心から同情したわたしは、さすがにその玉子を略奪するに忍びなかった。そしてそのままそっとして置いて帰って来た。

それから幾日かして、親鳥は再びもどってあの玉子を孵化《ふか》したのであろうか、あの玉子はもう愛らしい雛鳥《ひなどり》になっているであろうかという、わたしの子供らしい好奇心が、やがてまたわたしを駆って、その雛子の巣の探検にそっと赴《おもむ》かしめたのであったが、行ってみたその結果は、そこにはもはや雛子の玉子もなく、親鳥もいなかった。もぬけのからのむなしい巣のみがひとりそこに残されているのみであった。

おそらく狡猾《こうかつ》な人間の子供の一人に発見されたことを知った親鳥は、そのいたずらな子供の再びやって来ない前に彼女の英知と本能が彼女を駆って、その玉子を他の安全地帯にうつさせたものに違いない。わたしの正直なうぶな子供らしい同情心というものがそのとき一種の淡いもの足りない失望を感じたことをいまになお記憶している。

（1）牛や馬の餌とする草。（『広辞苑』第五版）

29 自給肥料

こうしてよくわたしたち子供は、夏から秋にかけて秣草《まぐさ》を刈りに行ったり、田の草刈りに行ったりした。わたしのうちなどには特に田の肥料草《こえぐさ》を仕立てる草場《くさば》なども作ってあった。田植え前にはそれを刈り取ったり、田のぎし、畑のがけの草などもすっかり刈り取ってこれを田に鋤《す》き込んで地を肥やしていた。山の柴草や、焼け野の青草、前年の秋枯草にして貯えてあるものも一緒に皆鋤き込んだものであるが、今日は養蚕などの関係で、この自給肥料がすっかり行われないようになって了った。

（昭和十二年六月十日）

30　草刈り

よその村に比較すると、山も広く、野も広かったが、自給肥料というものに最も重きを措《お》いていた時代であったので、草というものはなかなか貴いものであった。毎朝畜牛《ちくぎゅう》の秣草《まぐさ》を得るということが農家の一つの行事であった。

朝早く起きて、焼米《やきごめ》をかみつつ鎌をとぎ、それからいそいそと荷わく(1)をかるうてわたしたちは、毎日の日課のように草刈りに行った。自家の近所の所有地の草を刈ることもあったけれど、天気のよい日は多く穴井《あない》びら（＝穴井側）、真網代《まあじろ》びらなど、他村の山野まで草刈りに行った。三人づれ、五人づれで、三々五々とやって行くので、それはむしろ一つの愉快なるスポーツであった。だが、あてもなくさがしまわって、なかなか所要の秣草が見つからず、一荷《か》の秣草を刈り悩む日もそれは決して絶無ではなかった。要するに秣草刈りも一種の冒険で、松茸狩りや小鳥うちと似たところがあったように思う。しっとりと朝露をふくんだ夏草を刈って、それを逸早《いちはや》く荷にして供養塚の大松《おおまつ》(2)の下までかつぎあげ、そこでほっと一休み、あとからあとから帰ってくる草刈隊を待ち合せ、またやがて一列で帰って行く。それはたしかに朗らかに勇ましい村風景の一つであった。

（1）荷を背負うために作られた道具。おいこのようにかごは付いておらず、枠についている紐で荷を縛った。
（2）鴫山と穴井の境界辺りにあった大松。

31　共同田植え

共同田植えはいまもむかしも同じことではあるが、いまは養蚕というものがあるので、むかしの田植えの如くに、農村における年中行事の最高峰という感はいたく薄れて来たかの如き感がする。わたしの子供時代の田植えというものは、まことに大がかりな、厳粛な、神聖なものだったとでもいいたい様な気もちがする。

わたしのうちでは、毎年かわのうえとあんのうえとなかやしきと四軒で共同で何日間かかゝって田植えを行った。相当大家内の四軒が総動員でやるのだからそれはとても賑《にぎ》やかなものであった。苗をとるもの、水かきをするもの、挿秧方《そうおうかた》（＝苗の植え付け方）、牛方などなど、それぞれに分担され進行されて行く、一面大いに能率的増進的であったがまた一面には多分にお祭的、興味本位的であった。少なくもわれわれ子供にとっては田植えというものは非常に楽しみなものであった。少なくもわれわれ子供はいつも苗運び、苗の配布方を命ぜられたものである。

（昭和十二年六月二十日）

32　少年雑誌

いまは村役場の所在地に郵便局があるが、わたしの少年時代には、郵便局は八幡浜郵便局が存していたのみである。その後穴井《あない》に郵便局ができてその配達区域になっていたこともあったと聞いたように記憶するが、それはずっと後のことである。

わたしの少年の頃は、ポストマン（＝postman 郵便配達人）は毎日しぎやまとう[1]を越えてやって来た。大ていそれは午後二時頃から三時頃であった。わたしは最初「少文林」、その後「少年世界」を購読していたので、それの郵着《ゆうちゃく》する頃になると、どんなにその郵便屋さんの来るのが楽しみでそして待ち遠しかったことであろう。朝から西の空を仰ぎしぎやまとうに郵便屋さんの姿のあらわれるのを胸躍らせて待ちかまえていたものである（傍点編者）。

その頃『少国民』という雑誌もあった、それは市さんが購読していたのでそれを借ってわたしは読んでいた。石井研堂《いしいけんどう》という人の科学小説みたようなものが載っていて面白く読んだのを記憶する。

『少文林』は定価僅《わず》かに一銭五厘、それで五十頁か六十頁かの堂々たる少年雑誌であった。『少年世界』は漣山人《さざなみさんじん》(2)のお伽《とぎ》小説で全国少年の人気を沸かした、日清戦争当時に発刊されたもので、その定価は五銭であった。『少文林』であったと思う、新年付録に二重橋の写真付録がついて来た。そのすばらしく美しい付録にどんなにわたしはチャームされたであろうか。それを早速額に入れてわが書斎の壁に掲げたものである。また『少年世界』の創刊号には、付録小説として宮崎三昧《みやざきさんまい》道人の「小荊軻《しょうけいか》」(3)が載っていた。わたしは幾度くり返しそれを読んだことであろう。わたしのジャーナリストとしての運命はすでにこのごろに兆《きざ》していたように思う。臆面《おくめん》もなく『少文林』に投書してその誌面の改良案を寄せたり、懸賞課題を寄せたりもした、それが今日の尋常小学生の時代である。

この時代にいま一つ『学生筆戦場』をわたしは人から借りて読んでいた。こうしてわたしの雑誌趣味がだんだんに養われて行ったように思う。

だがその記念すべき懐かしい『少文林』のつづりや、『少年世界』のつづりが、いつの間にか処分されていまは一冊もわたしのライブラリーに残っていないのがさびしい。もう一度それを手にしてみたいように思う。

（昭和十二年六月三十日）

（1）鴫山の西側にある小高い峠。この峠を越えて真網代や穴井に行く。

（2）巌谷小波《いわやさざなみ》。童話作家。名は季雄《すえお》。一六の子。東京生まれ。尾崎紅葉らと硯友社《けんゆうしゃ》を興し、のち童話文学に力を注いだ。（『広辞苑』第五版）

（3）荊軻とは「中国、戦国末期の刺客。衛の人。燕の太子丹の客となり、丹のために秦王政（始皇帝）を刺そうとして失敗しころされた。（『広辞苑』第五版）

33　殺生嫌い

わたしは子供のときから殺生というものに対しあまり興味を持っていなかった。否《いな》これに対して興味を持っていなかったというよりも、ものの生命《いのち》を奪うということがわたしはどうしてもできなかったのである。山村のことであるから漁《あさ》るということはあまり問題ではなかった。鰻釣《うなぎつ》り、川狩り、池狩り、鱒捕《ますと》り、まずそんなものであった。

夏の土用《どよう》には誰も彼も川狩りを行った。川狩りといっても溝のような谷川のことであり、はや、と、どんこ、と蟹《かに》がいたくらいのもので、漁るほどのものは何もいなかった。それでも川狩りの好きな者は皆川狩りに出かけたものである（傍点編者）。

わたしも一、二度川狩りに行ったには行ったことがある。政小父《おじ》さんにすいで(1)を結《す》いてもらって、それがうれしくて兼さんなどと下の小川へ鮠《はや》すくいに行った。一日《いちじつ》（＝ある日）かんか照る川の石の間をわたり歩き、ついにあつけがいって、その晩熱が出て大騒ぎしたことを覚えている。その以外に一、二度川狩りに行ったことがあるにはあるであろうが、あまりはっきりした記憶がなく、大して興味も感ぜず、度々は行かなかったように思う。

海の魚釣りにも、あとにもさきにもただ一度行ったことがある。真網代《まあじろ》からであったか穴井《あない》からであったか、漁船に乗って五、六人で行った。わたしは終日かかってたった一尾釣った。ほかの方はビクに一杯も釣ったのにわたしのみはたった一尾しか釣れなかった。しかしたった一尾ではあったが、その大きいことにおいてはわたしのが一番であった。多分小さい魚のかかったのは釣るコツがわからないので皆逃がして了い、大きいのがかゝったのでやっと釣れたのを引きあげたのであろうという評判であった。

冬になると山村の子供たちは、クビチ(2)というものを山林によくこしらえて小鳥を捕った。あちらこちらにそのクビチを作って置いて、朝夕一巡して来ると二羽か三羽の小鳥がきっとこれにかかっていた。わたしの友達は冬になるとみんなこのクビチをかけた。だがわたしはどうしてもこれに忍びなかった。あの可愛い小鳥をクビチの獄門にかけてころす、それはどうしてもわたしにはできなかった。わたしの心臓は生まれつきそれほど弱かったのである。

（昭和十二年七月十日）

（1）「すいで」とは魚取り網。「結《す》く」とは　網を編むこと。

（2）若木の枝をはらい紐をしばり引っ張ってバネのかわりにし、鳥が触れると瞬間に止め木がはずれ、ギロチンのように鳥の首をしめるようなしかけ。

34　兎《うさぎ》狩り

むかしの山村のスポーツ、その随一は兎狩りであった。雪が降ると青年も、壮年者も老人までも兎狩りに出かけた。鉄砲のある者は鉄砲をかついで、それをもたぬ者は勢子《せこ》(1)になって、雪の上に即《そく》した兎の足跡をつけて山から山へ、谷から谷へと兎を狩り暮らした。

わたしの重叔父《しげ》は殺生好きであった。鉄砲鑑札を受けて禁猟期でない限り始終鳥うちや兎うちに出かけていた。雉子《きじ》どやを作って一日そこにこもり、雉子笛を吹いて雉子をよせてはそれをうって帰った。鴨《かも》うちや鵯《ひよどり》、シナイなどをうちにもよく行った。遠く佐田岬まで鹿うちに行ったこともあった、その頃は岬に鹿がまだいたものと見える。北宇和郡や東宇和郡などにもときどき鳥うちに行ったように思う。

（1）狩り場などで、鳥獣を駆り立てる人夫。かりこ。（『広辞苑』第五版）

35 燕《つばめ》の墓

ある夏の日のことであった。わたしのうちの納屋に一羽の燕が入ってきた。わたしはそれをたてこめて面白半分に追っかけ回していた。おびえ切った燕は恐怖と疲労からついにバサと落ちて来た。わたしは急いで駆けよって手に取って見ると、それはもう死にかけていた。何という可愛そうなことをしたものであろうと、わたしはなでたりさすったりしてみたがそれはついに蘇生《そせい》しなかった。

わたしは衷心《ちゅうしん》から後悔した。熱い涙を眼に一ぱいためた。そのこまやかなつばくろの死骸をわきの畑に埋めてやったことをいまに記憶している。それから以後、わたしは小鳥を捕らえたり、それを追っかけたりすることをまたしなかった。それはわたしの六つか七つかの年であった。

36　非生臭坊主《ひなまぐさぼうず》

わたしはつねに思う。わたしどもの肉体と精神というものは決して二つではない。思想はやがて肉体に影響し、肉体はまたその思想を左右する。わたしは幼少の頃には鰯《いわし》も食べたし、青い魚もまたよく食べた。鮮魚は決して嫌いではなかった。それが次第次第に魚嫌いになり、今日絶対に鰯や鯖《さば》を食べないようになったのは、わたしの殺生忌避《きひ》、生ける者の命を奪うに忍びない、いわばわたしの惻隠心《そくいんしん》(1)が知らず知らずの間に或《ある》いは影響しているのではないかと考えるのである。

（昭和十二年七月二十日）

（1）いたわしく思う心。（『広辞苑』第五版）

37　農業趣味

わたしは百姓の家に生まれた。わたしの血管の中には、先祖代々の勤勉な百姓の血が多量に流れている。だからわたしは農業というものに対して何よりも興味を持っている。わたしの性格に最も適合するものは今日でもわたしは百姓だと思っている。

わたしは小学校に通学する時代から進んで農業を手伝った。それは決して両親からも、祖父母からも強いられたものではなかった。百姓が好きだから百姓をする、それがわたしの少年時代のお人形百姓の姿であった。祖父が作ってくれたおもちゃの荷わくを負うてわたしはよく薪《たきぎ》とりに行ったり、草刈りに行ったりした。

そういう風にして育ち、そういう風にまた農業の好きであったわたしではあったが、小学校を卒業してから一年みっちり家業に従事したとき、さすがに麦たたきとたご(1)をかついで四十何度の傾斜地をのぼったときだけは、百姓という者はまことに骨の折れるものだと思った。田植えも一つのスポーツであり、草刈りも一つのスポーツであった農村に、麦のいがをかぶって汗みどろになって麦の穂をたたいて粒《つぶ》にするのと、こえたごをかついで山をのぼるのはさすがにつらかった（傍点編者）。

いまわたしの子供時代とはよほど農業の型も変わって来た。将来はもっと大いに変わるであろう。農業そのものは次第に楽になって行くと思うがしかし農家の生活そのものは果たして楽になるであろうか、それは疑問である。

（1）水肥・水などを入れて天秤棒で担い、また牛馬の飼葉を入れる桶。（『広辞苑』第五版）

38　櫨《はぜ》採り唄

むかしの山村の副業というものは、藍《あい》と楮《こうぞ》と櫨《はぜ》(1)ぐらいのものであった。今日の如《ごと》く養蚕というものはわたしの子供時代にはまだなかった。夏の暁天《ぎょうてん》に（＝夜明けに）起き出でて、露をまだ宿している藍を刈り取って来て、山の如く庭に積みあげ、家内総動員でこれをこいで(2)筵《むしろ》で干し、それを更に俵《たわら》に入れて藍屋に売ったり、冬になると楮を切って来て、それを束ねて楮買いに売ったり、秋過ぎには櫨の実を採って、それを村中が共同販売したのであった。この櫨採りがまたたしかに一つの農村スポーツであった。いい声の若い衆が高い櫨の梢で、櫨採り唄をうたった、その時代のふる郷をまたわたしは限りなく懐かしく思う。

（昭和十二年七月三十日）

（1）藍とはタデ科の一年草で、葉や茎から染料をとる。楮とは樹皮を和紙の原料にするクワ科の落葉低木。櫨とはウルシ科の落葉高木。実から木蝋《もくろう》をとる。

（2）しごいて（葉を）茎からかきおとす。

【参考】俗謡《ぞくよう》　『双岩村誌』（一七二〜一七三頁）

朗々樹梢《こずえ》よりこぼれ来たる櫨《はぜ》取り歌、殷々《いんいん》渓谷に反響する籾摺歌《もみすりうた》、何《いず》れか田園と調和し之れを詩化する材料にあらざらんや、遮莫《さもあらばあれ》（＝どうあろうとも）今日の時代は田園を挙げて散文化し、器械化せずんば止まず、盆踊りは衰へ、亥の子は廃たれ、夕暗に聞ゆる草刈男の歌、暁霧《ぎょうむ》に響びく機織《はたおり》乙女の節すら今《い》まは耳にすることは能はざるに至れり、養蚕は盛んなれど未だ桑摘歌といふものあるを知らず、果樹園は拓かるれども未だ白帆が見ゆる的新作あるを聞かず、田植歌、籾摺歌、櫨取歌、木遣《きやり》（＝重い木を運ぶこと）歌、盆踊歌、機織歌、臼挽《うすひき》歌、糸引き歌、手毬歌、亥の子歌、子守歌、草取歌その他農業に関する俗謡の悉《ことごと》くに就いて之れを例示するに堪《た》えず

39　七夕さま

陰暦七月七日の七夕祭り、その前日なる六日の宵、南の緑の壁に牽牛織姫《けんぎゅうおりひめ》の軸を掛け、その前に机をすえ、うず高く西瓜《すいか》だの、甘藷《かんしょ》だの、お茄子《なす》だの、素麺《そうめん》だのを供え、五彩《ごさい》の紙を切った短冊に七夕の詩歌をしたため、それを笹の枝に結んで七夕さまを祀《まつ》った。

それはすべてわたしの任務の一つであった。その七夕の詩歌は大雑書《ざっしょ》(1)から写したり往来もの(2)の小さい版本(3)に載せてあったものから毎年写したように記憶する。なおその五彩の色紙《いろがみ》は大てい横平《よこひら》、その他隣村《りんそん》から行商が持っ

て売りに来たように思う。

七夕の日は老弱いずれも業《なりわい》を休み、いろいろな夏の御馳走ができたり、お団子が作られたりした。またその短冊の結ばれた笹竹は、朝早くこれを倒して短冊をむしり取りこれをついで（＝つないで）風に吹き流させて遊んだ。なおその笹竹は農圃《のうほ》の害虫を追い払うまじないになるというので田畑に持って行ってこれを立てたようにも記憶する。

（1）雑多なことを記した書物。（『広辞苑』第五版）
（2）鎌倉・室町時代から明治・大正期に至まで、初等教育用に編集された教科書の総称で、数千種の刊行をみたといわれる。（『広辞苑』第五版）
（3）版木に彫って印刷した書物。（『広辞苑』第五版）

40 盂蘭盆会《うらぼんえ》

霊《たま》祭りのおぼんというのは、七月十三日と十五日が主たる行事の日であった。十三日の宵《よい》、湯浴《ゆあ》みして衣装を着換えお墓に詣で、迎え火を焚《た》いてお精霊《しょうりょう》様(1)を迎えて来た。そして本座敷《ほんざしき》に飾られたお精霊棚《だな》には、先祖代々の位牌《いはい》を祀り、くさぐさの（＝いろいろの、さまざまな）供物《くもつ》、めそはぎ、樒《しきみ》、お膳部《ぜんぶ》、茶湯《ちゃとう》などをところせまく並べたて、そこに自ら特殊の雰囲気《れいいき》(3)が作り出されたものであった。

その晩に大てい盆踊りが催された。場所は毎年お庵の広庭《ひろにわ》(4)であった。その主催は若連中で、その種類は扇子踊りが主で割竹だの、志賀団七(5)だの、ときに変わった踊りが演ぜられた。

すべての乙女子《おとめご》は毎夜踊りを稽古した。その踊り子の踊りの品定《しなさだ》めで夏の涼み台のニュースはとても賑《にぎ》わったものであった。

なおその踊りにはさんで若衆連の仁輪加《にわか》(6)が演ぜられた。われわれ子供にはとてもそれが珍しかった。その仁輪加のあとの中入り(=間の休憩)には、赤飯の弁当が踊り子にも口《くち》どきの唄い手にも、はやし方の子供にも、その口どきの種類は多く白石噺《ばなし》だの、権八小紫だのであった、その親衆(観衆の誤植カ)のすべてに向かって配られた。それから十五日には送り火が焚かれて霊魂をふたたび御墓に奉送《ほうそう》し、その翌日お精霊棚は撤去された。そしておぼんには十三日から十五日にかけて連日お団子が作られたり、おこわ飯がむされたり、お鮨ができたり、素麺《そうめん》が玉子やお茄子《なす》と一緒に煮られたり、やはりおぼんというものはわれわれ子供にとってお正月についでの最も楽しい年中行事の一つであった。

(1)お盆とは正式には盂蘭盆会《うらぼんえ》といい、お精霊様つまり死者の霊魂を迎える行事。
(3)その場がかもしだす雰囲気。
(4)玄関先の広い庭。(『広辞苑』第五版)
(5)団七踊りは、仙台の伊達藩の白石で起きた話がモデル。ある男が田の草取りをしている時、そこを通りかけた志賀団七の袴に草取りの泥がかかる。怒った団七は、その男を殺したが、その男の二人の娘が、武芸の修行をしてついに仇討ちを果たす、という話。
(6)俄狂言の略。素人が座敷、街頭で行った即興の滑稽寸劇で、のちに寄席などで興業されたもの。(『広辞苑』第五版)

【参考】盆踊り　『双岩村誌』(一六四〜一六五頁)

盆踊は于蘭盆会《うらぼんえ》の前後に多く寺院の境内に行はれ、その中央に太鼓を据え、その手に雨傘と湯呑《のみ》とを持ちたる唄ひ手と囃《はや》し子と之れに添ふて立ち、種々の扮装したる踊り手之れを囲み、その唄と囃《はや》しと太鼓との調子につれ、或は扇をかざし、或は四つ竹を鳴らし、足どりおかしく踊りめぐり、尚《な》ほ中入れには握飯《にぎりめし》を分配し、二輪加《にわか》狂言の余興あり、暮れがたより踊りはじめ暁《あかつ》きに及ぶを例とす、その唄ふところのものをくどきと称し、白石噺、平井権八、石井常右衛門のくどきなど一時最も流行したり、この他伊勢踊に於《お》けるお伊勢歌、お山踊に於けるお山くどき、念仏踊りに於けるお念仏の唱へ方、鉦《かね》の打方、踊り方一々之れを説明せず

41　疫病よけ

夏になると悪病《あくびょう》がよく村々に流行した。どこかに悪疫《あくえき》が流行すると聞くと、早速悪病よけの祈祷法会《ほうえ》がお庵《あん》で催された。それはまことにグロテスクなものであった。

まず村中の老弱男女《ろうにゃくなんにょ》がお庵の庭に集まった。それから村の若い衆連《しゅうれん》が藁束《わらたば》をどしどしもち込んでくる。その藁束をしめして（＝ぬらして）それを打ってやわらかくして、それで何十尋《ひろ》（＝尋は縄・水深をはかる長さの単位。一尋は五尺［一・五メートル］または六尺［一・八メートル］）かのしめ縄をなったり、長さ四、五尺、幅一、三尺の巨大な足ないと称する草履《ぞうり》を共同で作ったり、なお大小とりどりのしめ縄、草履などを各自、手に手に作ったものである（傍点編者）。

それが漸《ようや》くできあがると、これを本堂にもち込み、山の如くうず高くこれを積み上げ、その周《まわ》りに村中の者が座敷一杯に車座《くるまざ》をなし、大きな数珠《じゅず》——二つに折って長さ二、三間——（＝一間は六尺［一・八メートル］）を輪にしてつまぐり（＝指先であやつり）かねの合いの手（＝拍子をとるためにたたかれる鐘の音）で、南無阿彌陀佛《なむあみだぶつ》を合唱、大き

な結目《むすびめ》のところが自分の前に来ると、それを押し頂《いただ》きつゝ一回百遍、それで御祈祷《ごきとう》を完了。

それからその大きな草履と何十間という長いしめ縄をもって村の入り口にいたり、山から山へ遙かにしめ縄を張りわたし、その一端に大草履を吊りさげるのである。その私の村への隣村からの入り口というのは七つばかりもあったので、結局七つの長いしめ縄と七つの大きな草履の片っぽが要せられたわけである。なお各自の家でも小さなしめ縄と小さな足なか草履をもち帰ってその入り口にそれぞれそれを吊したものであった。

要するに、俺等《おれら》の村ではこんな偉大な巨人がいるぞ、悪病神《かみ》よこの神聖なるしめ縄からうちへは入ってはならぬぞよというわけである。いまも果たしてこんなグロテスクな悪疫神威嚇《いかく》戦術が行われているかどうか、近来帰ってみても一向それに気づかぬところから見ると、おそらくこんな馬鹿馬鹿しい迷信は廃止されたものであろう。

（昭和十二年八月二十日）

42 悪疫防御

いま一つ悪疫防御に関しわたしの子供時代の思い出がある。それは赤痢であったか、腸チフスであったか、よく記憶しないが、とにかく海岸の村々一帯が悪疫でもってぬりつぶされたときのことであったと思う。どうせいずれの村も同じようなことをやったものであろうが、わたしの村でも他村から入り込んで来る主たる交通路に向かって厳重な関所を作ったものであった(1)。

わたしも父の代理か何かでその一つの関門を守備した記憶がある。他村からやって来る者はこれをソコに食《く》いとめて村へ入れないわけであるが、すでに多くの村々で実施していることであり、関所破りの弁慶や義経もあまりそれは来なかったように記憶する。わたしは終日耳とり(2)と称する真網代《まあじろ》方面警戒の仮小屋のなかに臥《ね》ころんで市さんから借りた『少国民』を暢気《のんき》に読んでいたことのみをいまに記憶している、それがわたしの十四、五歳のときであった（傍点編者）。

（1）『双岩村誌』よると明治二十九（一八九六）年、横平・布喜川・釜倉に腸チフス発生、患者四十九名のうち死者三名を出し、特に横平地区は総戸数四十戸のうち大半の家が患者を出すという状態云々とある。これは一八九八年まで続いたようだ。

（2）鳴山の西方にある小高い丘、ここを越えると真網代に着く。海から吹き上げてくる耳を取られるくらい強い風がよく吹くのでこの名がついたらしい。

43 虫送り

これも今日はやっていないかと思うがむかしは虫送りという害虫駆除法が年々行われていた。稲田にうんかや螟虫《めいちゅう》(1)がわくと、村中の者が午後からお庵《あん》に集まって念仏を唱えて稲の害虫駆除をお本尊様へ建議したり煮しめで一杯飲んだりして日が暮れかかると松明《たいまつ》を沢山ともしつらね、かね太鼓《たいこ》でドンジャンドンジャン南無阿彌陀仏を合唱田圃《たんぼ》の小路《こみち》をめぐり歩くのであった（傍点編者）。

それが果たしてどれ位の効果があったかどうかをわたしは詳しく知らないけれど、この方はしかしいくらか合理的であり、必ずしも迷信ばかりでもないかの如く思われる。

何となればドンジャンドンジャン大きな音響を立てて歴《へ》めぐればいくらか害虫も驚いて義理にも稲の中から飛び出すであろう。そしていわゆる飛んで火に入る夏の虫で松明の火でもって焼かれて死ぬものもまた決して絶無でなかったであろうと思う。だからいくらかの効果はあったものとわたしはこれを思うのである。

（昭和十二年八月三十日）

（1）うんかとは　カメムシ目ウンカ科の昆虫の総称。稲の大害虫、螟虫とは稲の茎の髄に食い入るニカメイガおよびサンカメイガの幼虫の総称。（『広辞苑』第五版）

44　灯籠《とうろう》あげ

わが山村の懐かしい故園《こえん》（＝故郷）に帰ったのは八月の三日であった。為すこともなく明かし暮らし今日はもう三十一日である。げに（＝実に）夢の如くに過ぎ去ったこの一ヶ月よ。今日は亡き母と逝ける子の新盆《にいぼん》の最後の営みたるともし揚《あ》げの法会《ほうえ》を了《お》えて両、三日中には再び松山城下の人とならねばならぬ。

ことしは日支事変《にっしじへん》(1)（＝日中戦争）の騒ぎで盆踊りはついに中止になったが何十年かぶりに故郷《ふるさと》の盂蘭盆会《うらぼんえ》を自分で営んで、いろいろと子供時代のむかしを思い出して一人懐かしんだことであった。

むかしは霊《たま》まつり（＝盂蘭盆）の十三日の夕の迎火《むかえび》を百八丁と称し苧《お》(2)がらを五寸ほどに切ってこれを束ね、それに細い竹の串を貫いて柄とし、それをお墓から自分のうちまでともし列《つら》ねたものであるが、わたしの子供の時分からはや丶これを略し、百八丁の百を省略、苧がらの迎え火八丁のうち四丁だけ墓場でもやし、それに細い竹の串を貫いて柄とし、残り四丁を門口《かどぐち》でもやしていた。それも今日は形ばかりの迎え火を墓前に焚くに過ぎないようになった。

わたしはむかしからおぼんの第一日、陰暦の十三日にお墓をきれいに掃除し、花筒《はなづつ》を新しくうち(3)、樒《しきみ》などをどっさり供えたように思っていたが、今度久しぶりに帰ってみると、それはおぼんの行事ではなくて七月入りの行事であった。七月入りの前日には、どのうちのお墓もすっかりきれぎれに（＝細かいところまできれいに）掃き清められ、陰暦の朔日《さくじつ》(4)の朝はどの墓もどの墓もとても賑《にぎ》やかでほんとにそこにみ仏のほゝ笑みおわしますかの如き感がしみじみとするのであった。

かくておぼんの十三、四、五日はみ仏のご馳走！　お料供《りょうぐ》がいろいろと列《なら》べられる。それは家々にそれぞれきまったしきたりがあって、大たいにいまでも崩されていないようであるが、ただ毎年夏蚕《かさん》の上簇期《じょうぞくき》(5)に当たるので、むかしの如くゆっくりとおぼんを迎えることのできないのは、いささか今日の山村生活の悲哀としなければならぬ。

この盂蘭盆会後に不幸のあったうちでは新盆と称し、七月入り以後、灯籠《とうろう》あげの法会を営むまでずっとお精《しょう》霊棚《りょうだな》を存置《そんち》、亡霊を祀り、灯籠あげを営み、かくてはじめてこれを撤去することになっている。

旧暦七月二十四日はまたうらぼんと称しこの日もお団子を作りなどして各家亡霊を祀る。なお新盆の家では晦日《みそか》迄に灯籠あげの法要を営む。灯籠は、新盆の家では七月に入るとこれを購《もと》めて精霊棚の前に吊し毎夜これに点灯し、また墓前にも毎夜燈明を点じて灯籠あげの夕にいたる。

灯籠あげの日は、親戚故旧《こきゅう》(6)を沢山招待して、おぼんの最後の法要を営み、その親戚などから贈られる灯籠とともにその灯籠を墓前につらねて夜を徹する例である。むかしは三、四十個も灯籠を墓前に吊し盛んなものであったが、近来は節約質素主義から多くは不幸のあった家のみに灯籠をともすに止《とど》まり、近親の主たるものからは多くは岐阜提灯《ぎふちょうちん》を贈るならわしのようである。

（1）昭和十二（一九三七）年七月に起こった日中戦争を日本側では日支事変と呼んだ。日本軍は華北へ侵攻し、首都のナンキンを占領した。

（2）苧とはイラクサ科の多年生草。茎の皮から繊維をとり、布を織った。木綿以前の代表的繊維。
（3）昔は花筒は竹を切って作っていた。それで毎年とりかえなければならなかった。
（4）毎月の第一日。ついたち。
（5）夏蚕とは初夏に孵化して飼われる蚕。上簇期とは蚕が十分発達して体が透き通った時、繭を作る為の枠である簇《まぶし》（繭のすだれ）に入れること。
（6）ふるいなじみ。以前からの知人。（『広辞苑』第五版）

45　最初の兵隊さん

日支事変《にっしじへん》（＝日中戦争）で動員令が下っている。わたしの村で最初の兵隊さんといえば熊小父《おじ》さんであった。いまも元気に働いている爺さんでもう七十いくつであろう。なかば大工さんなかばお百姓さんでまじめな模範的老兵――といっても兵隊さんくさいところなどまた微塵《みじん》もない。

何といっても昔々大昔の兵隊さん、当時徴兵といえば血税《けつぜい》、血税といって入営すると生血《いきち》を絞りとられるそうな、この世ながらの生き地獄のように考えられた、その時代のことである。扶養義務を有する者は徴兵を猶予される、それで子なしの老人のうちをあさって（＝漁って）から名義上の養子に行ったりした時代である。牛の峰《みね》の何とか称する神様か仏様かは、徴兵忌避の霊験あらたかとあって、適齢期の青年たちが颯爽《さっそう》とこれにおまいりをしたりした時代である。そうした時代に村で最初の入営をしたのがわが熊小父さんであった。

この熊吉小父さんの兵隊さん時代にわが松山連隊が南予地方で演習行軍をしたことがあった。わたしは十ばかりでもあったろうと思う、それを見物に行ったことを覚えている。笠置《かさぎ》峠《とうげ》(1)に行くと、兵隊さんが伏せの姿勢で元《もと》ごめの鉄砲で一斉射撃をやっていたり、銃を組み合わせて休んでいたりやがてまた突貫《とつかん》(2)をやったりしていた。

熊小父さんの実母のおしか小母《おば》さんもその息子に面会するために演習見物にいっていた。そして「小母さん、西村君はあっちに行ったよ、いま行ったらも一度会えるよ」と西村一等卒の行方を親切に小母さんに教えているその戦友もあったりした。

これももう五十年も昔の話である。……それからやがて日露戦争時代、わたしと同年生まれの菊池藤三郎君が旅順の戦いで名誉の戦死を遂《と》げた。それがたしかわが部落で第二番目の兵隊さんだと思う。その幽玄庵に建っている墓碑にはこう記されている。

陸軍歩兵上等兵功七級勲八等菊池藤三郎之碑
記　征露之役氏明治三十七年八月廿二日清国旅
念　順背面攻撃際名誉遂戦死其従戦功金鵄勲章下賜

(1) 笠置峠は、八幡浜市釜倉と西予市宇和の岩木(岩城)に跨《また》がる標高約四百メートルの笠置の山にある峠。現在は笠置トンネルが貫通し、八幡浜市と西予市を結ぶ。
(2) (ときの声を挙げて)敵の陣に突撃すること。(『広辞苑』第五版)

46　共同浴場

わたしの子供時代には五右衛門風呂《ごえもんぶろ》というものが三軒に一軒ぐらいあるに過ぎなかった。それも毎晩はたかれなかった。もちろん夏は行水本位《ぎょうずい》で風呂をわかすようなことはなかった。それが十年ほど前から各部落とも村が補助して共同浴場というものを作り、いまでは順に当番で毎晩これをわかして入浴、夏でも冬でも原則として共同風呂のない晩はないようである。これはたしかに農村衛生上に、また農村生活の向上上大《おお》いによいことである。

47　部落生活の革命

わたしの部落の新しい施設について、比較的長く、一月《ひとつき》も今回は帰省していたので、自然いろいろと視察したのであるが、結局電話とポストと、道路、この三つのものが最もありがたい文化生活の向上であると思った。電話も最初のうちは村内の通話に限られていたが今日は普通区域の村外とも通話されるので非常に便利である。ポストもわたしが小学校に通っていた時代にはまだなかった。ハガキ一枚投函するにもわざわざ隣村までゆかねばならなかったのである。道路の改修された結果、馬車、自動車、自転車など自由に交通するようになったのは何といっても部落生活の一大革命である。

48　台所改善の必要

これからまさに実施されねばならぬ改善はまず第一に各家庭の台所であろう。暗い、不便な、片すみに作られているその台所をもっと明るく、能率的に、気もちのよいものにしなければならない。同時に小《しょう》上水道を作ると最も理想的である。わたしの組では五、六年前にわたしの方で小水道を作ったとき、そのタンクを全組合の各小作人に利用し得るように大きくして、いつでも鉄管さえ埋設すれば配水できるようになっているがまだ実現にいたらない。

49　部落公会堂

多くの部落には青年会、公会堂などができているが、わたしの部落では基金積み立て中とあってまだこれも実現していない。

50　アイスケーキ

わたしはかつて電灯のない温泉郡のある島に行ってアイスケーキのあるのに驚いたことがあった。わたしの部落に帰って来ると、ここにもアイスケーキが侵入し来たっているのに驚いた。隣村から暑い日には毎日持って来て鈴を振って前の新道を売り歩いていた。アイスケーキが流行し始めてからわずかに二年、その普及率はまた驚くべきものである。

（昭和十二年十二月二十日）

51　悪戯《いたずら》の失敗談

T叔父とある冬の夜、折焚《おりた》く柴《しば》に手をかざしつつ、たわいない思い出を語る。

つぎの一項はT叔父の悪戯失敗談。

T　わしだちの子供時代にも随分《ずいぶん》それは悪戯をしたよ。おやけの半次郎さんが宮の奥に[1]木ねり柿をつがれてそれがどっさりなった秋のことだ。かみの[2]慶《けい》さんがガキ大将で、あのおやけの二股《ふたまた》の木ねり柿がもうよっぽどうまそうに熟《う》れだした、行ってもいで食べようではないかというので、ある日わしと慶さんともう一人、二人腕白《わんぱく》が参加してその木ねり柿を襲撃した。

ところが、その朝半次郎さんが、折あしくもわれわれより先回りをして、かぎとほご[3]を持って行ってよくられたのを半分以上とっていかれた。その丁度あとへわれわれはやって行ったのであった。「ああ、しまった、しまった、半次郎さんがおいしそうなのをみんなもいで行って了《しま》った。でもまだ半分ばかりは親爺《おやじ》残しているぞ。ぐずぐずしていたらこの残りの半分もまた半次郎さんがとって行って了う。うれたのだけみんなこの機を逸せずとってやれ」

×

そう慶さんがいって、われわれに張番《はりばん》をさせておいて、自ら木にのぼって残っているうまそうな柿をみんなもいで降りた。「さあ、食べよう」とナイフで皮を剥《む》いで、一口むしゃむしゃ食べかけたが、「ベッ、こいつあまだ渋いよ」「ベッ、こいつも渋いよ」「ベッ、おれのも」「ベッ、こいつも」。

それから四、五日もした。そっと、柿の木を見回って半次郎さん、怒るまいことか、カンカンになって柿の梢を睨《にら》み上げて、独りで怒鳴《どな》って曰くには「どこの餓鬼《がき》どもがおれとこの年とり柿の渋柿《しぶがき》をみんな荒らして了ったか、二股のその一股《ひとまた》を木ねり、他の一股は渋柿をつぎ、ことしはどちらもよくなって木ねりだけは満足に収穫したが、どこの阿呆《あほう》の餓鬼がやって来てわざわざ渋柿をぬすみやがったか……」

×

T　これはもう少しく大きくなっての悪戯の失敗、その煽動者はやはり餓鬼大将の慶さん、「垣生《はぶ》(4)の池にお前とても大きな鮒《ふな》をわくほど沢山入れているぞ。おれがつれて行ってやるからお前は投網《とあみ》を持ってついて来いよ」

それからある夜二人で鮒ぬすみに出かけた。そしてわしが投網をうって取ってみると、大きな鮒どころか二寸か三寸の小鮒ばかり、「慶さん、こいつは小鮒ばかりだぞ、二寸や三寸の大鮒が何になる」「おかしいなあ、あんなに大きな鮒が池に一杯いたのに」それから何回うってみてもついに三寸以上の鮒は一尾も網にかからなかった。

×

あとで聞くと、その前日に大鮒はすっかり捕獲して了い、種子鮒《たねぶな》に小鮒ばかり残しておいてあったんだそうで、その種子鮒をつまりわれわれは捕えて了ったわけであった。こいつも溜池の所有者をとても憤怒させたということだ。

（昭和十三年一月十日）

（1）ほのぎ（小字）のひとつ。
（2）ほのぎ（屋敷の名前）のひとつ。
（3）藁で編んで作った入れ物。
（4）三瓶町垣生、鳴山からそこへ行くには山を三つほど越えなければならない。

52　懐かしい旧友

たまに郷里に帰って来た場合、近親の若い者以外は、大かた顔も知らず名も知らず、たとえ一度や二度会ったとしたところでこちらはすぐに忘れて了う。

それでも不思議にあの顔は何といったらうちの顔、あのタイプは何といったらうちのタイプだと、およそ半分ばかりはほぼ見当がつく。

×

いわゆる胞《ほう》（＝母の胎内）を同じゅうする兄弟姉妹とはいえども必ずしも同じ顔、同じタイプばかりではないが、それでもやはり兄弟は兄弟であり、従姉妹は従姉妹であり、どこかに必ず似通った点がある。うっかり途上で行き合ったりした場合、あゝあの小母《おば》さんがまだ生きていられると思ったりする。それをあとで人によくきいてみると、その小母さんの娘であったり、その小母さんの小さい妹であったりよくするのである。

今日わたしは偶然帰って来て、遠縁のうちに葬儀があるというのでそれに自ら参列した。その多数の参列者の多くの顔をわたしはもちろん知らないのであったが、なかにはまたどこかに見覚えがあり、誰と思い出すことはできないにしても、たしかに知っている老人の顔も二、三それにはまじっていた。

なおわたしはそこに三人のいともいみじく(1)めずらしい旧知に合った。おそらく三人とも三十年ぶり、もしくは四十年ぶりの絶えて久しい邂逅《かいこう》(2)である。その一人はMで、わたしよりも一つか二つ年長であったように思うが、彼はわたしの簡易小学時代のクラスメートであった。そして二人とも村を出てからはほとんど相会《あいあ》う機会がなかった。ただ一面彼がM署に巡査部長であった時代、わたしはN新聞主筆時代で、約二十年目に再会、幾年間かその竹馬の交情を温めることができたのであった。

×

その後彼は間もなくY署に転じ、ついで警察界からその足を洗い、またついに相会う機会を失うようになったのであったが、今日ゆくりなく彼から突然言葉をかけられ、わたしは最初その彼なることをチョット思い出し得ないほどであった。春風《しゅんぷう》秋雨《しゅうう》二十余年の歳月というものはいたくも彼を老いしめまたわたしをも老いしめた。それからいま一人I、そしてTの二人、それはわたしよりも十〃以上〃年うえであった。そしてTに至っては少なくも四十何年目の邂逅であり、わたしの知るTというものはいまから四十有幾年前の二十四、五歳の颯爽《さっそう》たり潑剌《はつらつ》たる一人の青年であった。その青年Tがいまは年歯《としは》(4)まさに七十一になんなんたる老人なりというのだから突如として名乗りかけられるとき互《たがい》に相まごつくということもこれまたあながち無理でないのである。

ああかくしてわれわれ人間は次第に老いゆき、しかして死に行くのである。そうしてやがて冥途《めいど》でお互いに「おおお前であったか」「あなたもついにやってきなさったか」とおそらくつぎづぎに尽きぬ挨拶を取りかわすことであろう。

（昭和十三年一月二十日）

（1）まことにうまく。（『広辞苑』第五版）
（2）思いがけなく出会うこと。（『広辞苑』第五版）
（3）思いがけず。（『広辞苑』第五版）
（4）年齢のほど。（『広辞苑』第五版）

53　山伏《やまぶし》さん

今日の村落には村役場、小学校、産業組合といったようなものがあり、それが中心になって村というものの現実生活が営まれている。その他　神社、寺院があり、郵便局、お医者さんなどというものもあるが、お太夫《たゆう》さんや、和尚《おしょう》さまはむかしからある、お医者さんもいわば旧村落時代の遺産であるが、いま一つ旧村落時代には山伏《やまぶし》というものがあった。いまの村落にはそれはすっかりその影を没して了った。

×

わたしの村の付近には布喜川《ふきのかわ》の持明院、舌間《したま》の延寿院、小網代《こあじろ》の自覚院、穴井《あない》の龍王院、その他垣生《はぶ》、川名津《かわなづ》、若山《わかやま》などにも夫々《それぞれ》修験者の護摩《ごま》堂があり、春のお日待ちその他家がため、病気平癒《へいゆ》の御祈祷《きとう》などこれらの山伏さんによって行われていた。わたしの子供時代には、少々の熱がしたり、頭痛がしたり、腹が痛んだりすると、お医者に行く前にまずその御護符《おごふ》をいただいて来たものであった。

×

もちろん御祈祷はひとり山伏さんに限っていたものではなく、津布理《つぶり》の高福寺のお金比羅《こんぴら》さん、岩木《いわき》の繁栄《はんえい》寺《じ》、山田のお薬師さん、八幡浜《やわたはま》のお八幡《はちまん》さまなど、これは今日でも別段変わりはないが、今日は少なくもまず自薬、売薬、それから開業医、少し病が重くこじれて来るときに多く神仏にすがる傾向がある。病気見舞いに砂糖箱、菓子折同様、ご祈祷の大きな木札を持って行くのはいまもむかしと変わらない。山村気質の一つであるけれど、むかしのようにまず御祈祷、御護符という風はすたれたかの感がある。わたしは幼いときよく小熱病をやんだり腹が痛んだりした。そうした場合にはまず富山や観音寺の薬屋さんの置いている置き薬の大きな薬袋から敬《けい》神丹《じんたん》だの奇応丸《きおうがん》だの神薬《しんやく》だの、万金丹《まんきんたん》だのと称する売薬を、その効能書きをたよりに、これがよかろう、それがよかろうと祖母や母にしきりに飲まされたものであった。それでもなおよくならないと、今度は三稜子《さんりょうし》と呼ぶ針を背中にちかちかうたれて血をとられたりされたものであった。それから山伏さんの御護符、近村の開業医のかげ薬、そして最後がお医者さんの招聘《しょうへい》であった。

いまでも部落に開業医というものがいない。だから医者をよぶのは容易でない。でも今日は自動自転車で良医が飛んで来てくれる、そしてそのひざつき（＝お礼）と称するものが七、八円から十円、収入の乏しい山村では医者を迎えることは全く一苦労である。

（昭和十三年一月三十日）

【参考】置き薬　『双岩村誌』（一八〇～一八一頁）

越中《えっちゅう》富山の置き薬が何時の頃より始れるかは明らかならざるも、むかし医薬の乏しかりし時代には大いに珍重《ちんちょう》されたるものならん、今日に於いても医者に不便なる部落にては依然之れを便利としつゝあり、いづれの家庭にても三四薬舘の薬袋を有せざるなく、薬舘よりは一年に一回づゝ来つてその内容を改む、その置き薬の重なるものは万金丹、万病感応丸、救命丸、無二膏、敬震丹、セメン円、宝丹、熊胆《きも》薬、毒消、ちのみち薬、赤万能即治膏、五竜円、黒丸子、順血湯、アンチピリン丸、ヘブリン丸等あり、置き薬の外かにお一二など称する売薬者あり、或は風琴を鳴らし、一種の調子にて売薬を叫び来たるを見る

54　お庄屋さま

これはわたしの経験前の話だが、今日の村役場に当たるのが藩政時代には庄屋所もちろん村長さんがお庄屋さんで、そのお庄屋さんの下に役人と呼ばれる者もいた。横目《よこめ》、半行司《はんぎょうじ》などというものもあった。五人組だの惣代《そうだい》だのと称するものもあった。

×

今日は村長さん、昔はお庄屋さん、その以前は肝煎《きもいり》といったり、名主《なぬし》といったり、明治維新時代には旧里正《きゅうりせい》と

も呼んだり、名称はいろいろ変わったがいつの時代にも村落の中心になる一つの機関は必ずお庄屋であった。徳川三百年の間、どの村落にもお庄屋さんのいない村はなかった。一面では殿様に対する百姓の総代であるが、また一面ではお上の代理をつとめる農民搾取機関の一つであった。

×

今日の村長さんは、村民の選挙によってその椅子につき、その任期も四ヶ年間であるが、むかしのお庄屋さんは藩のお目がねにかなった利口者がこれに任ぜられ、そしてそれが世襲であった。庄屋というものになると少なくも三町歩、五町歩の役地《やくち》を給せられ、その年貢を免ぜられ、おまけに耕作の労力というのは夫役《ぶやく》と称して百姓をただにつかったものである。

×

これほど割のよい職業ないし商売というものが世の中にあるものでない。どの村のお庄屋さんも相当資産を持っていた。明治維新以後、長い間問題であった庄屋無役地《むやくち》事件と称するものも結局お庄屋さんの勝利に帰し、お上から預かっていた役地というものはすっかりお庄屋さんのものになったのであったのが、その富み栄えたお庄屋さんも世の中の変遷にはついに勝てない。今日は大部分没落して了った。

いまは村にその跡を留めないお庄屋さんが、中津川《なかつがわ》と影平《かげひら》（＝和泉）、その他三つのお庄屋さんもいまはいずれも昔日の面影など微塵《みじん》もない。いま二、三十年もすれば旧村落の古い面影は跡かたもなく解消されることであろう。ひとりこれはわたしの地方のみの話でなく日本全国すべてが然《しか》りである。

栄枯盛衰は世のならいであるが、明治維新後の十年間におけるわが社会の変遷ほどめまぐるしくも急転直下せるものはないであろう。すべての古き権威は悉《ことごと》く破壊されて全く跡形もなくなって了った。美しい夢、醜い夢、苦々しい夢、それはすべて過去のものとなって了った。

（昭和十三年二月十日）

55 お庄屋征伐

いよいよ旧藩の制度がくずれて御一新となり、お殿様と称する地方最高の権威がなくならんとした刹那《せつな》、幾百年か押さえつけられていた大民衆の鬱勃《うつぼつ》たる(1)力がむくむくともち上った。その現象の一つが、すなわちお庄屋征伐なるものである。

お庄屋征伐の口定《こうじょう》は大ていお庄屋が取りこみをしている、不正を働いているというのであった。平生《へいせい》不人望な（＝ふだん尊敬や信頼されていない）お庄屋に向かってまずモッブ（＝mob　暴徒、野次馬）は肉薄したようである。わたしの村では××庵《あん》に集まって直径四、五寸（＝一二〜一五センチメートル）もある大きな藁縄《わらなわ》を綯《な》った。そしてその縄でそのあたりの大木を巻きこかしたりしてまず示威運動を行ったものであった。

かくて一同庄屋の宅につめかけて行った。庄屋は急いでその玄関に出て来てこれに応対せんとしたのであったが、モッブはわれわれを見下げて座敷につっ立って言葉をかけるなどは無礼千万だ、これに座って挨拶をせよと、そこに麦をたたいた莚《むしろ》がたたんであったのをひろげて、麦のいががなお一ぱいついているその莚にこれをすわらせてさんざん痛めつけたものであった。

こうしてモッブは村々の庄屋所を巡礼わいわい騒ぎ立てたものであった。比較的人望があり、村民から好感を持たれていた庄屋も、もちろん襲ったことは襲ったが、多くはそれは形式的であった。庭の樹木を巻き倒したりしてさんざん乱暴狼藉を働いたことは、つまり平素百姓に向かって威張りちらし

現在の千丈川（旧茅川）

あまり心よく思われていなかった庄屋であったということである。
こうして矢野組一万の百姓は五反田の茅川《かやがわ》あたりに集結、大元の酒屋を本陣にしてわいわいとしきりに騒いでいた。そこへ宇和島城下から旧家老桜田《さくらだ》その他使役人が騎馬でもって乗りこんで来た。かくて説諭して静かに解散させんとしたのであったが、烏合《うごう》の集である一揆はなかなか耳をそれにかそうとしない。その先をとがらして焼いた竹槍《たけやり》を持ち出すものなどもあってお上のいうことをきかないのでついに若い武士の一隊が抜刀でもって群衆めがけて斬りこんで来た。すると百姓の方では植えたばかりの水田に飛びこみ田の泥をつかんではどんどんこれに投げつけたりするので、さすがの武士の一隊もこれには閉口して、立ちすくんで了《しま》った。

×

結局ひそかに××に命じこれに鉄砲をもたせてモッブ狩りをやらせることになりそれにはすっかり百姓側がまいって了い、一度それが逃げ腰になると烏合の集の一たまりもなく潰走《かいそう》(2)して了った。それがすなわちわれわれの地方の百姓一揆であり、いわゆる御庄屋征伐(3)のあらましなんである。

（1）胸中に満ちた意気が、まさに外にあふれようとする。（『広辞苑』第五版）
（2）戦いに負けて逃げること。（『広辞苑』第五版）
（3）茅川騒動（＝御庄屋征伐）について『八幡浜市史』（合併一〇周年記念版）は次のように記述している。「一八七〇（明治三）年、宇和島知藩事は、旧制度を廃止し、新しい制度をうちたてようとしたが、人心は動揺していた。同年三月、山奥組（城川町付近）農民が櫨の値上げを要求して立ち上がり、野村組・川原渕組（広見町付近）・城下組（宇和島からも合流して五万人が野村に集まった（野村騒動）。これに刺激されて、五月七日に矢町組二六か村の農民約三〇〇〇人といわれる農民が、茅川河原に集合したのである。」（二二一頁）

【参考】老人懐旧談　『双岩村誌』（六六頁）・『八幡浜市史』（合併一〇周年記念版・二二二～二二三頁）

御庄屋征伐のありましたのは明治三（一八七〇）年の五月でした、横平の雛五郎といふ者が三間奥へ行商に行つた帰りにあちらの騒動の模様を見て来て話したのが動機になつてこちらにも騒動が起ることになりました、これが為めに雛五郎は何でもなく罪に落ちて後《あ》とで牢へ入れられることになりました、五月の朔日《ついたち》に庵に寄合《よりあい》をしました大きな綱をつくり、それでお庄屋を巻き倒すと曰つて騒ぎました、それから三日の午過《ひるす》ぎにお庄屋へ攻めて行き、麦のいが莚《むしろ》の上にお庄屋を座らせて談判をやりました、その後茅川に集りましたのは七日頃でした。最初は一度分の弁当を持つて行けばいゝといふことでありましたが、なか〳〵そう手軽くすまず、二三日もぶつ続けて露宿しましたので、弁当を取りに帰つたり行つたりしました云々（老人甲）』

御庄屋騒動の時分には折悪るく年行司を勤めて居たので意外の心配をした。矢野一万石の百姓が悉《ことごと》く茅川に集つてワイワイ曰つて居る、そこへ三人ばかりの御役人がやつて来られると、若い者等が我れ勝ちに田の泥を取つては投げ付け出した、之れには流石の御役人も閉口の体《てい》であつた、然《しか》るにそうかうして居る間に桜田様（＝桜田亀六）が三百人ほどの御軍隊を率ひてお出でになつた。そうすると今度は百姓側が悉く閉口して了《しま》つた、宛《あた》かも蜘蛛の子を散らすが如く逃げ隠れて了つた。わし一人逃げ後《お》くれて五反田の山にこもつたところが、容易にその山から這《は》ひ出すことが出来ないのでとう〳〵夜明前までそこに籠《こも》つてゐた。うちでは殺されたか捕へられたかしたので有らうと云つて大騒ぎをしてゐた云々（老人乙）』

茅川騒動の原因と云つて別に之れといふほどのことはない、旧藩時代にひどく押へつけられてゐたその反動に過ぎないのだ、突然圧制《あつせい》のおもしがとれたのでそれで急に爆発したのである、八幡浜の大法寺に桜田様の御一行が御滞陣であつたが、百姓からは種々な要求を竹筒に入れては之れを投げ出した云々（老人丙）』

56　旧正月

かつてわたしは世の中――社会というものを自分の理想の方へ一歩でも、たとえ一寸でも、一分でも引きずろうとして努力した。全く馬鹿な努力をした。社会というものは、ケチな、かすかな平凡なわたしどもの力でもって一分《ぶ》も、一厘も、一毫《ごう》も微動だもするものではない。結局世の中というものはなるようにしかならないものだ。それがほんとの世の中であり、ほんとに偉大なる社会というものの力であることをいまつくづくわたしはわかって来た。

たとえばわれわれ人間の生活――社会生活の改善というようなことが、われわれ一部のインテリ階級の意志――好みによって、それが果たしてドレだけ実際に実現され得るであろうか。もちろん何程かの社会改善家の叫びというものが世の中に一つの反響を呼び起こしそれがやがて一つの動機となって社会の改善を促すには違いない。必ずしもそれが全部無効に帰するというのではないが、わが社会というものの偉大さ、わが社会の絶大なる〝力〟そのものに対しては、それは殆《ほとん》ど無力に等しいものである。

私はいまふる郷の山荘にこもっている。このふる郷の山荘にわたしが帰って来たのは丁度太陰暦の大晦日《おおみそか》であった。そして久し振りにわたしはいまふる郷の〝旧正月〟気分を味わいつつあるのである。もちろん一軒も門松を立てているうちなく、またしめ飾りをしている家もない。儀式的新年というものはすべてこれを陽暦で行い、陰暦のお正月は要するに実質的お正月である。いわば一年中の総勘定を了《お》えた大安息《だいあんそく》のお正月であり、最もよくお正月気分を表徴する寒餅《かんもち》(1)のお正月であり、かるたのお正月であり、趣味のお正月でありそして興味と遊戯のお正月である。

×

お正月が一年に二度あり新年を二度くり返すということは明らかに不合理であり矛盾であり、不統一で無駄である。この因習を少なくともまず打破し改善しなければならぬというのが、かつてわれわれの理想であり、主張であり、叫びであったのである。もちろん当年のわれわれは、その正しい叫びがやがて最後に実を結ぶ、きっといまに実現するとかたく信じていたのである。

×

ところが爾来《じらい》（＝それ以後）幾星霜《いくせいそう》（＝何年もの間）、新旧お正月をくり返すことおそらく二十年にも及ぶであろうが、お正月そのものの統一というものは毫末《ごうまつ》(2)も実現されず、依然として儀式の新正月と実質の旧正月が昔ながらにわが国に行われている。丁度太陽と月輪《げつりん》が代わる代わるにわが地球を照らしてそして没するように――やはりそれには存在の理由があり、しかしてその必要が存するのであろう。

（昭和十三年二月二十八日）

（1）寒中についた餅。また、それを切り餅として水に浸したまま貯えたもの。（『広辞苑』第五版）
（2）ほんのすこし。（『広辞苑』第五版）

57　保《ほ》の木《ぎ》

わがふる郷――いまは戸数三十戸にも足らぬ一小山村だが、むかしはこれが七十戸もあったといい伝えている。然らばそれは果たしていまから何百年のむかしであったであろうか。少なくも一千年前には、ここにわれわれの祖先の幾人かが住んでいたに違いない。だが伝説によって、もしくば文献によって溯《さかのぼ》り得る村の歴史は多くも七百何十年に過ぎないのである。

七百年前後といえばまさしく鎌倉幕府時代であるがそうした時代にこの渓谷の丘陵に何軒かの農家が存しそし

てそこに農業の営まれていたことだけはほぼこれを想像することができる。だが、この七百年前の古文書についてはなお多少の疑問がないでもない。むしろ文献による村の歴史の確実さは五百余年前における南北朝時代であろう。この時代におけるわが山村生活のおぼろげな素描は、これらの貴重な四、五通の文献をつづり合わすことによってほぼ完《まっと》うすることができる。その古文書に残る保の木の幾つかが今日そのままに保存されていることなどは非常に尊いものである。

今日はいずれの村落も徳川期以前の暗黒時代に古文書、古記録というものはほとんど失って了った。いまは口《こう》碑《ひ》伝説の上にこれを徴《ちょう》するか、然《しか》らずんば（＝そうでなければ）小地名――保の木によるの外には村の歴史を探究する道はほとんどない。わたしのふる郷についてこれを考えても保の木の研究は非常に切要《せつよう》だと思われる。特に明治維新まで苗字というものをゆるされなかった農家ではその屋敷名が今日は唯一の史料である。

たとえば村の旧家の跡の一つにつりいと称するのがある。これはまさしく釣井戸を意味し、そこにはわたしの子供の頃までも一つの釣瓶《つるべ》井戸があった。おそらく大むかしには村で唯一の釣瓶でくむ井戸であったであろう。それから杉山という屋敷名もあった。これも大むかしには杉林があり、おそらくそこに建てられた住居だったろうと思われる。またぬたくぼという屋敷名もあった。これもその地形から見て猪がぬたうったことでもあったものだろうと容易に想像される。

それからすきたというのは、田を鋤《す》くことを意味したものであろうが、何故特にすき田といったものかわからない。無論紙《かみ》抄《す》きの〝田〟ではあるまい。その〝他〟ではあるまい。おのえは尾の上、もりは森、おか、おかのはなは岡、岡の鼻、うねは小高い処を、さこはせこ若しくは坂を意味し、いずれも地形から来たれるもののようであるが、なかにはその居宅を転じて後もなお旧名を存し往々《おうおう》名実一致しないものも少なくもない。寺の下が寺の上になったり、川の上が川の前にあったり、尾の上なども事実においては尾の上ではないのである（傍点編者）。

（昭和十三年三月十日）

58　植林時代

わが部落を今日はしぎやまといっており、鴫山と書いているが五、六百年前の古文書には重山と書かれている。重山と書いてしぎ山と読んだのか、それともむかしはしげ山といったのが、後に至ってしぎ山に転化したのか、いずれともわからない（傍点編者）。

×

とにかく重畳《ちょうじょう》（＝幾重にも重なる）たる小山巒《さんらん》（＝山岳）――小渓谷の間に介在する小桃源郷、葉山、しげ山、木々茂り合う重山でもよく鴫《しぎ》の羽がき百羽がき、鴫住む幽谷の里鴫でもよい、いずれにしてもわがふる郷を最もよく表徴《ひょうちょう》するのは山であり、林であり、森である。いまはすっかり焼け野に植林して一層山林また山林となったがわたしの子供の頃にはまだ焼け野が原つづきの嶺《みね》また嶺が見渡すかぎりつづいていた。

昔はほんのその一部分に植林されていたのみであった。それがいわゆる本山《ほんざん》と称するもので、向こう山、うしろ山、その他人家《じんか》近きところのみ主として植林されていた。それは要するに薪炭《しんたん》と建築材料を得るためのものであった。そして広漠《こうばく》たる山野の大部分は焼け野として存在したのであった。それは一面刈草を得るためであったが、また一面において谷間に存する多くの山田の日蔭となるので自然これを焼き払って木を立てなかったものと思われる。今日でも現に陰切りの制度が行われていて、他家の田畑に対して陰切りを行うのみでなく、自家の耕地そのものに対しても成規（＝成文の規則）の陰切りをしなければならない古い制度がなお行われている。

×

それで今日はもはや野火《のび》――山焼きというものは行われていないのであるが、わたしの子供の時代にはなおこれが行われていた。わたしはお正月あがりに水餅を重箱に詰めておとこし（＝男の奉公人）などとよく火道切りに行ったことを記憶している。わたしのうちはばかに広い焼け野を持っていたので正、二月中は天気のよい日は毎日火道切りに従事せねばならなかった。立山の周囲に約二、三間の火道をけづるのであったが、年々これをけづるので大した労力ではなかったけれど、それが総延長何里というのであるからやはり相当の日数をこれにかけねばならなかった。

×

そのわたしの子供の時代でも焼け野の一部はぼつぼつすでに植林されていた。それはもちろん部落と山もちとの協議によったもので、その焼け野に植林された山と本山は当然それが区別されていた。本山はみだりに枝をおろしたり、下樵《したごり》することを許されなかったが、この焼け山に立てられた山林には村人のすべてが自由に立ち入って薪をとったり、下刈りをしたりしても一向差し支えないことになっていた。要するに山主は焼け野時代に自由に秣草《まぐさ》を刈らせていたようにこれに植林してもやはり自由に薪木《たきぎ》を樵《こ》らせたわけであった。

×

その後明治何年かにすっかり焼け野に植林することになり、本山も、准《じゅん》本山も、新焼け山植林地も今日はほとんどその区別がつかないようになって了った。そしてわが重山の本領を遺憾なく発揮し、いまは山の村、山の里としていわば山林を将来村の生命とせんとするようになって来たのである。

（昭和十三年三月二十日）

59 チョン髷《まげ》奇譚

よほどの山の奥の奥へでも行かねばもう今日はチョン髷を結っている老人はおそらくあるまい。或いは日本全国どこにもこれを見ることができないかも知れないがわたしの子供のときにはわたしの村でもチョン髷の老人がぼつぼつあった。釣井の鶴《つる》さんといった老人などはついに断髪しないで死なれたように思う。ぬたくぼの六右衛門爺さんなどもよっぽど遅くまでたぶさ(1)であったと記憶する(傍点編者)。

わたしの部落では緐さんという若い士がたぶさを切った尖端者《せんたんしゃ》(2)だったということだ。多分それが明治六年ごろだったであろう。わたしのおやじが二人目だったといっていた。いまわれわれから考えるとそれはおかしく思われるほどであるが、いかにこのたぶさを切ることを当時の人々が大問題としたか、いかにまたその当時の人々がこれに大なる愛着を感じたか、それについては各地いたるところいろんな奇談や逸話を残している。

×

わたしの村に半次郎さんという念仏踊りの好きな爺さんがあった。わたしどもの知っている半次郎さんは、少なくも四十以上の方であり当時のわれわれ子供からはたしかに爺さんであったけれど、この話のできごとはおそらく明治十年ないし二十年前後のことであろうから当時は決して老人でなく従って爺さんというわけではなかった。おそらく生気溌剌《せいきはつらつ》たる一個の壮年に属する側であったであろうに違いないのであるが、その半次郎さんどうしてもチョン髷を切らない。村のすべての若い者も、老人もほとんどこれを切って了《しま》ったのにリーダー格の一人である彼が頑《がん》としてこれを切らない。別にもて余したという訳でもなかったろうが、半次郎さんのたぶさはついには大いに人目をひき、この問題のたぶさとなって来た。かくてそれは村会か何かのあつまりのあとの懇親会であったのであるが、若山の中井酒屋の二階で村の有志が沢山集まっているとき、井上正綱という若い茶目《ちゃめ》の先生がなんばをその懐《ふところ》にかくして半次郎さんの座っているうしろに座り、その半次郎さんの大事なチョン髷をブスッと半分ほどだしぬけに切断して了った。それから半次郎さんは両手で頭をかかえて逃げ出す、正綱君はモウ一はさみとこれを追いかける、それは全く大騒ぎであったといわれている。

×

いかにこの半次郎さんがこのチョン髷を切られて惜しがったか、いかにこれに熱烈なる愛着を感じていたかということは、その片《かた》びんをスッカリ切り落とされて残りの片びんでやっとささえられ、そしてその頭の上でグラグラと不安定に踊っている、見るも気の毒なそのチョン髷を十日ばかりも依然とそのままその頭にのっけていたそうである。それでも凡《およ》そその愛着のほどはわかるであろう。

（昭和十三年三月三十日）

（1）髪を頂に集め束ねたところ。（『広辞苑』第五版）

（2）事物の流行などの先駆をなす人。

60 おはぐろ

源平時代には男もその歯を染めたものらしく、熊谷次郎直実《くまがいじろうなおざね》が討った当年十六歳の敦盛《あつもり》卿もかね黒々とつけ給《たま》いとあったと思う。しかしわたしどもの知っているのはもちろん既婚婦人の涅歯《でっし》(1)の風俗である。わたしの母などは大正時代までもおはぐろをつけていたように記憶する。むかしは嫁入りの仕度《したく》のなかに必ず歯を染める一揃いの道具が付属していたものである。わたしは祖母や母が冬の炉辺《ろばた》にその歯を染めるのをつねに見守っていた。それは鳥の羽毛を篠《しの》のくだにさした筆様《ふでよう》の刷毛《はけ》で幾度も幾度も歯にかねを塗る工作であったのである。

×

かねというのはおそらく鉄分を酸化させたものでもあろう。鍛冶屋さんにできるわき泡や釘の折れなどがよくその壺に投ぜられていたように記憶する。その味が果たして渋いものであったか、それともまた苦いものであったかそれは知らない。そのかねの汁を歯に塗ってはすぐにまたこれを吐き出していた。その吐き出すのを受けるうつわは大きな黒く塗ったごつい木製の鉢であった。

×

ただしこのかねを塗ったのみではいけなかった様でかねを塗る相の手のように始終また五倍子《ごばいし》(2)の粉をチョイチョイと塗っていた。それからゆるりの火のあく(＝灰汁)もときどき塗っていたように思う。そうして丹念《たんねん》にかねをつけて了うとそれは全く文字通り、かね黒々とした黒光りのする歯がそこに出現したものである。

×

むかしは嫁入りをすると婦人は歯を染め、また子供ができるとその眉を落としたものであった。いまから考えるといかにも野蛮めいた風俗であり、馬鹿げた様にも思われるが、しかしその婦人が丸髷《まるまげ》を結ったり、いろんな非自然な恰好《かっこう》の化粧をするのだってどうせは五十歩百歩で、他日そうした風俗の止んだ後から考えるときにはやはり馬鹿げたことをしたものだと思われるに間違いはない。おそらくわが日本婦人もやがて断髪して了うであろう。

（昭和十三年四月十日）

（1）鉄漿《かね》で歯を黒く染めること。（『広辞苑』第五版）

（2）ヌルデの若芽・若葉などに生じたこぶ状の虫癭《ちゅうえい》。（『広辞苑』第五版）

61　パッチと脚絆《きゃはん》

今日はパッチ(1)というものは山村でもはかなくなって了《しま》った。わたしが小学校の時分には男は皆冬はパッチをはいて山に行ったものであった。今日のズボン下が流行するようになってからパッチはだんだん廃《すた》れて行ったわけである。だが今日でも一部の老人はなおパッチをつけているかもそれは知れないが——

パッチは股《また》から脛《はぎ》にかけてきっちりと両脚《りょうあし》の形にできており、とてもいまのズボン下の如きだらしのないものではなかった。旅行でもするときは冬はその上に脚絆(2)をはいたもので、この脚絆もいまはゲートル(3)に代わって了った。わたしたちが中学校に入学した頃の修学旅行にはまだ脚絆を使用していた。ゲートルを用いるようになったのは三年の頃であったと思う。

（1）ももひきの、長くて足首まであるもの。（『広辞苑』第五版）
（2）旅などで、歩きやすくするため脛《すね》にまとう布。（『広辞苑』第五版）
（3）厚地の木綿・麻・ラシャ・革製で脛を包む被服。（『広辞苑』第五版）

62　筒っぽ筒袴《はかま》

わたしの村では婦人たちに大いに作業服を奨励し、昨年の秋は郡の社会事業協会がこれを活動写真に撮影して郡内に宣伝するなどいまや筒っぽ筒袴万能時代に入らんとしているが、むかしは男でも袖のある着物を着ており仕事をするときは襷《たすき》をかけたものである。わたしの幼い頃は老人など皆袖のある労働着であったように思う。

×

一般に筒袖になったのは多分明治二十年前後からであろう。シャツなどの流行もわたしの十ばかりの頃であった、紀州ネルの弁慶縞《べんけいじま》のシャツをはじめて着せてもらったのをよく記憶している。その頃ひろてと称し白い天竺《てんじく》木綿を帯にしたり、ついで絞《しぼ》り染《ぞめ》のひろての流行したりしたことをまた記憶している。

×

そしてそのひろてを前に結んだり、横の方に結んだり、最後に後ろの方に結んだりしたものでこうした方面の風俗の変遷をいまふり返って考えるとそれはとても不思議に思われる位である。

（昭和十三年四月二十日）

63　帽子のない時代

たぶさを結っていた時代にはもちろん帽子というものはなかった。わたしの祖父の壮年時代の話であるからいまから約七、八十年前の話であるが、村の寄り合いなどに出かけるときに気のきいた男は大きな扇子《せんす》の形をした日よけを翳《かざ》してよく行ったものだという。それは決して頭へのせる被《かぶ》りものではなかった。手で高くこれを翳して日をよけたものであったという。さらにまた折り畳むと小さくなり、ひろげるとまん円《まる》い団扇《うちわ》のようになる式のものもあったそうで、その時代時代相応に伊達者《だてしゃ》があり、ハイカラがあり、そして流行を追って風俗はつねに変遷していたものであろう。

64　被《かぶ》りものの変遷

古い時代のことはわからないが、わたしの記憶に残る約五十年間の村の風俗の変遷について試みに考えてみるのに、たぶさを結っている男もいない男もむかしはよく手拭いで頬被《ほおかぶ》りをしていたものであるが、いまは若い者はもとより老人も多く帽子を被っている。帽子を被るようになったのはもちろん断髪の結果であるけれど、わたしどもの子供の時代にはまだ必ずしもすべてが帽子は被っていなかった。

×

むかしはまんじゅう笠《がさ》というものがあった。これを一つにたっころばちともいった。竹の皮を張ったまんじゅうの形をした笠であった。そのうち側に頭にくくりつける紐がついており、さらにその紐をささえる輪《わ》がくっついていたが、その輪のたぶさに当たるところだけ切り取ってあった（傍点編者）。

×

このまんじゅう笠は主として雨具であった。雨の降るとき蓑《みの》と一緒にこれを着用したものであった。麦わら帽子の流行し出したのは多分明治三十年前後からと思う。ソテツの葉を編んだ楕円形の編み笠《あみがさ》、経木真田《きょうぎさなだ》の帽子など夏の日笠《ひがさ》がまた少なからぬ変遷を示している。

（昭和十三年四月二十日）

65 不思議な命

人間はよく病気をする、怪我をする、幾度か死にかけては助かり、死にかけては助かり、かくて七十歳、八十歳、九十歳以上も生きる人があるのである。これを寿命といえばそれまでであるが、つくづく考えると全く不思議である。おそらく一度や二度、あまの命（＝天命）を助かった経験をもたぬ人はあるまい。われわれがこうして生きていることからが甚だ不思議であり、人間に生きて来たことそのことが一大不思議であり、解くことのできない大不可思議である。わたしの生まれるときがすでに大難産であり、大切な生母の命を助けるためにはむしろ生まれる子を犠牲にしなくてはならないと幾度か医者は、わたしの生命を脅かし、わたしの生命を奪わんとしたとのことであるがわたしの祖父がはじめて見る初孫欲しさに、手を合わせ涙をながし、何とかして母も子も助かる様にと頑張り、やっとわたしも死生児《しせいじ》たらず、難産ではあったが母もついに助かったということである。これがいわばわたしの人生受難のそもそもの最初である。

×

わたしは子供のときはあまり強壮ではなかった。むしろ、幾らか蒲柳《ほりゅう》(1)のたちであったように思う。おまけに総領の甚六そだちに可愛がられ過ぎたものであり、冬はぶくぶくと厚着をさされたりして、皮膚の鍛練に大いに欠けるところがあったようだ。その結果よく感冒《かぜ》をひいたり、熱が出たりした。食べ過ぎて胃をいためたり、腸をいためたりもした。

×

ある夏、父につれられて中津川の和気医院にみてもらいに行ったことがある。五つか六つのときであったろう。若山の部落の見える峠の松の根に休んで、跳んだりはねたりしていると、父がそんなに跳んだりはねたりすると病気にわるいと、お医者さんがいまいわれたではないかとわたしをたしなめたことをいま覚えている。心臓でもよわいといいわれたのか、どこがわるかったのかそれは少しもいまは記憶がない。

×

よくおできができたこともぼんやり記憶している。これも小学校の一年のときであったから六つか七つであったろう。修業証書を渡してもらうので、先生の前に呼び出されちんばをひきひき腰掛けから立って行ったことがある。多分お尻におできができていたのであろう。

(昭和十三年五月十日)

(1) 体質の弱いこと。(『広辞苑』第五版)

66　危機一髪

その頃であったか、そのずっと前であったか、それはよく記憶しないが、ひどくわずらって一度死んだ如くなっていたこともあったということである。そのとき祖父がはりをたててやっと蘇《よみがえ》ったとそんなことを話していたこともある。とにかく熱が出てよくうかされ（＝熱で意識がなくなる）たり、妙な眩惑《げんわく》を感じたことなどは度々であったのでそれは必ずしも生死の境というわけでもないが、わたしにとって二度ばかり子供時代に一歩まちがえばたしかに死んでいたであろうと思う、思い出の種子《たね》がある。

×

それは初夏の頃、田植えの時分であった。その頃親戚三、四軒共同で年々田植えをやっていたので、その日はつきあせで川の上の田植えをしている日であった。わたしと一つ上の清さんと二人で谷の山下の枇杷《びわ》をもいで来ようやといってぬけ出して行った。ところがその枇杷の木というのが渓流の一つの淵の上にかぶさるように生えていて、とてもその枇杷を採るのはあぶない一つの芸当であったが、もちろんわたしと清さんはそんなことには無関心で、累々《るいるい》となっている枇杷の枝から枝をつたって、これをもいではしきりに食べていた（傍点編者）。

×

その最も高く、そして青づいた淵の上へつき出ている一つの枝にまたがって、わたしが丁度一つの枇杷をもぎ取らんとしたときに、めりめりとその踏んでいた大きな枝が折れ、同時にわたしのからだは宙にうき、わたしの足は踏むところを失ったのであった。そのとき、その瞬間わたしの両手はだらりとたれた枇杷の木に巻きついていた一筋のかずらをつかみ、それでやっと墜落しなかったのであった。

×

このときもし墜落して、その淵に落ち入ったであろうならば、泳ぎを知らなかった五つか六つのわたしはおそらく五月雨《さみだれ》に水かさの増していた淵の底に沈み、完全に溺死《できし》したことであろう。いまでもわたしはよくその危機一髪の死か生かのその瞬間を思う。

（昭和十三年五月二十日）

67　命拾い

いま一つわたしに子供時代の危機一髪――よく無事にすんだと思う一つの思い出がある。わたしだちの子供時代の小学校、それは今日から考えるとちょっと想像もできないほどの型《かたち》ばかりのものであった。わたしの部落の庵《あん》と横平《よこひら》部落の庵と一月交替か三ヶ月交替かにかわるがわるその校舎を移動していたものであった。

×

だから一年の何ヶ月をばわたしたちは弁当持ちで横平へ通学しなければならなかった。わたしはいまでもその頃のわれわれの通学姿をよく記憶から呼び起こす。一枚の風呂敷に石盤《せきばん》やお手本を包み、それを黄色い真田《さなだ》(1)にたいしゃ(2)の線の入ったのでくくり、これをうしろにせ負《お》い、その両肩にかけたれる紐のはしにお弁当をくくりつけて毎日通学した。

×

そのわたしの弁当の器《うつわ》というのは叔父が別府温泉に入湯に行ったときのお土産で、丸い重ね蓋の木製でくりものであった。そとは栗色でうちは黒い漆塗《うるしぬ》りであったと思う。わたしはそれへ祖母に一杯御馳走をつめてもらっては毎日通学した。お正月過ぎから二、三ヶ月はわたしの大好きの水餅《みずもち》をあべ川にしてもらってはよくつめてもらったものである。

それはそうした学校の帰途であったと思うのであるが、わたしは帰途に東づけの大叔父のうちに一人で立ちよったのであった。ところがその裡門《うらもん》がつまっていたので、表の方へ迂回するのは大変だと、高いところは二丈ばかりもある高石垣《たかいしがき》の上を大きな建物の壁に沿って、やっと足がかりがあるかないかのところを警戒しつつ歩んでいると、そこにまた一つの連子《れんじ》が凸出《とっしゅつ》していて、それとわたしの小さい胸にぶらぶらとさげていた空の弁当箱とがぶっつかり、すんでのことでわたしはもんどりうって一番高いところから下の通りへ墜落せんとしたのであったが幸いに子供の身がるさから連子の端か何かにとりつき巧みにその危機を脱し得たのであった。

（昭和十三年五月三十日）

（1）真田紐のように平たく編んだりおったりしたもの。（『広辞苑』第五版）
（2）代赭《たいしゃ》とは赤褐色ないし気褐色の顔料。（『広辞苑』第五版）

68　運命の神秘

要するにわれわれ今日まで無事に生きのび得たところの者のすべては皆九死に一生を得た幸運者の一人でありまた死にぞこないの一人でもある。どんな平凡人でもおそらく一生に生死の危機に立ち、死か生かの危ない綱わたりを演じなかった人はあるまいと思う。

無意識にせよ、有意識《ゆういしき》にせよ、われわれ人間のすべては一日一日死すべき命を助かりつつそして生きのびているのである。いかに用心堅固であっても死ぬるときには死ぬる。機関銃のたまが雨霰《あめあられ》に飛んで来るなかに立っていても不思議にまたあたらないものである。それを神秘といわば一つの神秘であり、運命といえばまた奇しき一つの運命である。

×

わたしが先日ふる郷に帰ったときに、ある人はこうもいっていた。籾《もみ》を摺《す》って米となし、さらにそれをしらげ（＝玄米を搗《つ》いて白くすること）て精白《せいはく》にする。何百万粒のそれは籾がらを脱して玄米となり、やがて精白米となるのであるが、そのうちに何百回、何千回と搗きぬき、搗きあげてみて、なお一粒か二粒依然《いぜん》籾のままに残っているものがきっとある。だからいかに機関銃や毒瓦斯《どくがす》やあらゆる近代武器の精妙を尽くした戦争といえども、全部が全部必ず全滅ということはないのだ、助かる者はやはり助かると。

×

いかにもこれは真理である。われわれ人間は結局すべてが運命である。どんなにしても世の中というものはなるようにしか決してなるものではない。人間というものは死のうとしても決して死ねるものではない。それはもっと生きようとしても生きられないのと同じことである。徳川家康は幾度か死地を彷徨《ほうこう》し（＝さまよい）、正宗の刀で切腹せんとしたことも何度あったか知れないが、大久保彦左衛門《おおくぼひこざえもん》に怒鳴《どな》られたり、いろいろしてついに死ねなんだ。そしてその死にぞこないの結果、徳川三百年の覇政《はせい》をきずきあげて了《しま》った。ヤハリそれがよくもわるくも彼の運命である。

×

日蓮《にちれん》だって、クロムウェルだって、すべての偉人、すべての凡人、悉《ことごと》く皆然《しか》りである。みそ汁の魚の骨が咽《のど》に立ってもわれわれは一命を終わることもある。ドンナ大病しても奇跡的にまたよくなることもある。ふる郷におけるわたしの子供時代に少なくも三度死の淵に臨んだ。しかしわたしはやはり死ななかった。しかしそれが果たして社会のためにまたわたし自身のために仕合わせであったかどうか、それはもちろん別問題であるが――。

（昭和十三年六月十日）

69　手織り木綿の話

わが農村の生活はあらゆる点で一変した。わが農民の文化生活はたしかに向上した。衣において、食において、住において、これをもし昔に比較するならば全くそれは隔世の感である。われわれの子供の時代には着物も母や叔母の手織りであった。

×

囲炉裏《いろり》であかあかと燃える榾火《ほだび》のあかり、いまから思うとさぞうす暗いことであったであろうと思うが、その炉辺《ろへん》の奥の座《ざ》で祖母はよくビーンビーンと糸車をまわし糸をひいていた。その糸の原料は篠巻《しのまき》(1)と称して八幡浜の綿屋から買って来たものであった。綿《わた》はわたしのうちなどでも作って綿屋に持って行ってこれを綿にうたせたりもしたが、わたしの部落ではそう沢山は作らなかった。

その篠巻から糸をひくということは当時の婦人としての重大な任務の一つであった。いずれのうちでも冬の夜は必ず夜ふけまで糸車の音が聞えていた。こうして幾夜も幾夜もかかって紡がれた糸をさらにかせ(2)に繰り、それを紺屋《こうや》へやって染めてたて糸、よこ糸にへて高機《たかばた》(3)にかけ、それを織ったものがすなわち当時の手織り木綿であったわけである。

だから糸を紡ぎ機《はた》を織るということは婦人教養のいわば中心であり、農村婦人の重大なる任務の一つであったわけである。そしていずれの家庭にも縞帳《しまちょう》というものがあった。いろいろな縞柄《しまがら》の見本を得るに従って帳面に貼りつけたものであった。それを手本にして婦人たちはくさぐさの（＝様々の）縞木綿を織ったものである。

×

わたしのうちにはいまも綿繰《わたくり》機械がのけてあるが、綿花を作り、それから綿を摘《つ》み、それを篠巻に精製それから糸を紡ぎ、木綿を織り、それを仕立てて着物にした時代の農村をいま思うときにつくづく世の中というものも変わったものだと思う。

（昭和十三年六月二十日）

（1）篠とは綿から種や不純物をのぞき繊維を、糸にするためにほとんど撚《よ》りの加わらない太いひも状にしたもの。それを竹など棒状のものに巻き付けたのが篠巻。『双岩村誌』（一七三頁）によると紡績糸がはいってきたのは明治六、七年の頃であるが、その後十五、六年の間は織物の地を構成する地糸に混じて用いられ、篠巻より糸を紡ぐことが止まったのは明治二十二、三年の頃であるとのこと。

（2）一定の長さの周囲を有する枠に一定回数糸を巻いてから枠を取り外しそれをたばねたもの。

（3）手織機の一種。地機《じばた》よりも丈高く、構造・作用の一段進歩したもので、踏木を踏んで綜絖《そうこう》を上下させて織るしかけのもの。（『広辞苑』第五版）

【参考】衣食住　『双岩村誌』（一五四頁）

衣服も亦《ま》た著しき変遷を示せり、明治維新前後までは礼服とし曰《のたま》へば男子は鼠小紋《ねずみこもん》の羽織に平袴、女子は白無垢《しろむく》に鈍子《どんす》の帯をしめるに過ぎざりしが、三年□月苗字を称することを許され、同時にその服装の禁を解かるゝや、始めて紬《つむぎ》の羽織、絹の襠高袴《まちだかはかま》を着用する者を見るに至る、斯《か》くて次第にその数を増加し、今や七子《ななこ》、羽二羽、仙台平《せんだいひら》、裾模様《すそもよう》の三枚重、繻《しゅ》珍《ちん》、博多、厚板にその綺羅《きら》を競ひ謂《いわ》ゆる沐猴《もっこう》にして冠せ（＝猿であるのに冠をかぶっている。見かけは立派だが、心が卑しく思慮分別に欠ける人物のたとえ）ざるなく、驚くべく華美の風俗を現出するに至れり。

70　贅沢になった食物

食物ももちろん大いに向上した。いまでも麦飯《むぎめし》と甘藷《かんしょ》が農村の主食物ではあるが、昔にこれを比較すると少なくも大いに贅沢《ぜいたく》になっている。五十年、六十年前の昔には倹約なうちでは米はほとんど食べなかった。お正月、お盆、お祭りなど特殊の場合でないと白い御飯は家庭の食膳にのぼらなかったほどである。然《しか》るに今日は多くのうちでは米麦《こめむぎ》半々、純麦食《じゅんばくしょく》のうちはむしろ希であろうと思う。

×

大むかしは稗《ひえ》を作ったというがそれはよほど昔の話であろう。明治二、三十年の頃唐米《とうまい》、朝鮮米《ちょうせんまい》を移入し麦にまぜて炊かれた時代もあった。玉蜀黍飯《とうきびめし》、大根飯、甘藷飯《いもめし》、切り干し飯などもときどき作られたように思う。甘藷をふかせる頃にはよくふかせ甘藷を煮てつつきとかして食べたこともあった。

今日は味噌は農家で醸造するが醤油は買い入れるうちが多い。昔は皆戸々で醸造したものでいずれのうちでも必ず大きな醤油桶を貯えていた。その原料は皆自分で作ったものばかりであった。だから昔の農家は塩を買い入れるほかはどうやら自給自足ができたものであった。砂糖の如きもある時代には甘蔗《かんしょ》（＝サトウキビ）を作ってこれをしぼらせて黒砂糖にしたものである。

今日では節季節季に黒白の砂糖を共同購入して戸々《ここ》でわけるが、各戸十斤《きん》（＝一斤は六百グラム）、二十斤、一部落で数百斤の消費になるであろうが、わたしの子供の時分にはお正月前に黒砂糖を一玉買い入れて数軒でわけた。それが、二、三斤ずつであったと思う。今日の農村の砂糖の消費量は昔のことを思うと全く驚くべきものである。

菓子などというものも甚だしく珍しいものであったが今日は贅沢品というよりもむしろ農村でも一つの日常必需品になったように思われる。

（昭和十三年六月三十日）

71

幼き頃の思い出

祖母の背にわれはうたへり
　風よ吹けわがばゞさんを
　　　吹きこかすまで

それは我が三つのときにて
　ありきとてつねに語りて
　　　祖母は笑ひぬ

我れもまたさありしことの
　ありしなどあやしくも
　　　ふと思ふことあり

椎拾ひ東坊子がり
　行ける日と思ふなど
　　　うその記憶か

曾祖母の白髪をよくおぼゆると

思ふもあやし
二つの頃に
大船を手さげの水に浮かべたる
それも五つの
ころの奇夢《くしゆめ》
へうたんのしぼりのべゝの好きなりし
そはわが四つの夏の思ひ出
遥かなる松の梢の鴉《からす》をば
猿よ人よと騒ぎける日よ
そはわれの六ツつの夏と記憶せり
そら(1)の畑の麦刈りの午後
よく晴れし春の午過《ひるす》ぎ学校の
帰りの山路楽しかりし日
山桜の高き梢によじのぼり

友の手折れるはや咲きの枝
赤き葉に真白く咲けるさくら花
　躑躅《つつじ》の花も折りてかざしき
した樵《こり》(2)の小松林にわけ入りて
　蕨《わらび》とりけることもありしが
あはれその山よ林よ路《みち》よ野よ
　いかになりけん花も紅葉《もみじ》も
先生をわろく落書したりける
　その先生に殴《なぐ》られし友

（昭和十三年七月十日）

（1）そら＝地名
（2）した樵＝小雑木の除去

72　方言の思い出

松山中学校の古い卒業生で、帝大では博言学《はくげんがく》（言語学の旧称）を専攻、掛川中学、高千穂中学などにながく教鞭を執られていた岡野久胤《ひさたね》翁の近著「伊予松山方言集」は、地方なまりを研究する者に取って最高の参考書ではあるがたゞ惜しむらくば、おそらく著者は青年の頃にわが松山を離れて、あまり度々は帰松されなかったものであろう。そうしたところからその採録された松山の方言なるものに何となくピンと来ないものがある。またわが松山の方言というよりも、もっと広い地方なまりがそこに多分にまじっているようにも考えられる。

×

松山方言、松山地方の純粋なる方言というものはそんなに沢山はない。しかもその純真なる松山言葉も、久しく松山に帰って来られない方は、どうしてもそのボカビュラリー（＝vocabulary　語彙）が貧弱化しうすれて行く。モルガンお雪夫人(1)が二、三十年日本語から隔離された異境に生活したために、知らず知らずその母国語を忘れて了《しま》い、スッカリ京都弁でお話しすることができなくなったというのも、いかにもそうであろうと思われる。われわれ一年に数回も帰省するものであってもじかに故山《こざん》に帰ったときでないときには、やはりその方言の調子というものがどうしても出て来ないものである。

しかし、わたしの村の方言といっても、それは要するにわたしの村を中心とする比較的狭い地域の方言に過ぎない。それは結局岡野翁の〝松山の方言〟がまた伊予の方言でもあり、ときにまた四国の方言でもある、関西の方言でもあるのと同じことである。そうした意味におけるわがふる郷の方言をこゝに少し思い出してみたいと思うが、――それもやはりモルガンお雪夫人式に、案外わたしの記憶から消え去って了っている方言の方がおそらく多いことだろうと思う。

今日は朝の出会いの挨拶が「お早う」であり、それからついで「今日は」であり夕のそれが大体「今晩は」であること、全国的標準化せる点において、多くの他の地方とまた何ら変わるところがないのであるが、わたしの幼い頃のそれはや〻異なっていた。すなわちそれは朝初めてその顔を合わすとき、まず発する言葉は「おひなりましたか」であったようにわたしは記憶する。おそらくそれはお日になりましたか、太陽が出て、夜が明けてお起きになりましたかの意味であったろうと思う。これに対して呼びかけられた相手の方は果たしてドウいう言葉で受け答えしたか、よくハッキリとは記憶しないがおそらくまたオウム返しに「ハイ、おひになりましたか」といったものだろうと思う。

それから夕方の挨拶、それは他家を訪問する場合若しくばその家の前を横切る場合必ず「お仕舞《しま》いなはったか」とそう呼びかけたように思う。例えば甲のうちで風呂を沸かしていると、乙のうちからも、丙のうちからも夕食前に入浴に来る、その挨拶がこうである。「お仕舞いなはったか、よう風呂をたてなはったそうで、どうぞ借してやんなはい」とそういうのである。それから入浴がすんで帰るさいの挨拶は「ドウも御馳走《ごちそう》になりました」とそういうのであったと思う。

（昭和十三年七月二十日）

（1）J・P・モルガンの甥と結婚したことで知られる日本の芸妓。

73　矯正すべき詞

今日でも子供はそういっているようだが、他家に行って「御免《ごめん》」とか「今日は」とかいう代わりに必ず「ハーイ」といったものである。この「ハーイ」は決して返詞《へんし》ではない。子供語の「頼《たの》もう」である。大人もまたそういったと思う。それからものをもらったとき「有り難う」という代わりに「だんだん」という。これは南予地方ばかりでなく、もっと広い地域にわたる地方語であると思う。

いまは国民教育、特に国語教育が普及徹底せる結果田舎言葉が次第に標準語化して行く。わたしの子供時代の方言がそのまゝいまに行われているのは極めて少ないと思う。それでもまだわたしども帰省して「アンナ間違った言葉をまだ使っているか」とときどき思うことがある。「暖かい」というべきところを「暑い」といったり、「暑い」といわねばならぬところを反対に「ぬくい」といったり、「細い」と「小さい」を混同乃至《ないし》反対に間違って使っていたりする言葉の種類がまだ相当にあるように思う。

×

わたしの地方で「こわい」という言葉は、ものに恐れおじることを意味せず、実は「しんどい」「骨折《ほねおり》」「肉体的苦痛」「疲労」等々を意味している。だからわれわれ人間の精神的作用たる恐怖観念と、わたしの村の人々の「こわい」という言葉の表現するソレとはそれは全く没交渉である。よく村に帰っていると「アヽこわいこわい」という言葉を聞く、「昼日中《ひるひなか》幽霊も化け物も現れはしまいし、何がそんなにこわいのか」というと、ソレは実は「しんどい（＝疲れた）」ことを訴える言葉なのである。

これはかつて村誌（＝『双岩村誌』）でわたしが、試みにわたしの村の方言をよせ集めて作ってみた会話の一つであるが、これらがおそらくわがふる郷の古い標準的方言でもあろうか――。

「いきなれやいきなれや、がいにひとん集まってをるけん、ぢきわからや、いかんものあ、じりごねさくだいつち、あいとがもんち来ち、ふんとにしゆうくを曰《い》はあや、いふうを云うもんじやねえよ、いんをばやん」

×

ちょっとこう極端に、純粋のおさと言葉丸出《まるだ》しにすると、おそらく他郷の人には、ほんとの意味がわからないであろう。これを標準語に翻訳するとつぎのような意味になる。

「御行《おい》きなさい御行きなさい、沢山人々が集まって居りますから直ぐわかりますよ。行かない人は無精者だと彼《か》の方が御帰りになって屹度《きっと》御自慢なさるですよ、強情を仰しゃるものではありません、ネー小母様」

（昭和十三年七月三十日）

【参考】矯正すべき言葉

松山第四尋常小学校のプリント（年代不明）

野卑に聞ゆるもの

一、おら、わし、うち、あし　↓私、僕
一、おまへ、おまい、あんた、こんな　↓君、あなた
一、あいつ、あいと、こいつ　こなやつ　↓あの人、この人
一、どいつ、そいつ　↓どの人、その人
一、何々せんけー、何々せんか　↓何々しませうや、…せうや
一、どしたん　↓どうしたのですか、どうなさったのですか
一、何々してつかあ　↓何々してください
一、ここへおいでな、おいでいな　↓此所へおいでなさい、いらつしやい
一、やんしに、やみくも　↓非常に、無茶に、ひどく、
一、おぞい　↓おそろしい
一、一てうくれ　↓一つ下さい
一、あばな、だんだん　↓左様なら、ありがたう
一、やらんか　↓上げませんか

主として男子の用ふるもの

一、いけや、こいや、こんか、くれや　↓いきたまへ、きたまへ、くれたまへ
一、あしやしらんぞ、うちやしらんぜ　↓僕はしらんよ、
一、とけとるぞ　↓とけているよ
一、何々せんか、これやらうか　↓何々せうや、これあげやうか
一、何々じやねや　↓何々じやなー、何々だね
一、おまへがしたんじや　↓君がしたのです
一、なんぬかすのぞー、ぬかすな、何じや　↓何といふのですか
一、かふつらうが、かふとろう　↓かふただらう
一、あそばうこい　↓遊ぶからきたまへ
一、知らんちうのに　↓知らぬといふのに
一、いくかい、きたかい　↓いきますか、きましたか
一、そこのけ、のいとれ　↓そこをおのきなさい、そこのきたまへ、のきたまえ
一、うちがのー、あのの…　↓僕（私）がな、僕がね、あのな、あのね
一、行かうわい　↓行きませふ

主として女子の用ふるもの

一、かうせんといかんと　↓かうせんといけませんと
一、そうかなー　↓そうですか
一、いやーよ　↓いやですよ
一、おいなよ　↓おいなさんなよ、おつしやいますなよ、

一、しらんのよ　↓しりませんのよ
一、おまちや、おいでや、おくれや　↓おまちなさいの類
一、もつてや、かいてや、してや　↓もつてくださいなの類
一、もんたぞなー、なんぞなー　↓かへりました、なんですか
一、いくのぞなー、こられんぞなー　↓いきますのよ、こられませんよ
一、したんかなー、おくれんかなー　↓したのですか、ください
一、おいでーな、おくれーな、おしいな　↓おいでなさい、いらつしやいの類
一、いかうわい、あげやうわい　↓いきませうの類
一、いやじやてや、しらんてや　↓いやですといふにの類
一、おいにんか、いのうや、おいきんか　↓おかへりなさいませんかかへりませんかの類

敬語の穏ならぬもの

一、先生がいふた、きた、くれた　↓先生がおつしやつた、おいでなさつた、いらつしやつた、くださつた
一、先生がおらん↓先生がおいでなさらん、先生がいらつしやらん
一、先生がきよるぞ↓先生がおいでなさる、いらつしやる
一、先生なんぞな　↓先生なんですか
一、先生何々せうや　↓先生何々しましやうや
一、先生が何々しよる　↓先生が何々しておいでなさる
↓先生が何々していらつしやる

74　方言語彙

山の下を「山ン下」といい、川に行く「川イ行く」といい、木を切るを「木イ切る」というなど、まず方言の語法を研究し、進んで方言語彙を編むであろうならば、ヤガテやゝ完全な「ふる郷方言集」ができるわけなるも、ふる郷もの語には、それはあまりに学究的にあり過ぎるので、コゝには多少特色ある方言を少しばかり抜き出して列記《れっき》するに止めることにする。

洗い張りしたものを縫うのを一般に「洗濯」という。ドウセ洗濯の仕揚げには違いないが、洗濯という言葉の使用範囲が少しルーズである。面倒というのは「煩わしいこと」であるが、わたしのふる郷での「めんどう」は卑劣を意味し、醜態を意味する。

その他おせっかいを「こぜうけをすける」、たわむれるを「つばえる」、聾唖《ろうあ》を「うしごろう」、無能者を「こといかず」、泣くのを「うるめをひく」、尻を「つべ」、舌を「べろ」、茸《きのこ》を「なば」、かゞとを「きりぶさ」、髪を「ひげ」、垢《あか》を「こけ」、谷を「だね」、峰を「うね」、無愛相を「すぼ」、廃《すた》るを「をざる」、痘根《とうこん》を「じやぎもんぱち」、久しくを「しばらく」、井戸を「かわ」、諂諛《へつらい》を「おつべかき」、口寄せ（＝死者の言葉を自分がかわって伝えること）を「くまいれ」等等、今日はよほど矯正されて廃語《はいご》となったようではあるが、それでもまだぼつぼつその生命を維持しているものもある。

音便《おんびん》から自然になまったと思われるものには、囲炉裏《いろり》の「ゆるり」、茶釜《ちゃがま》の「ちやまが」、畜生《ちくしょう》の「つくしやう」、奴《やつ》の「やと」、幽霊《ゆうれい》・葬礼《そうれい》の「れん」、棹《さお》の「さわ」、虱《しらみ》の「しらめ」、時計の「ときい」、繭《まゆ》の「まい」、ランプの「ランポ」、紙魚《しみ》の「しめ」、着物の「きりもの」、藁屑《わらくず》の「わらくで」、蓑《みの》の「にの」、莚《むしろ》の「みしろ」、戸棚《とだな》の「となだ」、蛍《ほたる》の「ほうたる」、狸《たぬき》の「たのき」、蝉《せみ》の「せび」、芝居《しばい》の「しばや」、池《いけ》の「ゆけ」、指《ゆび》の「いび」、庭《にわ》の「ぬは」、弓《ゆみ》の「いみ」等等々、数えたてればはてしがない。

（昭和十三年八月十日）

【参考】方言研究者としての千葉政清《ちばまさきよ》について　（編者）

千葉政清は昭和八年国学院史学科を主席で卒業、毎日新聞社に入社、松山支局配属となる。当時の松山支局には後に「黒部の太陽」を書いて有名になった木本正次もいた。千葉は本社に転勤の後、健康を害して郷里奈良県十津川村に帰る。彼が正堂に出した手紙が数通残っている。

その後大阪樟蔭女子専門学校（現在の大阪樟蔭女子大学）の教授となるが昭和二十二年、三十八歳で亡くなる。彼の研究論文は恩師の編集により十津川村から出版されたが、採録されなかった物に方言関係の遺稿があり、その重要性から村がさらにこれも出版した（『千葉政清氏遺稿十津川方言』）。正堂の影響をうけたからかどうかはわからないが、歴史研究のかたわら、彼も方言に興味を持ち、研究を重ねたようである。彼の生涯と彼の遺した方言の研究はインターネットで公開されていたが、令和四年現在は十津川村教育委員会発行の林宏著『十津川郷採訪録　民俗五』をもとに十津川郷民俗語彙が掲載されている。

75　一、二、三人称

同じ村でも、上流と下流で多少言葉遣いもかわり、その使用語にも少しは異同があった。しかし大体は同じであった。その両親を呼ぶのに、上流ではおとったん、おっかさんであったが、一般にはとうやん、おかやん、おとうやん、かあやん、おとう、おっかア等々であった。

それから伯・叔父、伯・叔母に対してはおじさん、おじやん、おばさん、おばやんであった。またその祖父母はおじいさん、ばゞさん、じいやん、ばあやんであった。なお兄や姉に対しては兄《あに》さん、兄《あに》やん、姉《ねえ》さん、姉《ねー》やんなどであったように思う。それからまた、その両親や祖父母は大体その子供を呼び捨てにしていたがその赤ん坊時代は男児は坊々《ぼうぼう》といっていた。これはいまでも一般にそんな傾きがあるが、ソノ坊が大きくなってもやはり坊々といっているうちが多かった。一人息子の政市君などは徴兵検査がすんでもヤハリおばさんが坊々と呼んでいられたのをわたしは記憶している。

×

男の児《こ》に対する二人称の坊に対照的に女の子に対してはビービーといわれていた。結局男に対しては坊、女に対してはビーであったように思う。それから夫婦間の二人称はドウであったか、ドウもはっきりした記憶はないが、男からのおぬし、おのし、お前に対し、女からはアンタ、モーシなどであったかと思う。

×

またソノ目下に対し、若しくは卑しんでコレを呼ぶときは、ワレ、オノレ、オヌシ、貴様などであったが、その三人称はアイツ、アノ下道作《げどうさく》、あのチクショウなどであったかと思う。しかし一人称ではワシ、オイラ、オレなどが使われていた。それからしゅうと、しゅうとめからソノ嫁を呼ぶのによく姉《ねえ》や姉やということをいっていた、コレに反し婿もしくはソウした関係に対してはおそらく兄《あに》やとでもいったものであろうと思う。また第三者からは花嫁さんに対して嫁さん嫁さん（＝三人称）とよくいわれていた。

×

ソレから隠居することを一般に部屋をするといい、ソノいるところをまた部屋といっていた。その部屋に対して戸主のいる家がすなわちおもやであるが、その分家に対しても一般にまたおもや、おやけ、本家などとよく呼んでいた。そのおやけ、おもやが次第に固有名詞化してついに屋敷名前になったものもあったりした。

×

何にせ明治、大正、昭和と雑誌文化、新聞文化が著しい発達を遂げた結果、今日ではモハヤわたしども少年時代のなまりや地方語というものはほとんどその姿を消して了った。その音調、句調こそ多少昔のおもかげを残しているが、言葉そのものはよほど老人にでもないとコレを聞くことができなくなって了った。

（昭和十三年八月二十日）

【参考】『双岩村誌』に採録された方言　（一六九～一七二頁）

山ン下（山の下）雪ン積む（雪が積む）木ィ切る（木を切る）川ィ行く（川に行く）いきなれや（行きなさい）そんじやけんど（そうだけれど）来ざつた（来なかつた）してはいけんぜ（してはいけないよ）するもんじやけん（するものだから）ねえか（ないか）あがいこがい（あゝしてこうして）やつぱ（やはり）やんなさい（ください）お上げなはつたか（お上がりなさつたか）とらげる（しまつする）はづむ（おごる）おゝれ（あこ）せんたく（ぬいもの）がいに（おびただしく）やしぼ（いやしんぼ）めんどう（卑劣）ほそい（小さい）こまい（細い）こはい（苦しい）ぬくい（暑い）あつい（暖かい）しゅうく（自慢）いふう（執拗）じりごねさく（不精者）じやぎもんぱち（あばた）ちんち（美しい）こじゃうけをする（おせっかい）をげ（騙詐）をざる（廃る）こといかず（無能漢）つばえる（たはむれる）ごだ（迷信）すぼ（無愛想）うるめをひく（泣く）つべ（尻）きりぶさ（かゞと）はみ（飼料）はぶ（齦《はぐき》）こけ（垢）なば（茸）だき（絶壁）うね（峰）たね（谷）ひげ（髪）べろ（舌）しばらく（久しく）うしごろう（唖者）なが（蛇）かは（井戸）へんど（遍路）ゆるり（囲炉裏）ちやまが（茶釜）つくしやう（畜生）やと（奴）をとゝい（一昨日）ゆうれん（幽霊）そうれん（葬礼）むそうば（埋葬場）やうぜる（養生）しやうけ（提籃《ていらん》）をつべかき（諂諛《てんゆ》）くまいれ（口寄）さわ（棹）てのごい（手拭い）じばん（襦袢）ひてもの（単衣）しゃえん（菜園）いもじり（芋畑）じるち（湿地）うでのき（うでぬき）ねもくひ（ねまき）もくう（まとう）もつう（巻く）をこせ（寄こせ）しらめ（蚤）みんつぼ（水壺）すぼる（燻《くすぶ》

る）ときい（時計）ぬすつと（盗人）まい（繭）らんぽ（ランプ）あざ（ほくろ）しめ（紙魚）とばう（概）おとろしい（恐ろしい）くすね（土坡《どは》）ねき（側）きりもの（着物）ひぢこ（肱）わらくで（藁屑）にの（蓑）みしろ（莚）となだ（戸棚）ほうたろ（蛍）たのき（狸）せび（蝉）しばや（芝居）ゆけ（池）いび（指）かげ（欠け）ぬは（庭）いみ（弓）

76　農村の流転変化

宇宙の森羅万象《しんらばんしょう》は変々化々《へんへんかか》流転して息《や》むことを知らない。有形無形の社会現象はスベテこれ流転変化の仮相《かそう》（＝実在しないかりの形）である。山静かにして太古の如きわが故山も須臾《しゅゆ》（＝しばしの間）もジットしてはいない。今朝もしみじみと高齢なるわたしの老父の思い出を聞いたのであるが、山村の機構、山村の生活というものもいま目まぐるしいほど変化しつゝある。

×

昔人《むかしびと》は労力というものをスベテ度外《どがい》において生活していた。ものゝ価値というものに対し、コレに投ぜられし労力というものがあまり加算されなかった。換言すれば、自分の労力を零《れい》として計算するのだから、ソノ原料費に対し若干高くソノ生産したものが売れゝばソコでソノ差額が純収入である。コレを老父はこう語るのである。

明治時代には鳴山のアテ地（＝小作にあてた地）などもイクラカ引き合った。シダオのかみ切れの田が二段歩強（＝一九・八アール）で小作料が六俵（＝三六〇キログラム）であった。ソレをいましも切れの一段二畝歩（＝一一・九アール）もつけて五俵（＝三〇〇キログラム）にアテゝある。コレはマダよい方で、ズット下の山田になると、半次郎サンの田だが一段歩一俵だ。コレでは地主はトテモヤッテ行けない。

×

明治二十五、六年頃であったが、スキタの政やんが油井のアノ旱田《かんでん》六畝歩（＝六アール）を百八十円でもって荒さんから買いとった。ソノ時分の米価が一俵（＝六〇キログラム）一円七、八十銭だったからザット百俵代である。今日の米価にすれば千二、三百円にもなるであろう。ウチの大さこの田は人家近くでもあり、ヒンデ田（＝収穫の少ない田）ではあるが作るには便利なところだ。ソレでも小作料で納税に足らぬ。馬鹿らしいので山にして檜《ひのき》がいま植えてある。政やんが下田六畝を百八十円で買った時代を思うと勿体《もったい》ないことだ。ソノ時代には小作は藁《わら》だけとれれば小作人はソレでよいといっていた。鴫山はおない(1)をソノ時代には盛んに綯《な》ったものであるが、一段歩《いったんぶ》から約四百把《わ》の藁がとれた。藁十二、三把でもって一房のおないが綯えるとして、ザット三百房のおないを一段歩の田から綯い出し得るわけだから一房五銭か六銭としても相当の収入になる（傍点編者）。

しかもソレを綯うのは夜なべか、雨が降って山に行けないときで、遊ぶひまに働くのだから昔の者はソノ労力を全然零《れい》と見ていた。だから小作料がよく、従って田に値うちがあり、皆争って地主になりたがり、借金しては田畑を買い入れた。

ソノ時分には買い手があって、売り手がなかった、今日は反対に売り手のみあって買い手がない。これは今日の農村と昔の農村を比較した今昔談のホンの一面に過ぎないが、コウした農山村の流転変化はソノ事々物々にこれを認めることができる。かくて汝《なんじ》農山村よドコへ行くと叫びたくもなるが、シカシ世の中というものは流転変化すると同時にまたつねに還元循環をくり返す。やがてまた世情が逆転して来ることであろう。

（昭和十三年九月十日）

（1）四手網《よつであみ》に使う縄をならうことおよびその縄

77　無名英雄伝

芥子粒《けしつぶ》にもたとえるべきわが豆郷土、ソノわたしの小郷土王国にも、ヤハリ人生の苦悶があり、愛欲があり、闘争がある。ソシテまた大自然の小断面たる風雲があり、雷電があり、春があり、夏があり、秋があり冬がある。かくてソコにはいくた無名の小英雄や、小哲人や、小ミリオナーが興りつ亡びつしつゝまたあるのである。

観じ来たればローマ大帝国も、わが豆郷土も理においてソコに何の異なるところがあろうぞ。わたしは少しばかりわが郷土王国のシーザーや、シビオ（＝スキピオ）や、クレオパトラについて語ってみたい。もしかわたしの語る無名英雄伝が甚だしくお粗末で、精彩を欠き、そして無興味であったとしても、ソレは決してソレラの英雄や豪傑の罪ではなく、ソレを記述するわたしそのものにプルタークの文才を欠くその結果である。

×

町の商家に屋号の存するように、多くの村の農家にはそれぞれに屋敷の名前がある。もちろん徳川時代には、素《す》町人、土百姓には苗字というものは許されなかった。現代でもたしか刑務所では姓名を名乗る自由がなく、ナンバーの符丁《ふちょう》がコレに代用されているという。つまりわたしども土百姓の祖先幾代かというものは、いわば罪人扱い――罪なくて配所《はいしょ》の月の仰望者《ぎょうぼうしゃ》(1)と見なされていたわけなんである。

×

だから、わたしのこれから書く英雄伝の英雄にも、多くソノ苗字を欠いている。その代わりに、わたしはいまでも村人の間によく通っているその屋敷の名前を呼ぶことにする。それはたとえば松平《まつだいら》隠岐守定行《おきのかみさだゆき》という代わりに伊予勝山《かつやま》の城主とそう呼ぶようなものである。いわば百姓の屋敷はその百姓の城郭であり、そのほのぎ（＝小字《こあざ》）はいわばその城名であるんである（傍点編者）。

×

幾万の人を攻め殺し
何ケ国かを略奪す
ソレがお前の英雄か
人を欺き胡麻化《ごまか》した
心臓の強い大山師
ソレがお前の英雄か
乾坤《けんこん》かける大賭博
うまく当たった成金さん
ソレガお前の英雄か
何の、何の、ソノやうな
泥や博徒やペテン師が
わしの英雄なるべきぞ
努力倹約正直の
鎧《よろい》かぶとに身を固め
怠惰《たいだ》の城や嬌慢《きょうまん》の
堅塁《けんるい》落し栄光に
輝く神の王国を
つくる人こそ英雄ぞ
ソレがわしらの英雄ぞ
ソレがほんとの英雄ぞ

（1）罪亡くして配所の月を見る：罪人として眺める配所の月はわびしいが、罪のない身で閑寂な辺土の月を眺めたら物のあわれも深かろうの意。（『広辞苑』第五版）

78　伴さんの一族（上）

かいかみの伴さんは、本業は農業で、炭焼きが副業であった。その頃、炭焼きといえば、村では伴さんのみであった。まだいまのように山が坑木《こうぼく》に売れなかったので、わたしのうちの山なども多くはコノ伴さんが買ってくれていた。しだ尾の松山や向こう山をこの伴爺さんが買いとって、炭に焼いていたのをわたしはよく記憶している。それはわたしのまだ八つか十の頃であった。だから、子供のわたしには爺さんに思われても、ソンナに当時は老人ではなかったに違いない（傍点編者）。

×

今日、わたしは墓参りをした序《つい》でに、伴さん夫婦のお墓をも訪《と》うたのであるがその石塔には

本然覚照居士　大正四年二月十七日
特戒慧光大姉　大正十年十月十九日
伴治八十一歳、シカ八十三歳

と彫《ほ》りつけてあった。もう伴爺さんが死んでから二十三年、おしか婆さんがお死にやってから十七年にもなるわけである。むろんわたしは、どんな病気で死なれたか、ソンナことはなにも知らない。わたしの記憶にある伴治さんやおしか婆さんなるものは多くは五十台であり、ソレから後の晩年のことは、全くよく知らない。

わたしの祖母がその頃よく炭焼小五郎の昔噺《むかしばなし》をしてくれた。わたしは子供のとき、その炭焼小五郎の昔噺と伴爺さんをよく一緒にくっつけて考えた。やがて伴治さんがすばらしい大金もち――長者になるであろうなどと、空想したりもしたが、事実においては一向に炭成金にもならず、一茶ではないが、中位のめでたさの貧乏でもってトウトウ死んで了いなはったように思う。

×

それでも、腕一本でもって、立派に八人の子宝を育てあげた、ソノ成功は、つゞまる処《ところ》、炭焼きによるソノ収益が基礎となったには違いない。昔噺の小五郎のように、ソノ焼いた炭が直《じき》に黄金には化さなかったとしても、ソノ結果においては、ヤハリそれはスベテ金貨となって、炭焼きパンヂー（＝Pandit　賢者）を終始富ましめていたんである。

×

ソノ総領息子の鹿さんと次の慶さんは若くして独立して呉服の行商になったが、その後鹿さんは再び農業に復活して、村で中流の家庭を作り慶さんの方は呉服に成功して、近くの町で呉服反物商を経営、ソノ晩年朝鮮に雄飛したと聞いたが、ソノ慶さんも、鹿さんもいつしか物故し、いまはいずれも伴爺さんの孫の時代になっているのだ。

×

三男の熊さんは大工を学び、ソレがやがて伴爺さんの家督を嗣《つ》いで現に七十六で健在であり、四男の源さんは他家の養子となって村内に定住、五男の友さんもヤハリ養子に他村に行ったのであったが、相ついでこの二人も病没、なお六男の留さんは、近い町で独立して現に商店を経営しており、末ッ子の新さん、コレまた健在で、多識多才、書画に骨董に、経師《きょうじ》[1]にわれらの豆郷土にとっては何といっても珍しい存在である。

（昭和十三年九月二十日）

（1）書画、屏風、ふすまなどを表装する職人。（『新版広辞林』）

79 伴さんの一族（下）

伴爺さんは酒もあまり飲まなかった。朴念仁《ぼくねんじん》（＝無愛想な人）ではないが、少なくも朴訥仁《ぼくとつじん》（＝質朴で無口な人）に近いとでもいうべきか、一種の典型的農夫でありまた炭焼きであった。しかしソノ伴さんの炭焼き――生炭《なまずみ》というは今日普通に使用する木炭《もくたん》ではなくて、鍛冶《かじ》屋さんが使用する松の軟らかい木炭《きずみ》であった。いわゆる鍛冶屋炭なるものであった。ソレを焼いては伴さんはつぎつぎに鍛冶屋にコレを供給していたわけなんである。

×

もともと伴治さんは、やしきの才助爺さんの次男でソレが多三郎爺さんの長女のおしかさんと結婚、などで一戸の新宅を創立するに至ったのであるが、当時多三郎爺さんの没後――わたしはこの多三郎爺さんは知らない――まだ総領の佐十郎爺さんが幼年であったので、ソノ後見かたがた数年間は、養子格とでもいった風で同居生活を営んだものであったという。ソンナわけであったので、分家新宅といったところで、しのけてもらったソノ田畑というものはそれはホンの僅かなものであったらしい（傍点編者）。

×

だから男子七人、娘一人を育てあげるソノ努力というものはソレはなみ大ていではなかった。徹頭徹尾《てっとうてつび》、ソノ額に汗した神聖なる筋肉労働でもってソノ一家の経済を立て通して行ったわけである。そしてソノつれそいのおしか婆さんというのがまた男まさりであり、少なくもソノ口八丁、手八丁で伴さんまさりであり、かくてついに伴さん一族の今日の繁栄の基礎というものをしっくりと作り了《りょう》せたわけなんである。

鹿さんと慶さんの呉服行商についてはスデにわたしのいった通りであるが、友さんというのもまた同じようにソノ若いときには呉服行商をやっていた。よくソノ取引のために上阪したりなどして、帰ってから大阪の話を人にしたりなどしているのを、わたしは当時まだ十いくつの子供で、好奇心から耳そば立てゝ聴いていた。その時分には村にはなお一軒も中央の新聞などとっているうちはなかったのであるが、大阪毎日新聞の読みかけを、毎日ソノ取引の店の番頭から友さんに郵送して来てくれたりもしていた。

ソノ一人娘のひさのさんもいくらか才はじけた(1)山村ではまず器量よしであったがおそらくわたしの中学時代であったであろうソノ従兄弟の才助さんと結婚して、いまは九州のどこかに商業を営み夫婦健在のはず。たゞし、わたしの知っているひさのさんや、才助さんなるものは、まだ十代のうら若い青年と処女であったが、いまはおそらく少なくもいずれも古希《こき》（＝七十歳）近い共愛の老夫婦であるであろう。

（昭和十三年九月三十日）

（1）利発にふるまう。（『広辞苑』第五版）

80 酒豪荒さん親子（上）

わたしの村は、真西向きの傾斜面に点々と瓦ぶきの農家が建っている東づけとコレに直角に南うけの山腹の西づけとこの東西二つでできている。もちろん相櫛比《しっぴ》しておりなどしないが、それかといってうんと遊離して建っておる家もなく、比較的よくつゞまって（＝まとまって）部落をなしておる。それもいまは十数年前に転宅して解消されたのであるが、たゞ一つの例外にしぎ山峠《やまとう》というのがあった。ソレがすなわちわが木挽《こび》きの荒さんのうちである。西づけからうんと飛び離れた、峠一つ越えた山頂近くにソレは建っていた。わたしは子供のときに、よくアンナさびしいところに独りぼっちに暮らせるものだとソレを不思議に感じたものであった。ソコにはおきわさんだの、藤吉たんだの、まだ一、二名若い処女があったように記憶する（傍点編者）。

ソノ主人公の木挽きの荒さんは、トテモ酒好きで元気のいい爺さんであった。木挽きでナカナカ働き手で金もうけも相当したであろうがソノ賃金を取るよりも先に酒に飲んで了うという風で、結局、二六時中貧乏ばかりしていた。そうしてソノ酒飲みの荒さんの息子の藤吉たんが、コイツがまた親爺に輪をかけた酒好きでその後藤吉たんの時代になるとソレこそ親子かけ合いで飲むんだからソノ貧乏と借銭というものはまつたく徹底したものであった。コレは最近の話で、荒さんの親爺はスデにアノ世に旅立っての後のことだから、もちろん藤吉たん一人の飲み振りであるが、ザット一ヶ年に一斗五升入りの雲助が平均十三本ないと、からだがもてないというのである。仮に酒一升一円七十銭としても

一斗五升×一円七十銭×十三本＝三百三十一円五十銭

という算式になる。

コレにお祭りその他の清酒購入費を加えると、おそらく三百五十円以上、さらに親子二人時代ではコレを倍額にしてザット七百円になる。こうして親子二代の酒代を計算するであろうならば少なくもソレは何万何千円ということになるであろうが下世話《げせわ》には下戸《げこ》の建てた蔵がないというけれど、コレでは上戸《じょうご》もなかなか蔵など建たない理屈になって来る。若しソレ荒さんと藤吉たんが酒を飲まないで、ソノ働いた賃金をスッカリ皆ためていたとするならば、少なくもいまはわがふる郷のミリオナーになっているわけなんだが——、しかし親子に曰《い》わせたら、

「長者何ものぞ、生前一杯の美酒に如《し》かず」

ときっというだろう。

（昭和十三年十月十日）

81 酒豪荒さん親子（中）

わたしのつらつら按《あん》ずる（＝よくよく考える）ところによると、ドウモ頭のいゝ男に上戸が多いようだ。われわれ下戸党の側からは甚だもって癪《しゃく》であるが世の中の真理というものはドウすることもできない。ある人は酒を飲むと頭がクリアになるともいう。ソウするといゝ頭が酒を飲むのではなくて、酒を飲むから頭がいゝわけなんだが、コイツは何だか一層癪《しゃく》だ。ソレでなくてもわれわれ下戸党は、上戸党につねに圧迫され勝ちであるのに、ソンナ原理が成り立つことになるとイヨイヨもつて酒を無理強いされて立つ瀬がなくなって了《しま》う。

だが、ソレに甚だよく似た真理がも一つある。ソレは肺病と脳髄の相互関係だ。結核菌が肺を冒すとキットその人の脳髄は冴えて来る。不思議に記憶力、想像力、思考力、判断力がすぐれて来る。古来偉大な政治家や文豪に肺結核患の多いということはコレは否《いな》むことを得ざる一つの事実である。ソウしてみると癪ではあるが、酒を飲むとソノ頭がよくなるという逆定理も必ずしも成り立たないことはない。

×

しかしイクラ酒を飲んでも一向に頭のよくならない酒の浪費者、飲めば飲むほど、飲むに正比例して頭のわるくなる男も世の中には随分にある。あまり早合点して無意味に酒飲みは威張ってはいけない。ソレはいかに英雄色を好むといつても世の中のスベテの色魔が皆英雄というわけに行かないのと同じことなんだ。

ソレはとにかくとして、酒豪の荒さんと藤吉たんの頭がよかったかわるかったかというと、ソレはたしかによかった、とそうわたしは断言する。少なくもソノ人間が真っ直ぐで、ソノいうことに条理が立っていた。ナカナカ二人とも働き手で考えがよかった。酒を飲んではよくくだを巻いたがソノしょうねはしっかりしていた。

×

わたしはいまでも何十年か前、荒爺さんが木挽道具と弁当箱を大きなほご[1]に入れて、ソレを大きな鋸《のこ》と一緒に荷わくにかるうて（＝この地方の方言で「背負う」）わたしの宅の前をつねに往来したのをよく記憶している。その頬かぶりをとって馬鹿ていねいに腰をかゞめては
「ハイ今日は、コレはまこと結構なお天気で」
とか何とかいって朗らかに声だかに挨拶をして行ったソノ頃の老木挽き姿をいま懐かしく思いうかべるのである。

（昭和十三年十月二十日）

（1）藁を編んで作った袋のような入れ物。当時の農家では大小いろいろな〝ほご〟を使い分けていた。

82 酒豪荒さん親子（下）

木挽《こび》きの荒さんの子の藤吉たんも同じように木挽きであった。彼ら親子は木を挽《ひ》いては酒を飲み、酒を飲んでは木を挽いて、ソシテその一生を暮らし、もしくば暮らさんとしているのだ。ソウいって了《しま》えばコレほど楽天的な、気楽な、幸福な人生というものはないようにも思われるのであるが、ソノ実生活はというとソレは必ずしもソウばかりでもなく、ときには波瀾《はらん》もあり、また風雨もあった。

×

酒飲みで働き手の藤吉たんは木挽きのあいまには、小作《こさく》もすれば桑《くわ》を植えて養蚕も盛んにした。かくて頭の働きがいいから年々相当の収入もあげたのであるが、ソレはすっかり子やらいと親子の酒に入れあげて了った。そして絶えずピイピイで借金ばかりしていた。だが最も幸福なことにはその八人の子供のできが皆よかった。ソノ総領娘はスデに町にかたづき、総領の息子と末の男の子と、なか二人の女の子とはいずれも京阪地方に出稼ぎし

てソレゾレ相当の――むしろ相当以上の収入を得ている。

×

かつては総領娘以下三人の女の子だけでも年々大阪から小千円の仕送りをしていたという話である。一両年前のお正月の朝であったというが、その娘たちが帰省しているとき、ある町の腹黒い肥料商の○某、ソレは三百《さんびゃく》代言《だいげん》(1)のような奴であるということだが、執達使《しったつり》(=執行官)をつれて突然に乗り込んで来て、タンス、牛、ソノ他のものに悉く《ことごと》封印し、おまけにソノ娘たちが持って帰っていたロンドン・バックの数百円の現金までスッカリ押収して去って了ったことなどもあったという。

×

もちろんソノ肥料商から数ヶ年にわたって肥料を買い入れ、ソノ代金の一部を藤吉たんが滞《とどこお》らせていたことはソレは事実であるが、ソノ一千余円の肥料代というものはすでに年賦でもつて殆《ほとん》ど償却し尽くし、アトには当時僅《わず》かに六十円ばかりこげついていたのみであったという。ソレを文盲《もんもう》でそして正直な藤吉たん、いつも年賦金の払いっ放しで一回でも年賦償却の領収書を取っておらなかったので、世間によくある悪辣《あくらつ》手段でマンマと二重取りをされて了ったわけである。いかに藤吉たんが地団太《じだんだ》踏んでくやしがっても、三百代言の悪肥料商が練《ね》りに練った姦策姦謀《かんさくかんぼう》(=わるだくみ)はついにコレをドウすることもできなかった。現代の昭和の聖代《せいだい》(2)シカモわたしのさゝやかな平和な、美しい武陵桃源《ぶりょうとうげん》(=別天地・理想郷)を襲って白昼こうしたスキャンダルが堂々と行われている事実を見たときに、わたしは心から憤《いきどお》りかつ歎《たん》ぜざるを得なかった。

だが、酒豪の老木挽き藤吉たんは、ヤハリ依然として幸福だ。ソノ孝行な出稼ぎの娘やソノ息子の共同出資でこの春ソノ見すぼらしい茅屋《ぼうおく》をとりのけ、ソノ跡にすばらしく立派な住宅を建築し、

「わたしや、死んだ親爺にも気に足るほど酒を飲ませてやった。コンダわたしの子供らがわたしに好きな酒を飲ませてくれるなアコレア当たり前でござんす」

などとのんきな太平楽《たいへいらく》をならべたりしている。

（昭和十三年十月三十日）

（1）詭弁を弄する者。

（2）聖天子の統治される世。（『広辞苑』第五版）

83　すみとこ家（上）

由来文献の残ってない村の歴史を調べんとするにはその地籍《ちせき》のほのぎを研究するよりも外《ほ》かには道がない。特にソレには各屋敷の称呼《しょうこ》（＝呼び名）を検討するの必要がある。しかるにソノ屋敷名前には往々《おうおう》われわれの想像を超越した、何とも解釈のできない、意味のわからないものが随分ある。このすみとこという屋敷名の如きもその一つである。

×

そもさんすみとこ(1)何ということかわたしにはさっぱり解釈がつかぬ。おそらくとこは所のとこであろう。わたしの地方では、山田の付近の刈った稲を処理する常設の小平地《ひらち》をぬはとこという。漢字をコレにあてはめれば多分庭床《にわとこ》であろう。その他鍛冶屋《かじや》とこ、木挽とこなどいずれも今日いう敷地を意味しているようである。では、すみとこは果たして何を意味するか。片角《かたすみ》のすみを意味して角屋《すみ》敷を意味するか、ソレとも木炭のすみを意味して炭置き場なりしことを意味するか乃至《ないし》は住居の住むことを意味し、住む屋敷の意味か、ソノいずれとも一向に判断がつかない。いずれにもしろトニカクそこには従来二軒の農家がたっていたのである。ドチラもすみとこ家で、わたしのちいさいときには東の方が重太郎《じゅうたろう》さん、西の方が豊蔵さん、そしてソノ親爺さんが円蔵爺さんであった。

重太郎さんのつれそいがお梅さんで、そのお梅さんの実母がひねり婆さんであったが、そのひねり婆さんはもともとすみとこ家の人ではなかったように思われる。おそらくお梅さんがその実の娘である関係からかかり人(2)として同居されていたものであろうと思う。なおそのお梅さんの娘のヒサエさんに岡《おか》の明さんという若いしが養子になって入家《にゅうか》コレは後《のち》に町に出で丶古物商になりいまも現に健在こうして両すみとこの屋敷というものは、西の方のすみとこによってついに一つに合併されたわけである。

×

二つの旧すみとこが互いに親類であったということは疑いないのであるが、古いむかしの詳しいことはわたしには何にもわからない。ある人の話では佐十郎爺さんのうちの分かれで、東すみとこの方にソノ祖先の位牌《いはい》が祀られている、ソレは両親が次男をつれて分家に移ったもので西すみとこの方が総領家だという。なおわたしの子供のときに、円蔵爺さんの娘のお豊小母さんがわたしの分家に縁づかれていて、ソレがドウしたわけであったかアトで離縁《りえん》になりすみとこの部屋へ帰っていられたことを記憶する。ソノお豊小母さんに頼んで紐のついた足袋《たび》をよく縫《ぬ》うてもらったりした。お豊小母さんは少し病身で百姓仕事などはできなかったようで始終裁縫《さいほう》などをさせれていた。

×

小ハゼのついた足袋のできたのはソノ以後のことでその頃の足袋というものは皆紐で足にく丶るようになっていた。

（1）疑問の意を表す語。
（2）他人に頼って生活する人。いそうろう。（『広辞苑』第五版）

84　すみとこ家（下）

円蔵爺さんは温厚な人格者であった。荷わくをかるうて（＝背負って）、ヒョコヒョコ杖をついて山から帰られたりするのをわたしはよく見たように思う。ソノ総領が豊蔵さんであった。ソレが死なれたのがたしかわたしの五つか六つかのとき、ソノ跡へなおられたのが、数年前に物故《ぶっこ》された弟の才市さん。嫂《あによめ》のおようさんとは十二も違っていたが、この才市さんの時代にすみとこはめきめきと資産が増えた。才市さんはトテも働き手であった。なおお豊小母《おば》さんはソノ後宇和地方に縁づいて行かれ、幸福な晩年を送られていたが一両年前ついに病没されたと聞いている。

才市さんのうえに亀さんと熊さんといま二人の兄さんがあったという。わたしはよく知らないが亀さんの方は呉服の行商で成功し、その老年は日向《ひゅうが》地方で送られ、いまは彼岸《ひがん》なる浄土でその子孫の繁栄を楽しみながら幸福な眠りをつゞけ、熊さんの方は隣村に養子にゆかれたがコレもう彼《あ》の世の人と聞いている。

×

つくづくわたしは考えるに、こうした山また山の奥にも、ソノときどきの時世（＝移り変わる世の中）の波というものはつねにうち寄せて止《や》まない。わたしの親爺などの青年時代、幕末から明治の初年にかけてから、わたしの子供時代、日清、日露戦争時代にいたる間というものは、村の有為《ゆうい》（＝才能があり世に役だつこと）の青年、野心に燃ゆる青年は殆《ほとん》どスベテといっていいほど皆相争《あいあらそ》うて呉服の行商に投じたもの丶ようである。かの伴さんの七人の息子が三人まで呉服の行商になり、ソレからソノ従兄弟の嘉助さん、コレがまた同じ経路を踏んだのであったが、コレ等はしかしいずれも比較的あとのことでソノ大先輩は尾のえ（＝尾の上）の総さんという人やすみとこの亀さんなど、（わたしの）親爺などであったのである。ところが今日はドウかというのに、何といっても都会の工場への大出稼ぎ時代であり、青年も、処女も、猫も、杓子《しゃくし》も、ソノ事情のゆるす限り、都会へ都会へと彼らは盛んに流れ出でゝある。藤吉たんの親孝行娘や息子をはじめ、どのうちでもどのうちでも、若い青年処女を持っているうちで大阪か、神戸か、東京か、朝鮮か、九州か、その他ドコかの工場へ出稼ぎに出していないうちというものは殆どない。もちろん皆が皆とはいえないが、大ていは勤勉に働いて両親のもとにどしどし送金し来たり、自ら他日雄飛《ゆうひ》の資金をみっちり積みつゝあるようである。

×

コレはまた一面わが現代日本の縮図でもあり、ソノ表徴でもあって、わが民族の向上発展する一つの大きな活きたリズムを示すもののように何だか思われる。

（昭和十三年十一月二十日）

85　佐平爺さん

おかの佐平爺さんは村の物識《ものし》りであった。郷土の字引《じびき》ともいうべき老人であった、明治御一新《ごいっしんご》後、地押《じお》し(1)のときわが村のほのぎの番地をきめたのもこの佐平爺さんである。大工を学んだ人ではなかったと思うがその副業によく木綿車《もめんぐるま》を作ったり、かせ繰《く》り機械を作ったりしていた。そのうちの入り口には大工の免許の木札《きふだ》がかゝっていた。この時代は思うに、呉服行商勃興《ぼっこう》時代につゞく木綿機業《きぎょう》時代ともいうべき時代で、木綿縞《じま》の賃織りが頗《すこぶ》る盛んであった。わたしの重《しげ》叔父なども女工を数名雇い入れて木綿縞を織らせたりしていた。やしきの近さんやしものなかの半さんが紺屋《こうや》をはじめたのもまたこの時代である。そうした時代であったので、佐平爺さんの木綿車やかせ繰り機械はたしかに時代の要求に応じよく売れたに違いない。その佐平爺さんが一度手製の木綿車をわたしのうちへお歳暮に送ってよこされたことがある。もちろん使いがソレをかついで来たのであるが、ソノ車に一首のへなぶり(2)がくゝりつけてあった。それは

来る間あるときには車まだできず
車できれば来る間なき哉《かな》

というのであった。佐平爺さんにはソウした洒落《しゃれ》、ウイット、風流の心のあった人らしい。わたしはまだ十（＝十歳）ばかりの子供であったがこの歌が何となら（＝何となく）面白かったのでついにソレ丈《だけ》は忘れないでいる。他には佐平爺さんにつき何の記憶もない。

佐平爺さんには、久やんという病身な総領の子と、次男の吟さんと、外に娘さんもあったように思うが、いまは何だか絶家《ぜっけ》(3)になっているようだ。

（1）江戸時代、検地の一種。田畑の品位、石盛《こくもり》などは在来のままとし、反別のみを測量して、従前の検地の適否を調査すること。地押《じおさ》え。（『広辞苑』第五版）
（2）狂歌の一種。流行語で新趣向を詠じたもの。一九〇四～〇五年頃に流行した。（『広辞苑』第五版）
（3）相続者がないために家系が途絶えること。（『広辞苑』第五版）

86 樽屋《たるや》の多平さん

わたしの村には、わたしの子供時代は大工さんがたった一人あったのみで、外《ほか》に工業家といえばほりのしたの多平爺さんがあったのみである。桶《おけ》のたが（＝桶を締める輪）がはずれたり、盥《たらい》がいたんだりすると必ずこの多平さんのところに持って行った。多平さんはなかなか話ばこであった。村の伝説口碑をなかなかよく知っている。

毎年秋になると、コノ多平さんが各戸を順々にまわって賄《まかな》いつきで手提《てさ》げや、飯櫃《いいびつ》や、肥田子《こえたご》や、すべてのもの、破損せる輪がえをしてまわってもらうならわしであった。わたしのうちなどでは、毎秋一日乃至《ないし》一日半みっちり修繕をしてもらった。コレも村の年中行事の一つであったが、いまは桶は申すまでもなく盥でも何でも皆バケツその他トタン製のものばかりになり、自然樽屋の多平爺さんを要しなくなり、いつのまにか多平爺さんそのものも死んで了《しま》った。

多平爺さんの総領の茂多さんももう物故され、いまはソノ孫の多三郎さんの時代だが、その多三郎さんソレから義高・清男の三人兄弟は揃って日支事変に出征、軍国のために活動している。

（昭和十三年十一月三十日）

87　つりい家

重山《しげやま》旧家《きゅうか》七軒のその一軒であった釣井家の屋敷は、東づけの鎮守ぞいの谷合《たにあい》に建っていた。それもわたしの記憶にかすかに残っているだけのもので、いまから約二、三十年も前すでにその家は零落《れいらく》して了《しま》い、おそらく当時村でも貧乏党の旗頭《はたがしら》であったかと思われたのである。

×

その釣井家の老人は名を鶴《つる》さんといって、最後の最後までそのチョン髷《まげ》を切らなかった珍しい国粋爺《こくすいじじい》であった。その他わたしの記憶する限りにおいて、もし今日生きていたであろうならばたしかに国宝的存在となったであろうところのチョン髷党の面々《めんめん》は、まずぬたくぼの六右衛門爺さん、それからさこの伊平爺さんこれは鶴さんの実兄、それからしんぎやまとうの荒吉爺さん等々だったと思うが　そのなかでもこの鶴さん爺さんは最後の最後の最後まで頑張り通したかのように思う。おそらく死ぬまでチョン髷で頑張り、チョン髷で堂々《どうどう》と立派に冥土《めいど》入りをしたんではないかと、わたしはそう考えておる。それから、この鶴さん爺さんに兵治やんという嫡男と、もう一人次男に熊やんという息子があった。チョン髷親爺の没後、兵治やんも谷村《たにむら》に移住し、次男坊の熊やんも分家さしてもらっていたのが、これも家を九州は博多へ移して落ちのび、いずれも相《あい》前後して死んで了ったと聞く。

【参考】つりい　　曽我太郎市『鴫山部落ノ土地字記』

一　各地につり井、釣井《つりい》、鶴井《つるい》川とかあり、是《これ》は城井戸を意味したものと云うらしい。当地にも釣井川というあり。是は東組の下中《しもなか》の裏にある飲料井を云い、この西上にツリイと云う一家の住所あり。自分の先祖の親類という。釣井川は菊池九十九氏先祖の飲料水川でありしと云う。

88　しもなか家

しもなかというのも村では指折り組の由緒ある旧家いわゆる七軒の一軒である。その隠居の重次郎爺さんは八十近い高齢者であった。わたしの子供のとき、蜂蜜を切る包丁をこの重次郎爺さんのとこに借りに行った記憶がある。重次郎爺さんのあとつぎが半次郎さんであったが、五十足らずで病死、それから次々と不幸がつゞき、いまは重次郎爺さんの玄孫《やしゃご》とその母堂トラエさんの二人ぐらし、世の中の栄枯盛衰ほどはかられぬものはない。

×

このしもなか家の分家にきどという新宅《しんたく》があったがこれも初代の祢平次爺さんの死後、第二代の金治さん——半次郎さんの実弟——があとをついでいたが若死にその総領はいま朝鮮へ、その次男も他郷《たきょう》にあり、その屋敷にはいま多平爺さんの次男の治作さんが住まっている。

（昭和十三年十二月十日）

89 歳五郎《としごろう》

故郷《ふるさと》の新年を思うときにわたしの脳裏《のうり》にまずうかぶものは、懐かしいそのゆるり（＝囲炉裏《いろり》）の団欒《まどい》である。そこにはあかあかと歳五郎の榾火《ほだび》が燃えさかっている。その大きなほたは、(1)祖父がどこからか掘って来た特選のほたであり、それが大晦日《おおみそか》の夜にゆるりにくべられて、お正月の間ずっと燃えつゞけている。それに火箸をぐっとつき込んでこねると、ぼろぼろと赤く火のついたおき（＝赤くおこった炭火）がくだけ落ちる、それを掻《か》き集めては鉄器(2)下へ押し入れ、餅を焼いてよく食べたものである。その歳五郎の榾火が、何日も何日も燃えつゞけていればいるほど、そのとしは必ず仕合わせ(3)がよいのだと、よくそんなことをわたしの祖母はいっていた。

（1）囲炉裏にくべる木の切れ端や木の根っこ。

（2）鉄でできた足のついた枠とその間に渡された数本の鉄棒の桟からなり、枠の下におきを入れ桟の上に餅や甘藷を置き焼く簡単な器具。

（3）めぐりあわせ。天運。（『広辞苑』第五版）

90　思い出の雑煮

わたしだち三人——二人の弟とわたしは、いずれも祖母が育てゝくれたので、夜も昼もたいがい部屋にのみわれわれはいたのであった。それでも元日には、母屋の方へみんな集まって多く新年を迎えたと思うが、それもあとでは、祖父母とわれわれとのみで部屋でもってとしをとったこともあったように記憶する。大きなお椀にあふれるようなとても大きなおうどいもを輪切りにしたのや、無塩《ぶえん》の（＝新鮮な）大鯛《おおだい》の切り身を醤油漬けにしたのなどでもっておいしいお雑煮を作り、それをわれわれに祖母が順々についでくれたのをいまわたしは思い出すのである。

91　若箸《わかばし》

山村ではどこのうちでも膳箱《ぜんばこ》というものがあって一人一人茶碗やら、皿やら、箸やらをこれに始末して置き、食事のときその蓋《ふた》をお膳代用にすることになっているが、元日お雑煮を祝うときには若箸と称し、お正月用の箸《はし》袋《ぶくろ》に入った新しいのが特に膳箱の箸に代えて用いられたと記憶する。

92　お三宝《さんぼう》

お三宝をいたゞいてとしをとるわけであるが、そのお三宝には山草《やまくさ》がしかれ、大きなおかさねを載《の》せ、橙《だいだい》、米、たつくり、干し柿、昆布、かち栗などがうずたかくこれにうもれていた。その干し柿をいくつかとって食べるのであるが、一つでも種子の多いのが縁起がよいともいわれていた。

93 おかん酒

屠蘇散《とそさん》(1)は当時の山村にはなかった。お正月に飲む酒はおかん酒と呼んでいた。お三宝をいたゞいて干し柿を食べ、それからおかん酒、雑煮を祝う、それではじめて馬齢《ばれい》(2)が一つ加わる次第なのであった。これは現在ももちろん同じことなのである。

(1) 屠蘇《とそ》と同じ。魏の名医華佗《かだ》の処方という、年始に飲む薬。(『広辞苑』第五版)

(2) 自分の年齢の謙称。(『新版広辞林』)

94 老松《ろうしょう》

生気横溢《せいきおういつ》(=活気があふれている)の若松《わかまつ》がずんずんとそのしんを伸ばしその枝を張り天地せましと縦横無尽にはびこるその姿ももちろん勇ましく美しく感ぜられるのであるが、それが更《さ》らにだんだんといつともなく年を経て老松化《ろうしょうか》し天然自然と高砂《たかさご》の松よろしく、その幹に、枝に、梢に、一種の何とも形容のできない気高い品格がそれに備わって来る、その崇高な、鬱蒼《うっそう》たる枝ぶりの老松に一入《ひとしお》われらは魅了せられざるを得ない。しかもそれがわれわれ人間のそれとまことによく奇《く》しくも相《あい》似ている。

×

無邪気な罪のない稚松《ちしょう》時代からふとり盛りの壮松《そうしょう》時代、それがやがて百年近くになるときっと絵に描いたような老松の風骨と気高い枝ぶりを呈して来る。それがそのまゝわれわれ人間の生長《せいちょう》する一生のその様《さま》と相《あい》一致するんだから面白い。それはわたしがまだ子供の時代であった。わたしの古い屋敷のうしろの山に亭々《ていてい》と高く聳《そび》えている一本の相当大きな松があった。米寿のわたしの老父がまだ子供のとき、この大松もまだ子供で、これにのぼるとしわった（＝撓《しわ》る。〔重さなどのために〕たわむ）といっていたからその樹齢ざっと百年内外のものであろう。

そのうら山の大松が、この二、三年すっかり老松化し、その大きな枝が層々《そうそう》とのび重なって、屋敷の上にかぶさりかゝり、遠くこれを望むときにそれはとても美観を呈するに至ったのだったが、同時に一面これがために、そこらあたりに松葉が霏々《ひひ》(1)と飛び散り、土蔵の屋根などは全く台無《だいな》しになって了うのであった。

×

かつてわたしの青年時代に、その一の枝は弟と協力して切った記憶がある。それももう三十四、五年も前のことで、その時代にはまだ枝も大して大きくはなかったが、いまはとてもそれはえらく太うなり、うかうかこれを切り落すわけにはゆかなかった。それでこの夏帰省したときに、部落の青年たちにわたしはその枝の伐採を相談したのであった。

もっとも亡くなったわたしの祖父は、うら山というものは真っ暗く樹林を繁茂させて置かねばならないものだ、かまえて下樵《したご》りをしたり間伐《かんばつ》をしたりしてはならないとよくいっていた。(2)だがそのうら山も、一面からいうと、わたしのうちの庭園であり、またその庭園の延長であり、ほんのそれは小さい一つの杜《もり》に過ぎないので、それをいまさら入らずの山にして、わざわざ真っ暗にして残して置くのもどうだろう、寧《むし》ろ明るく朗らかに遊園化した方がモダーンでよくはないかなどゝ、一両年来《いちりょうねんらい》老父とぼつぼつこれに手を入れかけているところであったのである。

×

そうしたわけで、いわばうら山の杜の王様のごとくほんとにめっきり威厳と品格を備えて来た、その老松の大《おお》枝《えだ》をむごたらしくも切り落とすということは、いかにも心なきわざだとも考えないではなかったのであるが、すでにうら山の間伐、下樵り整理の方針も立っていることであり、殊《こと》に土蔵その他に少なからざる故障を与えつゝある上から、いつかはこれを処分すべきものとすれば、今日思い切って断行するの他なかるべしと結局わたしはそう考えたのであった。

×

そうしたわけで、かくて、y、kその他の若人たちが昨年晩秋の一日相当なる冒険と努力のもとに、かねてわたしの依頼した通り首尾よく老松の枝うちをやってくれたのであった。

（昭和十四年一月十日）

（1）雪・小雨などが降るさま。（『新版広辞林』）

（2）この孫之進のおしえは必ず守られなければならないものであった。しかし、正堂はこれを破ったので自らの命を短くしてしまったと私（編者）は思っている。

私が幼い頃、裏山には大きな檜何本かがうっそうとした林を作っていた。正堂は昭和三十八年頃自分の隠居屋を建てるために、この檜を全部切ってしまった。隠居屋は完成したが、ほどなく裏山が崩壊、家屋の裏側はある程度の広さがあったので、家屋に被害はなかった。だがそれをそのままにして置くわけにはいかず、正堂は一ヶ月以上かけて、土砂を「てみ」という竹でできた塵取りにバケツ一杯分くらいを入れ二十メートルほど離れた家の前の畑に運んで捨てた。一輪車も使えず、すべてが彼一人の人力でなされた。今もその土砂が山をなしているが、小型ダンプ一台以上の量である。この重労働がその後の正堂の健康を奪ってしまった。正堂は土砂を片付けた後、三瓶町の宇都宮組

という土建業者に頼み、のり面を厚いコンクリートで固めさせた。（編者）

95　うら山

高砂《たかさご》の謡《うたい》のなかに「今は何をかつゝむべき、これは高砂住《すみ》の江《え》の相生《あいおい》の松の精《せい》夫婦と現《げん》じ来《き》たりたり。ふしぎやさては名所の松の奇特《きとく》を現《あら》はして、草木心《そうもくこころ》なけれどもかしこき代《よ》とて土も木も、わが大君《おおきみ》の国なれば」云々の文句があるが、いかにも非情無心の樹木と雖《いえど》も幾多の星霜《せいそう》を重ねて自然と神容仙骨《しんようせんこつ》を帯び来たり、かくて一種の老樹としての霊気すらそこに縹渺《ひょうびょう》(1)と発散するときに、われらがその老松の霊を認めて、これを人格化しそしてこれを相生の松の精となす、それを必ずしも荒唐無稽《こうとうむけい》の迷信とはいい得ないと思う。

×

かくてわがうら山の老松《ろうしょう》の枝のうち切られたばかりのそれは昨秋十月の下旬、わが亡母と亡児が三回忌法要を修《しゅう》すべく帰省せしその翌朝であった。わたしは静かにその老樹下《ろうじゅか》にたゝずみいたく明かるうなった、樹蔭《じゅいん》のさまや、何十年目かにさんさんと降りそゝぐあしたの太陽の光を眺めたり、また無残に切りとられた老松の巨枝《きょし》や、その切跡《きりあと》をさびしくうち仰いだりして、うたゝ今昔の感切《せつ》ならざるを得ず、ついにはこれを枝うちせしが非《ひ》か、是《ぜ》か、などと、そんなよけいのことまでもつくづくと考えざるを得ないのであった。

その亭々《ていてい》(2)たり層々《そうそう》たる老松があたかも帝王の如くに聳《そび》え立っているそのわたしのうら山は少なくも七、八十度の急傾斜を持っており、そこには椎《しい》、かた木、栂《つが》、椿その他名も知れぬ大小雑樹《ざつじゅ》がほんとに雑然と繁茂しており、いまから三十余年前に老父が村長を満期退職したその記念に折角植栽《しょくさい》した扁柏《へんぱく》(3)二十株ばかりもあって、そのうちで大きくなり得た一、二株はすでに天を摩《ま》さんとしているのに、他の地の利を得ないものはいずれも喬木《きょうぼく》雑樹に抑圧されてそれは全く愍《あわ》れむべき状態にあり、一面わたしの樹株《じゅしゅ》整理の理由がまたこうした点にもいくらか由来するのであった。

×

かくの如くにしてわがふる郷なるうら山の整理とそしてその利用はいまやっとその緒《しょ》に就《つ》かんとしているところである。

（昭和十四年一月二十日）

（1）かすかなさま。（『新版広辞林』）
（2）樹木などの高くまっすぐにそびえたつさま。（『広辞苑』第五版）
（3）檜《ひのき》の漢名。（『広辞苑』第五版）

96　狸の話

思えば懐かしいわがうら山よ。それはさゝやかな一つのうら山ではあるが、同時にまたわたしの家の庭園であり、少なくもその庭園の地つゞきの自然の築山《つきやま》を形成してもいるのである。

×

わたしの祖父がまだ頑張っていた頃には、このうら山の周囲にはすっかり竹垣《たけがき》をめぐらし、泥棒はもちろん村の腕白《わんぱく》どもを一歩たりともこれに浸入《しんにゅう》することを許さゞらんとした。けれどもいつの間にか彼らは竹垣のどこかに突撃路を作り、朝夕そこから難なく出入りしつゝ、冬はくびち（＝わな）をかけて小鳥を獲《と》ったり、椎《しい》の実を拾ったり、春夏《はるなつ》は桜の枝を折ったり、いたづるか（＝いたどり）を採《と》ったりして、彼ら子供の結局スポーティング・

ヒルの一つでまたあったのである。

×

そこにはまた一匹のふるせのてんが棲《す》んでいるとよくいわれていた。ときどきわたしのうちの納屋の二階に来て昼寝をしていたりまた夜若衆《わかしゅ》が下を通っていると山から石をよく投げたりしたものであるが、いまは殆《ほと》んどその姿を現さず、山から石の降って来るようなこともないから多分もうそれは死んだものであろう。

その代わり近年狸公《たぬこう》が棲んでいるということを村のもの好きがいい出した。その狸の穴だと称するものもたしかにそれはあるのである。ところがそいつはわたしの祖父の時代に里芋をかこうた（＝たくわえた）つぼであって、狸公の住居にはちと浅過ぎるように思う。それにも拘《かか》わらずそれがいまは年ふる（＝年をとった）狸公の御殿で、しかもその狸の殿様よく人を化かしたり、人に憑《つ》いたりするというのだから不思議である。

エフ村（＝双岩村）の人のよいお爺さんがわたしの親戚の祭りに来て、少しお酒に酔ったあげ句《く》、げんぱちのうら山に狸の穴ありと、人に聞かされ爺さんわざわざ探検に出かけたのはよかったが、帰って来ると、その口をとがらし手の親指を握《にぎ》りこぶしでかくし、「爺《じじい》が穴の口までやって来て、きょろきょろと奥の方をのぞき込み、いねいいねい狸などいねえや、いれば松葉をくすべて、とっつかまえてやるがなと独り言をいっていた、わしは穴の奥にかくれていて、おかしくてならなかった」と口走《くちばし》ったものだそうだ。

×

それを聞いてわたしは、いまでも狸憑《たぬきつ》きというものがわがふる郷にはあるのかと実はびっくりした。

（昭和十四年一月三十日）

曽我太郎市『鴫山部落ノ土地字記』

【参考】げんぱち

自分の屋号をげんぱちと云う。往古《おうこ》の土地札には源八《げんぱち》と記しあり。なかなかその面積広し、是《これ》は源八と云う人が領して居たものか、又はげんばの地と云う意味カ、しかし自分の内の大先祖は大家の伝説あり。又伝説に志《し》だ尾谷《おや》、ちさのき谷は自分の内の先祖の所有地でありしと云う。その当時ちさのき字の大部分の土地を持参して布喜川のおんぢと云う家へ嫁《か》しておられしと云う伝説あり。元禄時代には、当時先祖も貧困に迫りし人もありしと云う。菊池九十九氏の旧古書類の中に重山権守太郎《しげやまごんのかみ》と云う人あり。自分の先祖には太郎と云う名が多々ありしが、何か関係なきにしもあらず。

97 怪我

俳人の虚子さんは、その第二の郷里西の下の大松樹下で感慨無量〝この松の下に佇《たたず》めば露の我〟と口吟《こうぎん》（＝詩歌などをくちずさむこと）されたと聞くが、わたしは俳句ができないから懐かしいうら山にのぼり、雪に、風にいくたの懐かしい思い出を宿す老松《ろうしょう》、その老松の下枝の切られた下に佇み万感こもごもではあったが、その感情を詩的に表現することはついにできなかった。

×

それは昭和十三年十月二十六日のうらゝかに晴れた日の朝であった。朝の運動かたがた鋸《のこ》もて幾本かの雑木を切り倒し、やゝ疲れたのでそのうら山の崖をまさに跳び降《くだ》らんとし。そしてその崖には数株のさんゝ竹《ちく》が植わっているので、その竹の梢をつかまえ、これに支持されつゝ下なる屋敷の地面へ安全に降り立たんとした――あゝこの瞬間、わたしは大地へもんどりうってぶっつかった。

×

やがてわたしがひとり手《で》にその意識を回復し、いま竹の梢をつかまんとして、ついにつかみそこねたというその記憶、――それからその直後のダーク・チェンジ、無意識、無意識から覚醒（＝目を覚ますこと）の瞬間――その恍惚境《こうこつきょう》、すべてがそれは奇しく新しいわたしの経験――何とまたえらいことをお前はやったものだと、そうわたしはわたし自身にいい聞かさねばならなかった。

×

よく柔術の稽古などでしめられて落ちるとき、非常にいゝ気もちだということをかつてわたしは聞いていたが、それを初めてこのとき自分で経験したように思う。気絶の暗黒をぬけ出て意識の光明に浴す、おそらくその瞬間の気もちに違いない。かくの如き気もち、その恍惚境を何と形容すべきか、もちろんわたしはその言葉を知らない。たゞその濃厚なる恍惚の快い気もちが、その意識をとりもどすとともに次第にうすれゆき、そしてやがて消え去って了ったのであった。

このときどうしてわたしが右の肩の鎖骨を折ったかその怪我の前後における経過というものは無意識の間のできごととてさっぱりわからない。多分竹の梢をつかみそこねて墜落、まず崖の石で骨折、それから二三回ころころと無意識境に崖をころがり落ち、それで腰その他をしたゝかに打撲したものであろう。気のついたときには土蔵の壁に直角にわたしは長くなっていたのであった。

×

かくて骨つぎのお医者さんを迎えたりさんざん大騒ぎして五日ばかりは郷里の山荘でうんうんうなっていたが、やっと乗り物に乗れるようになりて松山に帰って来たのは十月三十一日であった。爾来《じらい》まる二ヶ月、今日初めて自由にペンがやっともてるようになった。

（昭和十四年二月十日）

98 双難《そうなん》

いまから約十七、八年前、疫痢《えきり》(1)にかゝり四つで亡くなった娘の遺骨を故郷《ふるさと》へもち帰ったとき、彼Sはまだ六つばかりであった。その頃は田舎にはタクシーというものの便もなかった。それは雨あがりの午後であった。人力車を一台雇って、それに親子相乗りでもって五反田（八幡浜市）から舌間（八幡浜市）の方へ新道を駈けさせていたとき、その堀切りを出て一つ曲ったあたりであったと思う、ぬかるみに車夫がすべり、すんでのことで千仞《せんじん》の渓谷へ車もろとも転落せんとしたが幸いにその車夫が死力を出してふん張り、その梶棒《かじぼう》をねじもどし、かくて危機を一髪につなぎ得たのであった。それからSがこわいといってどうしても乗らないので遺骨のみを人力車に載せて阪をくだり、やがて迎えの者も来て無事にわれらは帰省し得たと記憶する。

×

それからさらに十余年、そのS逝きて二年、その三回忌のときであったかと思う。松山で法要を修《しゅう》し、さらに古郷《ふるさと》で重ねてこれを営むために、わたしは塔婆《とうば》(2)と一つの鞄を持ってたゞ一人帰途についたのであった。かくて八幡浜で予定のバスが満員で乗れず、丁度選挙か何かの騒ぎで、タクシーをまたどうしても手に入れることができず、結局川名津《かわなづ》まで遅いバスに乗って帰り、それから徒歩でもって夜山道をして帰ったのであった。

×

すでに坂道にとりつくとき、日はとっぷり暮れていたのであったが、よく知りぬいている山道のことであり、殊《こと》に一筋道のことであるから提灯《ちょうちん》なしでも結構歩けると考えたのがわたしの大なる不覚であった。いよいよ木の下暗《やみ》の山坂にわけ入ると、暗さも暗し、いかに真の暗といってもこんなに暗いはずがないとわたしがつくづく考えたほどそれほど深刻なるぬば玉《たま》(3)のとてもひどい暗路《やみじ》であった。それこそ文字通りに這ったり、さぐったり、転んだりして、むかし往《ゆ》きかい（＝ゆきき）した子供時代の記憶をいろいろと呼び起こしつゝ、一寸刻《いっすんきざ》みにのぼって行くらちに一丈四、五尺（＝四・二〜四・五メートル）の断崖をまっ逆さまに谷間に墜落したり、それからまたその断崖をよじのぼったりして、まっ暗なうちにも大てい見当はつくので、よほどもう峠に近づいたと思い思いのぼりつゝあると、突然行く手がふさがり不思議に道がなくなって了った。

たしかに一筋道の通路に間違いはないと思うのに、足を左にむけても、右にむけても、更にまっすぐに正面に進んでもどうしても道がない、進めば忽《たちま》ち山の中に踏み込んで了う。実に不思議千万《せんばん》奇怪至極でそれはあったのであるが、暗《あん》々黒《こく》々裡《り》(4)のことで、手でなでさぐって見ても、足でさぐりまわして見てもどうしても道はたしかに行き詰まっている。約小一時間もわたしは腕をこまぬいて考えてみたり、また同じことをゆきつもどりつくり返してみたり百策尽きてついには山裾《やますそ》(5)へ取って返さんかとも思ったりしたのであったが、それも忌々《いまいま》しくもまた馬鹿馬鹿しく、結局どう迷い込もうともよい、上の方に向かってしぶひ(6)の中をまっしぐらに突破してやろう、そうすればどこでもいゝ山上に出るには違いない、そしてそこには峰にそうてよく知った一筋の比較的ひろい道があるはずだ。

×

そうわたしは決心するや否、道ばたの荊棘《けいきょく》(7)に頭をつき込むようにして一歩進みかける、すると何だかそこに道らしいものにぶっつかり、それから比較的緩《ゆる》やかな坂道となり、一町（＝約一一〇メートル）ばかりものぼるとそこにわたしの村の見ゆるその峠があったのであった。何という闇の夜道という奴は馬鹿馬鹿しいものであろうぞ。

それから翌朝わたしは眼鏡をなくしたことに気づきその墜落した断崖下にそれを拾いに行ったついでに、どうして昨夜道が行き詰まったと誤って認識したか、その原因を研究したのに、それまでは相当急坂がまっすぐについていたのに、ソコに至って斜め左にやゝ緩やかな道が屈折し、それがために盲滅法《めくらめっぽう》にたゞ左に、右に、正面に進んだのでは、要するにうまくそれにわたしの足が乗らないわけだったのであった。

思えば三度法要のためにわたしは帰省して三度遭難したわけであったのである。

（1）法定伝染病の一。発熱と下痢を伴い、子供に多い。（『広辞苑』第五版）
（2）墓にたてる塔形の板。
（3）暗路《やみじ》にかかる枕詞。
（4）人の知らないうち。
（5）山のふもと。
（6）藪。林の中に生えている丈の低い雑木や雑草。
（7）いばら。

99 橘伍長

わたしは極めて心臓の弱い方で、夜などは非常に寂しがりやであり心ぼそがりやである。でも仕合わせなことには、わたしの小学時代の先生は幽霊なんてそんなものがあるか、狸《たぬき》が人間を化《ば》かすだの、蛇が人間に憑《つ》くだの、そんな馬鹿気たことがあるものか、そんなことは皆《み》ンな迷信だぞとそうわたしはくり返し教えてもらった。それをわたしはいま衷心《ちゅうしん》ありがたく思う。

×

だが、今日の学校教育はよほど進んで来た——とでもいうのであろうか。わたしどもの時代は西洋科学万能で、教育の精神そのものがたしかに科学的であったと思われる。だからしてくだらない迷信を頭ごなしにやっつけて了《しま》ったのであると思う。狸も、犬神《いぬがみ》も、幽霊も、それは全く存在の意義を失い、ついにどこにも存在する余地がなくなって了ったのであった。そうしてすべての反科学的なる迷信がどしどし排斥《はいせき》されたのであった。

ところが今日のわが国の小、中、大学教育なるものは、少なくもわたしどもの時代のソレとはすっかり面目《めんぼく》を新たにしているかの様にわたしは思う。一方には西洋の物理化学をそのまゝいまに教えているようであるのに、他の一方にはこれに矛盾する迷信、千人針[1]などをしきりに生徒を総動員してやらせたりしている女学校や千人力[2]を教員や生徒総がゝりで作っている師範学校もある。実にソレは摩訶《まか》不思議千万という外はない。

×

いまにお利巧な校長さんたちはお狸さんのほこらを校庭におまつりされたり、修身の時間に犬神の血統の恐るべきことを講演されるようになるかも知れない。わたしはふる郷に帰って、いまなお狸が人に憑いたり、人を化かしたりすると聞いたときに全くビックリしたのであるが、またつらつら考えてみると、花の都の女学校や地方の師範学校で学生を総動員、千人針や千人力をこさえたりする事変下の世の中だもの、あまり山の中の人々ばかりをわるくもいえないとそうもまたわたしは思ったわけなんである。だからわたしは決して千人針を誹謗《ひぼう》（＝他人をわるくいうこと）するものでもわるくいうものでもない。鰯《いわし》の頭も信心から、ソレで爆弾や機関銃の丸《たま》がよけられると信ずる方は結構だ。また一面美しい人情の発露、ソレを特に豊かに千人針や千人力というものゝ上にまた見ることができる。かの火野葦平の『土と兵隊』のなかに「いやしくも帝国の軍人がそんなものを弾丸よけにしようなんぞ、笑止《しょうし》笑止」と嘲笑するを常としていた橘伍長が、うっかり甲板でその着ていた襯衣《シャツ》を脱いだとき、その秘めていたる千人針を海中に落とし、泳ぎも知らないのにその伍長夢中に海中に飛び込むところがある。その一節をわたしは非常に面白いと思い感涙しつゝ読んだのである。

橘伍長は千人針がなくなると弾丸が当たると決して思ったのではない、彼の身を案ずる人々が、出征に際して夜といわず、昼といわず一心こめて千人針をこしらえてくれた、その尊いまごころが電撃のごとく彼の胸を打ち、泳げもしない癖に海中に躍り出したのである。

でわたしは時節柄重ねていって置く、『土と兵隊』の橘伍長が千人針を笑止笑止といった如くに、わたしもまた千人針や千人力をたしかに一つの迷信だと思う。だが銃後の母が、妻が、妹がやるせないその熱愛を一針一針の誠にこめて、その至純至誠（＝きわめて純粋で誠実なこと）からなる千人針を出征の子に、夫に、兄に贈る、そこにはたしかに崇高な尊いあるものがあると思う。その尊いあるものを失うに忍びざればこそ彼橘伍長は海に溺るを厭わないで飛び込んだのではないか。

×

×

だが、しかしそれとこれとを一緒くちゃにして、かるが故に女学校で女生徒を総動員して千人針を縫わせてもよい、師範学校でこっそり千人力を寄せ書きしてもよろしいと、そういう理屈《りくつ》のものではまたないとわたしは考えるのである。

（昭和十四年二月二十八日）

（1）一片の布に千人の女性が赤糸で一針ずつ縫って千個の縫玉を作り、出征将兵の武運長久・安泰を祈願して贈ったもの。（『広辞苑』）

（2）一枚の布に千人の男子が「力」の字を書いて、武運長久を祈り出征兵士に贈ったもの。（『大辞泉』）

100　夜路《よみち》

わたしの〝ふる郷もの語〟はとてつもないぬば玉の夜の暗路に踏み迷ったようだ。もうこの一回で閑話休題《かんわきゅうだい》（＝むだ話はさておいて）、かねての無名英雄伝にもどって、その続稿を復活させねばならない。

わたしは元来総領の甚六であり、殊《こと》に三文安《もん》いという祖母さん育ちであり、おまけに心臓の太くない、天下周知の弱虫なんである。だからとてもさびしがりやで、もし胆《きも》だめしでもやられたであろうならば、すぐにまいって了《しま》う方の質《たち》なんである。だのに拘《かかわ》らず、いまだかつて常識を超越した超自然の現象に出くわしたことなく、いわゆる自分の神経作用による化け物に出くわしたこともなく、不可思議な霊的現象というものをいまだかつていぞ経験したことのないというものは、要するにそれは学生時代にサイエンスを基礎とした教育を受けたその結果だとわたしはかたくそう信ずる。

×

もしわたしが三ツ目小僧の存在を信じたであろうならば、雨の日にたゞ一人さびしい横通りの山路《やまみち》をびしょびしょと学校から帰って来るとき、立ち迷うもやの中に、うす暗い松の木の間にきっとそれを見たことであろう。そして非常に心臓の弱い子供のわたしは或いは気絶して了ったかも知れない。またもしわたしが幽霊や化物の存在を昔ながらに信ずる子供であったであろうならば、十二、三歳のとき、垣生《はぶ》の〇〇のうちへ祖母の持薬を買いに行き、その帰るさい道に迷って、当時入らずの山と恐れられていた飯野城祉《いいのじょうし》をたゞ一人で突破したりなどするようなことはおそらくしなかったであろう。

わたしは少なくものを畏《おじ》る（＝こわがる）ということを知らない図太《ずぶと》い子供ではなかった。寧《むし》ろ非常に気の弱い、とても泣き虫のひよわい子供であった。それなのによく夜のものすごい山路の暗《やみ》をたゞ一人で平気で往来したりした。

それは中学一年のときであったかと記憶する。八幡浜の劇場で志賀重昂《しがしげたか》氏や山村豊次郎氏などの政談演説会が開かれたとき、わたしは夏期休暇で郷里に帰省していて、たゞ一人でそれの傍聴に出かけたことがある。もちろん帰宅したのは夜半過ぎであったから、まっくらな山道を一人で歩いて帰ったのである。わたしはよくしょっちゅうそんなことをしたものである。

でも化け物を見たり、狸に化かされたり、そうした病的心理作用はかつて一度も経験し得なかった。たゞし犬神憑きの不思議な現象や狸に化かされたという病人は当時もときどき村にあってそれはよくわたしも見たのであるが、それはもちろん病的心理作用としてたゞ遠くからこれを眺めていたのに過ぎない。

（昭和十四年三月十日）

101 垣内由一伝《かきうちよしかず》

かき内の由《よし》やんというのはその通称である、その呼び名を由一、本名を幸治と呼んだ。まことに好人物でいそしくて（＝活動的で）朗らかで、調法《ちょうほう》な男であった。特に料理が上手で吉凶の客来《きゃくらい》などのときにはいつも由やんが料理方にまわった。あんのへ（＝庵の上〔屋号〕）の叔父の四十二の祝いのときもわが由やんがその料理方の一人であった。わたしの父のときには、由やんは吉田町まで、平かごを担《にな》って遙々《はるばる》くづし（＝練り物）を買いに行ってくれたりした。

×

いまは世の中がせち辛くなったためか、ソレとも世人の興味が他にうつったためであるか、われわれの子供時代ほどに大宴会が催されないように思う。昔は随分馬鹿げた大宴会が行われたものでソレは大てい三、四月の交《こう》（＝交わり）であった。少なくも中流以上のうちでは、男は四十二、六十一、女は三十三を大厄《たいやく》と称し三日乃至《ないし》五日にわたって大うたげをやらねばならなかった。これに対し、その近い親戚などからはそれぞれ八木《ぼく》、反物衣装などの御祝儀をこれに送らねばならなかった。かくて隣村からごぜ（＝盲目の女芸人）を呼び、三味線や琴を引かせたり、歌ったり舞ったり大乱チキを演じたもので、わたしはまだ小学生であったがうねの棟あげか何かの祝いのとき、初めて酒を飲みしたゝか酔ってまっ赤になり小間物屋をひろげ（＝へどを吐く）などし困ったことがある。

その後はあまり酒を飲まなかった（傍点編者）。

×

こうした場合にいつも由やんは料理方に属し、煮炊きからやがて包丁の方へまわっていたと思う。その由やんの三男坊か四男坊の静雄君、それがいま大阪商船のたしかにしき丸の一等コックで、朝夕包丁の冴えを見せ、かつてやんごとなき方の御賞《おほ》めを辱《かたじけの》(1)うしたこともありと聞く。やはりそれは遺伝というものであろう、わが由やんの田舎料理の包丁の冴えが彼の血管に、多分流れているのであろう。

わが由やんは藤次郎爺さんに取っては義子、故義作翁の一人息子であった。盆踊りの仁輪加《にわか》には――わたしの子供時代は彼のまだ若衆時代であった――キット彼は一役買って出た。その彼の馬鹿げた仁輪加をいまもわたしは眼の前に見るように思う。その由やんもわり合いに若死にであった。元気者の彼が忽然《こつぜん》と白玉楼中《はくぎょくろうちゅう》の人となった(2)と聞いたのはもう二十年近くも前のことである。

（昭和十四年三月二十日）

（1）もったいない。（『新版広辞林』）

（2）（「書言故事」にある、唐の文人李賀の臨終に天の使いが来て、「天帝の白玉楼成る、君を召してその記を作らしむ」と告げたという故事による）文人・墨客の死ぬこと。（『広辞苑』第五版）

【参考】吉凶の儀式

『双岩村誌』（一五六〜一五七頁）

（前略）男は四十二歳、女は三十三歳を厄歳《やくどし》と称し、この齢に方《あ》たる春を以《も》つて寿宴《じゅえん》を催ほす慣習あり、親類知人はその分に従ひ衣装、俵米、その他盛んなる御祝儀を贈り宴会は三日乃至《ないし》五日に亘《わ》たること珍らしからず、この他男女共に六十歳を還暦《かんれき》と称して寿莚を張り、尋《つ》いで古希《こき》の宴、喜の字の宴、八十の賀宴、米寿《べいじゅ》

の宴、九十の寿宴、九六或は百歳の長寿を祝するなど思ひ〳〵に祝宴を催ほすことあるも、一般に通じてそれの行はるゝにあらず

102　宇《う》根《ね》高三《こうぞう》伝

うねの高爺さんは名は高三、いずこの産たるを知らず、或いはいう東宇和郡の出なりと、飄然《ひょうぜん》（＝とどまらないでただようさま）として来たり幼にしてうねの林兵衛爺さんの養子となる。勤勉力行《きんべんりっこう》ピカリと暁天《ぎょうてん》に光るよいの明星を頂いてうちを出で、こうこうと山河と草木を照らす月の光を踏んで家に帰り、その一生の四分の三を田圃《たんぼ》の労働に送ったのがコノ高さん爺さんソノ人であるんである。

×

元来うねというのは、源八家《げんぱち》（＝正堂の生家）から新しくしのけた（＝分家した）家で、四代ほど前の太郎助爺さんが、横平から雇っていた青年が見込みがあると、コレにその土地をわけて分家させたものだという。この太郎助爺さんには孫之進という一人息子があって、コレがソノ後を継いだわけであるが、ソノ家来格に林兵衛爺さんを取り立てゝ新しく一家をもたせたものらしい。その後継ぎの林兵衛さん、ソノつれそいのお道婆さん、その二人もわたしはよく記憶している。林兵衛さんが死なれた時分、わたしはまだ小さい子供であったが、その湯灌《ゆかん》(1)のときにお道婆さんが涙を流してオイオイ泣かれたのをいまかすかに覚えている。わたしは小さいとき祖母のふところで育ったが、祖父がよそに行っていない晩など、わたしがトテもさびしがるのでいつもお道婆さんを呼んで来て泊まってもらった。冬の夜など、お道婆さんは木綿車と篠巻《しのまき》をよくかゝえて来てはゆるり（＝囲炉裏）ばたにひいていた。その糸ひきうたを夢うつゝに聴きつゝいつも眠りについたのであった。

高三爺さんは、相当その広い地面を耕作しつゝ、あいまあいまに絶えず開発をやっていた。一人でこつこつとカッコ（＝ツルハシのことか）でもって地面を掘りおこしては石垣を築き、そして段々畑をこしらえたり、また畑を水田化したりしていた。その屋敷つゞきのそらの傾斜面の竹薮や草原をスッカリ開墾して立派な畑にして了ったのも、コレみな高爺さんが積年努力の結果である。

×　　　×

晩年彼は脚疾《きゃくしつ》(2)を患い、シカも随分《ずいぶん》難病で、何年か悩みぬいた末、ついに跛《あしなえ》(3)になって締《し》まったが、ソレでも歩けるようになるとモウじっとしてはいなかった。コツコツとまた働いていた。こうして一生働き通して彼はヤガテ十万億土の彼方に旅立ったのであった。

その跡とりの真さん、コレも真面目な働き手だったが、ソノ親爺が残してくれた家督に満足せず、さらに大きな野心を抱いて先年ブラジルへわたり、ソノ弟の大工の広さんがいまは工農立国で親爺の遺して行った土地をセッセと耕作している。

(1) 納棺する前に死体を清めること。湯洗い。(『広辞苑』第五版)
(2) 脚気《かっけ》に同じ。(『広辞苑』第五版)
(3) 足がわるくて歩行が自由にならないこと。(『広辞苑』第五版)

103　坂本又七伝

さかもとの又七爺さんはチョット面白い爺さんであった。おとめ婆さんと夫婦暮らしで頗《すこぶ》るのんきそうにやっていた。そのもとの屋敷は、旧川の上屋敷の西となり、かみの伴さんの真うえだったというが、あとで旧穴井道のとりつきにソノ屋敷替えをしたのであるという。もちろんソレはわたしなどのまだ知らない前の話である。

×

雪の日にわたしは清さんと二人でたまたまさかもとに遊びに行ったことがある。囲炉裏《いろり》にあたりつゝ甘藷《いも》を焼いてもらって、塩からをそえて食べたことをいまに記憶している。だからわれわれ子供たちに対しても多少興味をもちコレに親切であったものと思われる。ドンナ話を聞かされたかソレはもちろん記憶していないが、多分われわれ子供の好く村の昔話を、ソレからソレと面白く話して聞かされたものであろう。トニカク又七爺さんは好意のもてる爺さんであった。

ソノ後おとめ婆さんともまた頗る高齢睦まじく暮らしていられたように思う。ソノ老妻おとめ婆さんの里なる朝立《あさだつ》から繁さんという青年を養子に迎え、何年か後ついにソノ朝立に一家をあげて移住して了《しま》い、いまは又七爺さんの跡というものは村には残っていない。当時ソノ建物は新宅の清やんが買いとりて自宅にうつし、ソノ屋敷アトは畑になっていたが、いまから十余年前に、かめの婆さん夫婦がまたソノ敷地を買い取り、コゝにソノ居宅をうつし、かくて今日の新坂本家が復活されたようなわけである。わたしの記憶にいま残っている、われわれの子供時代からの他村への移住者はコノ又七爺さんの坂本家をはじめ、村の旧家である九十九《つくも》さんのうち、ソレから寺ン下家、ソノ以前に東坊子《とうばしり》家、釣井家、東すみとこ、杉の木、うねの真《まあ》さん、中屋敷、たつみち、おか、近くはすきた、よこばたけ等、少なくも十指にあまっている。こうしてわが山村は次第に次第にたそがれ行くのである（傍点編者）。

（昭和十四年四月十日）

104　東坊子和三郎《とうぼうしわさぶろう》

いまはとうぼしり(1)といっている。蜻蛉《とんぼ》の尻を意味するのだそうだが、古い文書には東坊子とある。五、六百年前にはとうぼうしといっていたものらしい。和三郎君はこのとうぼしり屋敷の住人である。

×

わたしは五つか六つのときであったので、あまりはっきりとした記憶がない。子供も沢山あったように思うが、その名前なども忘れて了《しま》った。それはとうぼしりのさびしい山ぎわの草屋の一軒やであった。その草ぶきの大きな家がいまうね（＝屋敷の名前）に現存する居家《おりや》だと思う。たしかにわたしの小さいときにうねにそれが引かれたように覚えている。おそらくその普請《ふしん》のときであったであろう、やしきの才助爺さんが脚をくじいて大怪我をされたように思う。

この和三郎君がわたしの村にいた時分よく頻々《ひんぴん》と火事があった。わたしの家の焼けたのはわたしが二つのときであったが、これと前後してかはのえ（＝川の上（屋敷の名前））が焼けたしそれからもりが焼け、てらのしたが焼けた。もり（＝屋敷の名前）の焼けたことはわたしのかすかな記憶にあるから多分四つか五つのときだったであろう。てらのした（＝屋敷の名前）のときは祖母などが手提げに水を汲んで行かれたり、何かして人々が右往左往したことの記憶がある。どうもこの両家の火事は相ついで起こったように記憶している。

×

夜わたしのうちへ八幡浜の警察署の巡査がやって見えて、脚絆《きゃはん》がけに草鞋《わらじ》を穿《は》いた両足を囲炉裏《いろり》へつきこみ、寒い寒いといって暖をとられたのを覚えているからどうもそれは冬であったらしい。てらのしたの火災は何だか夏であったような気がするから、これはもりの火災のときであったかも知れない。

どうも部落ではその晩も寄り合いを開いていたように思う。あまりに放火がつぎからつぎと数年来続くので、誰いうとなくたしかに村に放火魔がいるということに結論されたものらしい。そうしてその放火魔の唯一の嫌疑者がわが和三郎君ということになったわけなんである。わが和三郎君のためには誠に気の毒千万《せんばん》のことであるけれど札入《ふだい》れということを行って、唯《ただ》一票の外《ほか》スッカリ和三郎君にソレは落札したわけで、てらのしたの虎やんというのが即《すなわ》ち一票あったのであるが、ソレはもちろん和三郎君の無記名投票であったんだとも当時いわれたりしていた。それも多分そうであったであろう。

そんなわけで和三郎君はとうとう村を出て九州地方へ夜逃げのように消えて了った。その和三郎君については、わたしはまだ頑是《がんぜ》ない子供時代のことで何らの印象も残っていないのであるが、人の話では非常に丁寧な、律儀な男であったというのである。それなのに何でまたソンナ嫌疑を受けたのか、そうしてついに村にもいることができないようになったのであるか、その真相などは五十年も前のことであるからもちろんわからない。その当時の村人の噂では、和三郎君は酒が飲みたくなると放火するんだ。消防のあとで一杯飲めるからだなどゝもいっていた。

×

たゞわたしの聞いている和三郎君の逸話の一つに、和三郎君という男は非常に唐辛子《とうがらし》が好きであったという逸話がある。何ンでも、参宮であったかお四国まいりであったか、四、五人村人同伴で出かけたとき、ある旅籠屋《はたごや》に泊まりこみ、和三郎君女中に「オイ、唐辛子があるか」、「ハイ、いくらでもあります」、「そうか、わしは唐辛子がとても好きでね、沢山つけておくれ」「よろしうございます」と小皿に一つ膳の上につけて来た。それを和三郎君すっかり温かい飯の上にぶっかけ、もう一杯もう一杯と飯のかずほど小皿に一杯ずつ唐辛子を要求したのには、さすがの宿屋の女中も呆《あき》れて了い眼をパチくりパチくりさせていたというのである。

（昭和十四年四月三十日）

（1）五、六百年前の屋号の読みは「とうぼうし」。現在は「とうばしり」。原文には「とうぼしり」とあるが、実際は「とうばしり」。

【参考】東坊子　　随筆「学談雅談　中」『伊予新報』（昭和十四年九月二十四日付）

正堂が『伊予新報』に連載した随筆（昭和十四年九月二十三日～二十五日掲載の「学談雅談（中）」）に柳《やなぎ》田《た》國男《くにお》との対談を載せている。柳田國男が夫人同伴で山口と小倉への講演旅行の帰途、道後温泉に来浴、菅《かん》菊太郎、景浦《かげうら》直孝《なおたか》、西園寺《さいおんじ》源透《げんとう》と正堂が鮒屋《ふなや》旅館を訪ねて、話を聞いたものである。

西園寺　むかしは四国などでも稗《ひえ》を作り、われわれが赤米《あかごめ》と呼ぶ大唐米《たいとうまい》の如きは比較的近くまで作ったもののようです、最近まで米には赤米が沢山混じっていました。

柳田　大唐米は一名唐《から》ほしとも呼んだもので、ほしはほしい（干飯）の意味でしょう、その収量の多いわりにはまずい米でした、それで近年はどこにも作らなくなって了ったですね。

曾我　わたしの村でとうぼしりという保の木が残っています。古い文書には東坊《ぼう》子ともありますが その唐ぼしから来たものでしょうね。

柳田　それはそうでしょう。大唐米のつくられた大昔の名残《なご》りでしょう。

105　九十九《つくも》翁伝

わがふる郷の旧家の一つであり、南北朝時代の古文書を襲蔵しているのでひろく人に知られている故九十九翁の家、その家が紺屋《こうや》をはじめたのは三、四代も前らしいが、九十九翁もその家業をついでわたしの子供の頃は染物屋であった。むかし手広くやっていた時代には、宇和地方から宇和島城下までも注文をとって回っていたもの、ようだと後裔《こうえい》（＝子孫）武重君は語られていた。

九十九翁が朝立《あさだつ》へ転居されたのはわたしの十ばかりのときであった。背の高い五十ばかりの方であったように思うが、実際はもっと若かったかも知れない。その跡を買ってわたしの名親の良吉翁がまた紺屋をやっていた。わたしは盆歳暮《ぼんせいぼ》によくやとわれて行って帳簿の計算をしたり、書き出し（＝請求書）を書かされたりしたもので、それはわたしが小学校を卒業した頃であったように思う。

九十九翁の先祖は、肥後の菊池家であるという話である。いつの頃九州から落ちて来たものか、そんなことは少しもわからない。その旗さしものの紋は藤の丸である。その古文書は北朝方の年号をもちいている。これは南《みなみ》方《かた》領一帯⑴が北朝方であった関係である。そしてその文書はいずれも地方的のもので、わがふる郷のほのぎ（＝昔からの小字《こあざ》のようなもの）だの、田地などがそれにいろいろと現れている。

少し不可思議な話になるが、九十九翁の家では、その総領にあたる者の耳は、代々必ずちゞんでいるそうである。それが総領になる者の一つの表徴だとそう九十九翁はいっていたそうである。そうしたことは、遺伝説でもって、必ずしも説明ができないものではなかろうが、総領に限ってそうした特徴が現れるというのが少し変である。

×

英雄両立せずというが、九十九翁の時代に秀さんという一方の喧嘩《けんか》の旗頭《はたがしら》があった。そうして両者は互いにいがみ合い、絶えず張り合った。その争覇戦《そうはせん》は相当ながくくり返された。いわゆる蝸牛角上《かぎゅうかくじょう》の争い⑵という奴で、モノトーナスな（＝monotonous 単調な）、平和な村の単調を破るがためにこうした争いがむかしはよくくり返されたものである。必ずしもそのためではなかったであろうが、わが九十九翁はついに先祖の墳墓の地をふり捨て、他村に去って了ったのであった。何にしても、わが九十九翁についていつまでも思い起こされるのはかの古文書である。春風秋雨六百年、よくあゝした一紙片に過ぎない古文書が反古《ほご》にもならずしてもち伝えられたものである。その内容は何の変哲もないものではあるが、古いという点でとにかくめずらしいものである。

（昭和十四年五月十日）

（1）矢野保というのは、平安期の末期から鎌倉時代にかけていまの八幡浜地方をいったもので、その前、奈良朝の頃は矢野郷であったわけである。その矢野郷すなわち矢野保を二つにわけて、藩政時代には矢野組、保内組とも呼んでいた。

（2）「荘子―則陽篇」の、カタツムリの左の角に位置する触氏と、右の角に位置する蛮氏とが互いに地を争い戦ったという寓話から、小国同士が争うこと。つまらぬことにこだわって争うこと。（小学館『日本国語大辞典』精選版）

【参考】矢野保の今昔

『郷土伊予と伊予人』（一一八頁）

矢野組といえるには、大体八幡浜から以南、今日の三瓶、真穴、双岩地方に含まれており、また保内組といえるには今日の川之石、宮内、三崎半島の全部がこれに属していたようである。

然るに戦国時代において、宇和郡の領主西園寺氏麾下の十五将中、南方殿摂津豊後守実親、萩森殿宇都宮彦右衛門尉房綱なるものがあり、前者は矢野地方の大部分を、後者は主として保内地方を領有、当時どうも後世のいわゆる矢野組地方を南方と呼んでいたように思われる。

……………………

わが西宇和郡の郷土史は、まだ全く未開拓であり、残存せる史料も極めて乏しく、あまり精しいことはわからない、鎌倉時代には矢野保は、池大納言その他の荘園であったようであり、現在八幡浜市の南茅なる忠光寺などはその名残であり、この忠光寺建立の大檀那は、平氏の一族上総五郎兵衛忠光なる者であったようである。

106 治右衛門伝

無縁地の治右衛門翁というのは、百年ばかりもむかしの人で、わたしはもとより直接には何《な》んにも知らない。だが、わがふる郷ではその時代の一種のインテリであったらしい。旦那し風のくらしをしていた人で、遊び人、ばくちうち、そうした手合《てあい》（＝仲間）がいつも二人か三人はやって来てゴロゴロしていないことはなかったということである。

×

見かけはまことに温厚な声だかにはものもいわない方だったというが、それでもやはり親分肌のどこかにしっかりしたところがあったのであろう。すいほう（＝侠客）か何か、今日の警察界の仕事の一部もやっていた人だともまた聞いている。百姓の仕事はむろんした人ではないらしい。

×

それでもその治右衛門翁のところの土蔵が建ったときの棟上げに玄米の飯が焚《た》かれたということが言い伝えられている。然るに大宅《おやけ》の土蔵のときは麦飯《むぎめし》だったというのであるが、それが果たしていつ頃の話か、それはわからない。この治右衛門翁の老夫人はおうたさんという方だったが、これはまた治右衛門翁とは反対にとても雄弁家で女丈夫であったということをわたしはまた古老から聞いている、

×

この治右衛門翁の無縁地《むえんじ》屋敷も、その時代のらがい、いまの肺結核で、その後《あと》とりの里次という子も、万右衛門という子も死んで一家全滅、わたしの子供のときにもう屋敷ばかり残っていて、たゞほのぎにそれと知れるばかりであった。今日も紡績、その他京阪に出て行くとよく呼吸器〝病〟にかゝる美人が多いが、むかしもヤハリ肺結核は相当あったようで[redacted]などというのもそれで一家全滅したということがいまに言い伝えられている。

（昭和十四年五月二十日）

107　弥次郎《やじろう》さんと伊予吉《いよきち》さん

〝王侯《おうこう》将《しょう》相《しょう》寧《いずくん》ぞ種《しゅ》あらんや（1）〟という語がある。それはもちろん瓜《うり》の蔓《つる》に茄子《なす》はならないのであるが、人間というものは、必ずしも系図のみがまた真理を物語っているのではない。世の中には不肖《ふしょう》の子も随分多いのである。草深き山里にも英雄も産まれれば美人も生まれる。そうした水平線をうんと抜いている人物でなくて、少しばかり賢き人々、土を耕し作物を作って暮らすには惜しき人々、そうした程度の人物ならば、わたしのふる郷でも昔からちょいちょいそれは生まれている。

×

これもそうした側の一人で、森野《ママ》弥次郎（森の弥次郎）さんという人があった。なかなか利口者であったが、ついに村の土にはならなかった。すみとこの上の旧屋敷に住んでいたと伝えられているが、お文さんという[redacted]な娘が一人あった。祖母がその娘を養育してほそぼそと暮していた。弥次郎さんはその頃よくそうしたものが四国巡拝者になるのが各地方とも多かったように、六部《ろくぶ》（2）という者になって最後に村を出た。その村を出るときに娘のお文さんも一緒につれて出た。多分どこかに捨てゝ了《しま》ったのだろうと村では言い伝えている。その行方はさっぱりわからない。もうそれも百何十年もむかしの話である。

それからいま一人村を出て、おそらく旅に行きくれて、いずこのはてかの土になったであろうと伝えられている人に伊予吉さんというのがある。これも別府の温泉に行くといって、その一人娘のお重さんというのをつれて村を出て、そのまゝついにもどって来なかった。弥次郎さんとどちらがあとかさきかそれは知らない。

だが、そのお重さんはそれでもとても仕合わせであった。豊後につれられて行ってからあるお医者さんのうちに女中としてもらわれ、そのお医者さん夫婦がまことに情け深い人であったので、非常に大事にしてもらい、やがて年頃になって別府の茶屋という旅館に嫁入りをさしてもらった。一生それは幸福であったらしく、一度懐かしいふる郷へもわざわざ遊びに帰って来たことがあったそうである。それがいまから七、八十年も前のことで、そのときにはもう相当の年輩で、色の少し黒いずんぐりと肥えた婦人であったという。われわれ人間という者の運命ほど実にわからないものはない。

（昭和十四年五月三十日）

（1）史記（陳渉世家）王侯・諸将の地位になるのは、家系や血統によるのではなく、実力や運などによるとの意。

（2）六十六部の略。巡礼。六十六部とは書写した法華経を全国六十六ヶ所の霊場に一部ずつ納める目的で、諸国の寺社を遍歴する行脚僧。（『広辞苑』第五版）

108 横畑治助伝

祇園精舎の鐘の音と、沙羅双樹《さらそうじゅ》の花の色は世の盛衰、人の浮沈をさながらによく表しているという。わたしの幼かりし頃のよこばたけの又次郎さん家の幸運というものは、まさに一村の栄華をそれは極めるかと思われたほどであった。そうした有卦《うけ》に入れる横畑家の興隆時代もそれはあまり長くは続かなかった。又次郎さんが果たしていつ永眠されたか、それをわたしはよく知らない。たしかその一人娘におせいさんという方があった。

×

もちろんわたしの知らない人であるが、約百四、五十年前に治助爺さんという無学なチビ二宮金次郎がいた。

それが要するにわが横畑家中興の祖であるのだ。とてもそれは勤勉・努力・節約・倹素《けんそ》の結晶で、こつこつと小百姓からその身代を作って行ったもので――もちろん身代といったところでそれは知れたもので、耕作地の七反か八反、一町（＝九九・一七アール）もあったであろうか、豆郷士のこと、一村全部自分のものになったとしてもそれは高の知れたものである。その治助爺さんに四人の子供があった。伊よみさんの伊右衛門、それから次が秀さん、宇平さん、末ッ子の又次郎さんであった。その総領の伊よみさんに実子がなかったので、晩年にいたり末弟の又次郎さんを准養子にした。

×

ところが、その又次郎さんにも嫡男がなく、秀さんの息子の宇吉さんが養子として一人娘のおせいさんと結婚することになった。中興の祖治助爺さんから数えてそれが四代目である。われわれがまだ頑是《がんぜ》ない子供時代のことで、鎮守天満宮の改築が行われたことをいま微かに記憶している。そのときの棟梁《とうりょう》の宮大工は、たしか吉田町の人であったと思うが、それが宇き（＝宇吉）さんの親方であったかどうか、その辺のことはわたしはよく知らない。とにかく宇きさんは川之石町へ行って、大工のうちに弟子入りして、まだ若年であったが、とても腕が冴えているという評判であり、このとき帰って来てまた鎮守の建築に従事していたことをわたしは記憶する。何でも――獅子の彫り物か何か若い宇きさんの記念が鎮守にいまも残されているはずである。

このとき改築されてわれわれの鎮守ははじめて瓦ぶきになったので、それまでは草ぶきであったのである。その境内に作事小屋が建てられて、大工さんたちがしきりに活動していた深い印象がわたしにいまも存している。おそらくそれは十ばかりのときのことであったであろう。この鎮守の再建落成後、宇きさんは親方とまた川之石町に帰ったのであるが、それからおそらく幾年か後にその郷土に帰臥《きが》[1]、比較的若い老後を悠々《ゆうゆう》と送ったもののように思う。もともと大の酒豪で、そのためについにその健康を損じ、かくておそらくその退隠を余儀なくしたものであろうと思う。

宇きさんの死後、未亡人のおせいさんと一人息子の伊いさんが山では尊い何万円かのその遺産を守ったのであるが、由来(2)青春の血汐《ちしお》に燃ゆる若人と、冷たい功利の黄金という奴あまりその仲がよくなく、やがてわが伊いさんにも一つの大なる試練がやって来た。こぞの春（＝昨年の春）、彼はついにその祖先の墳墓の地をあとになしつゝ、捲土重来《けんどちょうらい》(3)の他日をその心に描きつゝ、その家運の再建をいま彼は他郷に夢見ている（傍点編者）。

まことや人間到るところ青山《せいざん》あり、だが、同時にまた人間到るところ豈荊棘《あにけいきょく》なからんや(4)、世の中というものは要するに塞翁《さいおう》の馬、悲運必ずしも悲運たらず、幸運またとこしえに幸福ではないのである。わたしは切に若い、賢い伊いさんの七転八起のそれも花の春を期待して息《や》まないものである。

（昭和十四年六月十日）

（1）官職を辞して故郷に帰り、静かに暮らすこと。（『広辞苑』第五版）
（2）もとより。元来。（『広辞苑』第五版）
（3）［杜牧、題烏江亭詩「捲土重来未可知」］（「捲土」とは土煙をまきあげること。勢いが盛んなさま）一度敗れたものが、再び勢いをもりかえして来ること。（『広辞苑』第五版）
（4）困難はどこにでもある。

109　やき米

やき米というものをいまも農村では作る。ときどきよそからもらって、昔懐かしみつゝ味わうのであるが、何だか、昔のわがふる郷のやき米の方がうまいようにわたしは思う。特にそれは糯米《もちごめ》で作ったものがうまい。蜀黍《とうきび》でも作ったがもちろん糯米のそれとは比較にならなかった。

やき米のある時分は、農家では朝食は必ずやき米であった。大きな茶碗に七分目にやき米を入れ、これに熱湯を注ぎ、蓋をして置くとやがて茶碗一杯にふくれる。それに食塩を少し加えて噛みしめて食べるのであったが、たしかにそれはうまかった。いまはそうしたやき米の味にとんとわたしは出くわし得ない。要するに味覚は主観的であり、やき米そのものゝ持ち味に変化はないのであるが、わたしの舌の感覚が大いに変わったのである。

×

いったいこのやき米というものは、籾《もみ》まきのときに作ったものである。種籾《たねもみ》を苗代にまいた後で、その残りの籾をやき米に作ったわけであった。だから、苗代の頃になるとわたしは必ずやき米を思い出す。手拭《てぬぐ》いの端にやき米を包んで、それを噛み噛み草刈りに行ったこともあった。

それからやがて田植えが始まる。わたしのうちは四、五軒がもやいで（＝共同で）田植えをやっていた。おそらくよそのうちでも親戚同士で共同田植えをやっていたものであろう。遠いところでは山の小屋や庭とこで、一緒に団欒《だんらん》して、おひるやお茶（＝昔、朝食と昼食の間に取っていた食事）の弁当を食べたのであるが、大きな飯櫃《めしびつ》に一杯御飯を持って行き、おかずは大根の煮しめや、空豆に芋の茎《くき》を入れて煮たのや、大豆やさゝげの煮たのなどであった。

110 番茶

わたしには、いまでも高尚な茶の味などはわからないが、わがむかしのふる郷の番茶の味は忘れられない。たゞの番茶もわたしは好きであったが、こうか茶という一年草の番茶があった。それはとても香ばしくて好きだった。特に山の小屋へ行って、そこに備えつけてある土製の茶釜へ清冽（＝水などが清らかに澄んで冷たいこと）な山水を汲み入れ、これに番茶をつかみ入れて飲むときにそれは実にうまかった。

われわれ人間の生活が、自然から遠ざかれば遠ざかるほど、ほんとうの持ち味が失われて行く。金の茶釜の湯は、わたしはまだ飲んだことがないから知らないが銅の器に煮たものは鉄瓶《てつびん》に煮たものよりもまずい。その鉄瓶の湯もこれを土瓶の湯にくらべるというと、お話にならぬほどそれはまずい。これはひとりお茶やお湯ばかりでない。御飯でも何でもすべて悉《ことごと》く皆然《しか》りである。

かく考え来《きた》るときに、わたしはまた何だか自然に帰れと叫びたくなる。

（昭和十四年七月二十日）

111　盛夏のわがふる郷

かんかんと照りはためくことしの大干天《かんてん》にわたしはつくづくと幼い頃の盛夏のわがふる郷を想い起こす。すべてが山田のわがふる郷はよくむかしから旱魃《かんばつ》に見舞われた。しだ尾の新田などは、わたしの祖父が大池を築いて開拓したもので、山から湧出《ゆうしゅつ》する泉の力はむしろそれは弱かった。

×

だから、全田面《たのも》を灌漑《かんがい》する養水は、大池の水といま一つの大きな釣瓶《つるべ》井戸であった。その井戸の深さは、おそらく一間半（＝約二・七メートル）もあったであろうか、そう大して深くはなかったが、それをくみあげて田面に灌漑するには少なくも二、三時間ぐらい要したように思う。わたしは十四、五歳のとき、よくその井戸釣りに行ったもので山陰の暑さ知らぬ井戸端に立って、冷たい水を釣り上げては田面にこれを流す。それは何ともいえない爽快ないゝ気もちであった。

下男などはこれを底までくみ干しては、よく大きなうなぎをつかまえて帰ったりしたものであったが、わたしはそんなことには全然興味を持っていなかった少年であったので、一度もうなぎなど捕ったことはなかった。たゞ朝早く行ってみると、夜の間に一杯水がたまっている。その清冽な水を酌んでは、田面にひたひたと流す、その作業が、わたしにとって何ともいえない愉快さであった。

×

かつてまたひどい大旱魃が一度あったように思う。それが明治何年であったか記憶しないが、わたしのやはり十四、五歳ぐらいの頃であったように思われる。或《ある》いは中学校の幼年級で、夏休みで帰省していたときであったかも知れない。ぜつとくの大あご（＝大田畑）などすっかり白く亀裂して惨憺《さんたん》たる光景をそれは呈していた。かくて何十日目かにやっと大驟雨《しゅうう》(1)がやって来た。わたしは笠をかぶり蓑《みの》を着て、その驟雨を突いて枯死《こし》に瀕《ひん》している稲田を躍起《やっき》と見回ったのである。これがどうした目的であったかそれはさっぱり記憶しないのであるがとにかく心から愉快を感じた。大旱魃の驟雨ほど世の中にありがたくもうれしいものはないとわたしは思う（傍点編者）。

×

とにかく農村生活の最も明るく朗らかに愉快なのは何といっても盛夏である。大自然の涼味を胸一杯に吸うことのできる盛夏の山村生活、伸び伸びとした、生々溌剌《せいせいはつらつ》(2)の気分の横溢《おういつ》(3)せる山村生活ほど、ありがたい、愉快な、朗らかな生活がどこによくあるだろうか。

（昭和十四年七月三十日）

（1）にわか雨、夕立。（『新版広辞林』）
（2）生き生きと元気がよい様。
（3）あふれるほど盛んなこと。（『広辞苑』第五版）

112　醤油《しょうゆ》

いまは味噌だけは作るけれど醤油を作る農家は寧《むし》ろ極めて少ないように思う。おそらく味噌や醤油の醸造は、夏のシーズンに限られていたかのようにわたしはいま記憶する。

×

醤油を作り込む桶《おけ》はとてもそれはデッかい桶であった。それに比較すると味噌桶の方はずっと小さかったように思う。どういう風にして、それらの醤油や味噌が醸造されたかをわたしはよく知らないが、わたしの頭にいま残っている記憶は、母や祖母などがしきりにそら豆や大豆や裸麦などを大量に煮たり練《ね》ったりしていたこと、それを納屋の棚にだんだんに展《の》べられた（＝広げられた）莚《むしろ》にひろげて麹《こうじ》に寝かしたこと、そのこうじとなったものであったかそれとも麹に寝かす前に、その準備としてゞあったか、荒し子（＝使用人）が唐臼《からうす》でそれをついていたこと、それからやがて大きな桶へ、それをぶち込んで醤油の醸造に取りかゝったこと、かくて幾日かして醤油が醸造されると、底のない長い大きな竹で編んだ筒のようなものを、その大桶の液体の中につき込んで一番醤油、二番醤油と幾日かゞかりで順次に酌みとっていたことなどわたしはおぼろげに覚えている。

×

その醤油の原料たるそら豆などを煎《い》るので母などは相当忙しげに働いていた。その煎られたそら豆は、丁度籾《もみ》蒔《ま》きのときの米と同様で山村のはざし（＝合間に食べるもの）の楽しい一つの饗宴であった。なおその麦の麹では甘酒など作られたように記憶している。

×

こうした一つの原始的山村生活文化そうした農村生活に特有な野趣豊かな郷土文化にわたしはいままでも可なりの憧憬《しょうけい》と渇仰《かつごう》を持つ。その根底には少なくもこうした一つの圧《お》さえんとして圧さえることのできない大きなあこがれがある、それをどうすることもできない。

（昭和十四年八月十日）

113　若うどたち

時代の動きというものを最も敏感に表すものは何といっても若人だ、若人たちの思想だ。村の青年処女の都へのあこがれ、それは要するに新しい時代の精神の動きであるのだ。

×

おそらくやがて農村には若人という者の影だも（＝でさえも）見ることができなくなるであろう。丁度巣立つ雛《ひな》鳥《どり》が忽《たちま》ちに青空へと羽ばたきして飛び去るように、青年も、処女も原則としてやがて村にはいないことになるかも知れない。それがよいことにもせよ、わるいことにもせよ、そうした世の中になって了《しま》えばそれはどうすることもできないのである。わたしはいまわがふる郷に帰って来てつくづくそうしたことを切実に感ずる。

村の小学校を卒業した処女は、皆女工になって近い町の工場に行くか、そうでなければ大阪か東京か、多くは県外へ行って了う。青年ももちろん同様である。青年は大ていまず海陸軍の兵隊さんを志願する。それにもげる（＝外れる）と殷賑《いんしん》工業(1)めざして多くは大阪へ行く。満洲や支那へ行っている者もまた少なくない。いまの村の若人の兵隊さんへの強いあこがれにはさすがのわたしもつくづく感心している。わたしの山荘のある部落（＝西づけ）など戸数僅《わず》かに十五戸であるが、すでに現役兵と出征者が七名もあり、現に志願して合格しやがて入営するだろうといわれている者が三名であるからやがて十名になる。この傾向で行くと二、三年もすると一戸一名の兵隊さんをいまに出すことになるであろう。すでに一戸三名の軍人を出しているうちもあれば二名出しているうちもある。志願すれば体格はいずれも申し分ないので大ていどしどし採用される。何だか急に軍人部落を現出したかのような気がする。

×

わたしの記憶するところによると、日清戦争のときには、わたしの全部落四十戸余りでたった一人の出征者があったのみであり日露戦争のときも出征者一名で外には兵隊さんはなかったように思う。だから四十何戸に一名である。それが今日は十五戸に十名である。すなわち三パーセント半弱に対する六十パーセント強である。今日の村の若人どもの戦争へのあこがれはいわば一種のスポーツへのあこがれに似ている。

×

戦えば必ず勝ち、攻むれば必ず取る、支那事変のわが戦報を彼らはあたかもスポーツの興味と熱心とを持って貪《むさぼ》り読んでいる。そしてその颯爽《さっそう》たる選手の英姿を自分の上に結びつけて考える。かくて知らず知らずこれにひきつけられ、魅了され、もういても立ってもいられなくなり、そこで先を争うて志願する。かくして村の若人という若人はみんな兵隊さんになって了う。そして村は老人と婦人と子供ばかりになって了う。もちろん妙齢《みょうれい》婦人はいまは一人もいない。

支那では好鉄釘《くぎ》にうたず好人兵《こうじん》にならずというが、日本は精鋭な男子がこうして皆兵隊さんになって了う。そこが一面好戦国民たる所以《ゆえん》でもあろうが、また戦争に強い所以でもあるであろう。それはまアそれでい丶ようなものではあるがこの傾向で行くというとやがてわがふる郷をはじめとして農村というものは勢い労力不足に陥り農業というものはついに衰えざるを得ないであろう。この点果たしてどうか。

×

農繁期などには日傭《ひよう》稼ぎの日給が三円五十銭もする。従来七十銭ぐらいであった婦人労働者でも一円八十銭から二円ぐらいだという。坑木《こうぼく》や材木の値は次第に高値になるが同時に一面運搬費が月々嵩《かさ》んで行くので山の値段は一向にあがらない。だが諸物価はいまにずんずんあがって来るであろう、従って米価もいまに高くならざるを得ないだろう。

×

一面課税額もまたやがて高まって来るだろう。一時大いに緩和されていた農村の生活もまた何だか重くるしいものが感ぜられる。銃後の農村というものを果たして楽観してよいかどうか。今日すでに村費だけの平均一戸負担が三十六円ばかりになっている。中流の農家などでは殆《ほとん》ど月々ほどに二、三十円の納税をしなければならぬ、その上に有形無形のいろんな戦時的犠牲がある。わたしはいまふる郷に帰って来て、そうした実生活に直面せるふる郷人の間断なき努力と奮闘の有様を見て、ほんとうに衷心《ちゅうしん》からの敬意と同情をこれに払わざるを得ないように思う。

（昭和十四年八月二十日）

（1）時勢で好況にある工業。（『広辞苑』第五版）

114　夏祭りの思い出

わたしは久し振りに帰省してふる郷の夏祭りというものに出くわした。鮨ができて団子ができる、それが山村の夏祭りだ。

夏は団子、秋から春にかけては餅、それが田舎のお定まりの饗宴だ。鮨というものも山村ではもぶり鮨だ。あったかい飯を大きな飯ぼうにとってこれに牛蒡《ごぼう》だの、にんじんだの、山芋だのを煮たぐをまぜて、酢や塩やだしで味をつけるのである。海苔巻きの鮨は、わたしの子供の時代には見たこともなかった。村芝居のときなどは、押し鮨を作った。その押し鮨には赤いとさかというものがちょっぴりつけてあって美しかった。

その押し鮨を押す小さい底のない箱のような枠と蓋がいまでもあるはずだが、わたしはそうたいその押し鮨というものを見たことがない。食物というものも時代とともにだんだんと変遷して行くのであるが、大体の基調というものはしかしあまり変わらないようだ。その原料の野菜にしても、わたしどもの子供のときに絶対になかったものはトマトに、玉葱《たまねぎ》に、馬鈴薯《ばれいしょ》ぐらいのものである。

×

松浦宗案《まつうらそうあん》の親民鑑月集《しんみんかんげつしゅう》(1)を見ると、今日ある普通の野菜は宗案の時代にも殆《ほとん》どあったようである。甘藷《かんしょ》なども書きのせられている。どうもこうした写本で伝来したものは、あとから書き足されたりなどして、必ずしも信用するわけに行かぬし、松浦宗案その人が何《ど》うも烏有人物《うゆうじんぶつ》(2)であるなどという説もあるほどで昔のことはあまりあてにはならない。或いは清良記《せいりょうき》を書いた土居水也《どいすいや》が、その著書にもったいづけるために松浦宗案という人物を点出して来たものかも知れないが、若《も》しいよいよ架空の人物だということになると、逆臣河野通治(3)贈位問題の二の舞い、存在しない松浦宗案に贈位を奏請した責任問題というものがそこに新たに起こって来ることにもなる。

×

わたしの郷土などへ甘藷というものが栽培されたのは、果たしていつの時代であったであろうか、わたしの祖母がよく話していたのをかすかに記憶しているように思うが、祖母の祖父の亀蔵爺さんが一人息子で非常に大事に育てられた、「甘藷が初めて伝わって来て珍しかったので、大きな桶に籾《もみ》ぬか（＝籾がら）を詰め、ソレに甘藷を貯えて置き、ときどき出して蒸してもらって食べなさったということをいわれていた」という話であった。それが事実だとするとまず百六、七十年ぐらい前のことかと思われる。

わたしの子供の頃は、いまでもおそらくそうであろうが、甘藷は秋の社日《しゃにち》(4)からでないと掘らなかった。その前七夕様に供えたり、精霊棚に供えるために、一つ、二つ手でもって掘って来ることはあっても、常食として掘るのは社日過ぎてからであった。それから十月には新甘藷を蒸して、ソレを糯米《もちごめ》の餅にまぜて搗《つ》いていも餅を作った。お万法事といって、そのいも餅をお万さんの霊に供えた。お万さんは他藩から甘藷種を持って帰り、そのために犠牲となって殺された方だといわれている。東予の甘藷地蔵の下見《あさみ》吉十郎氏の事跡ははっきりとしているのに南予のお万さんはいかなる人であったか、いつ頃の人か、どこでどうしたのかさっぱりその事跡が伝わっていないのは残念なことだ。たゞわたしの地方でお万法事というものが甘藷のシーズンに必ず行われているだけである（傍点編者）。

夏祭りの御馳走はお鮨と団子の外に、煮しめだの酢漬けだの、素麺《そうめん》だのであった。いまは羊羹《ようかん》だの、蒲鉾《かまぼこ》だのは何でもないものであるけれど、われわれの子供時代には、夏の小祭りなどにはそんなものはどこにも見ることができなかった。春祭りなどでも、よほどあとになってからこうした贅沢な御馳走が食べられるようになったと思う。酢漬けは露芋《つゆいも》に鯵《あじ》の切り身か何かであった。夏は何かといえば素麺と玉子が煮られた。それが山村の最も要領を得た即席料理でもあった。もちろん夏は冷し素麺もあったかいのもあった。

（昭和十四年八月三十日）

（1）松浦宗案とは宇和郡の大森城主土居清良《きよよし》の家臣。「清良記」第7巻「親民鑑月集」の著者。しかし、同書は成立年代などから土居一族の末裔である三間三島神社の元神官・土居水也《みずや》の著作と推定され、さらに現存する『清良記』は水也による原本ではなく、後世に改編者の手によって大幅な加筆・改編が加えられたものと考えられ、宗案はその実在をうたがわれている。

（2）存在しない人物。

（3）河野通治は足利尊氏軍に投じて北朝方として活動した。尊氏によって伊予守護に任じられ、のちの河野氏発展の基礎を作った。

（4）春分・秋分に最も近い戊《つちのえ》の日。（『広辞苑』第五版）

【参考】逆臣河野通治贈位問題

無記名「大阪毎日新聞」（昭和六年二月五日付）

勤王史を汚した
逆臣河野通治に
何故贈位を奏請した
武知代議士より質問書

（東京発）愛媛県選出民政党代議士武知勇記氏は三日衆議院へ河野通治贈位奏請に関する質問主意書を提出したがその要旨は元弘、建武のころ幾多の忠臣烈士を排出し郷党あげて勤王の大義に殉じたるに拘らず独河野通治のみは賊軍に与し尊氏より本領安堵状を受け尊氏九州より来征の際音戸の迫門より従軍し官軍を破りその部下大森彦七は湊川に、楠正成を亡ぼす等到るところにその悪逆を助けて賊将の声名を馳せ忠臣土居得能の功績を伝へて以て光彩陸離たる伊予勤王史も通治が逆臣の所業によりその光芒を失し郷人の悲憤は綿々として永へに尽きざるものがある、しかるに昭和三年従四位追贈の光栄に浴した、事の意外に驚愕色を失うた、かくの如きは国家のため頗る遺憾とするところである、国民精神の作興上におよぼす影響重大である、政府は再応事績を調査して的確なる資料を公表し世の疑念を一掃せねばならぬ政府の所見如何といふのである

115 山村の果物

夏のふる郷を回顧するときに、わたしはおぼん過ぎの梨というものを思い出さずにはいられない。わたしのう

ちのせどに一本の大きな山田梨《やまだなし》があったのである。とてもそれに大きな実を結んだ。わたしはそれが熟すると毎日のぼっては採って食べた。そのうまかった梨の味だけは、いつまでもわたしは忘れない。

×

もちろんその時代には今日のような園芸家などありはしないし、梨などは草場に自然に生えたものがそのまゝそだっていたまでのこと、大てい握りこぶしにも足りないまずい梨であったが、わたしのうちのは山田梨をわざわざ祖父が植えたもので、その当時の優良種だったと見え、相当結実も大きかった。そのなかでも大きなおいしい奴はきっと蜂が汁を吸っていた。その時代には袋をかけるなどいう知恵は人間にはまだなかったのである。

×

柿も木ねりがぼつぼつあったが、大ていははちやの渋柿《しぶがき》であった。山には自然生《じねんじょう》（＝自然に生え出た）の山柿も沢山あった。はちや柿は祖母が丹念に皮を剥《む》いで吊るし柿にした。山柿も竹の串にさして甘干し(1)にしたが、大てい荷籠《にかご》に一杯下男がとって来てくれると、それを母が渋《しぶ》ぬきしてくれた。いま食べればとてもまずいものであろうが、その時代の山村ではそれでもうまい果物の一つであった。無花果《いちじく》などはわたしはその時分まだ存在も知らなかった。

×

栗は山に行くと山栗がいくらでもあった。丹波栗《たんばぐり》もうら山に植えたがどうも虫がついてものにならなかった。南うけのためであろう。母の里には大きな丹波栗があってよくもらって来て食べた。温州蜜柑《うんしゅうみかん》というものもわたしの幼い頃に祖父がはじめて植えた。よく結実して美味だった。その後ぼつぼつ蜜柑や梨の園芸が部落にも始まったが、養蚕主体の山村では結局成功しなかったようである。いつの間にか掘り返されてそれは多く桑畑に復原されて了った。ふる郷におけるわたしの知っている柑類（＝柑橘類）の最も古いのは幽玄庵の庭にあったかぶす（＝ダイダイの一変種）の古樹《こじゅ》とかみの一本の唐《とう》蜜柑（＝ウンシュウミカンの別称）であった。それが熟れると村中にくばられた。そのだいだいで皆としをとった。かみの唐蜜柑も珍しいもので毎年もらったことをわたしは覚えている。そのいずれもいまはいつしか枯れて了ったのであろう。もう久しくこれを見ないように思う。

×

一時ネーブルが流行したことがあり、わたしのうちなどでも相当広い畑をネーブル園にしたが、それもやがて掘り返されて了った。いまでは夏橙《なつだいだい》はぼつぼつ作られており、あまり手がかゝらないので養蚕と両立するらしいが、温州だのネーブルだのいうものは養蚕をやる村ではどうも駄目だということである。

×

一時繭《まゆ》が暴落して百目《ひゃくめ》（＝三七五グラム）二十二銭のことがあった。それでも桑を捨てるわけに行かないので養蚕はやめなかった。それからまただんだんと繭の値段がよくなり最高百目一円二十五銭にまで騰貴《とうき》した。こうしてつねに繭の値段は一高一低して本年の如きは検定取引で一円六銭であったということである。一円以上もすると何を作るよりももちろん山村では養蚕が一番よいのである。

殊《こと》に桑葉の取引値段が統制されて本年は最高二十銭であと二十五銭までゆるされたが、例年の通りであったら少なくも貫七十銭はしたであろうという。いかにも農家は養蚕するのが本体でなければならぬであろうけれど、一面桑葉を作って売るものも一対に存在せしめてい丶理由が存しはしないか。それの売れないときには全部水物だけに廃物に帰するの外かはないのである。そこに少しく統制の不合理があるようにどうも思われる。

×

筆が大分それたが、以上に挙げた外に果樹にはすも丶、あんず、ゆすら、きんかん、ざくろ、なつめ、柚子《ゆず》などもあり、梅もぼつぼつあったが、今日の如くに生果というものが山村生活を豊かにするようになったのは明治時代の後半以後のことだ。

（昭和十四年九月十日）

（1）渋柿の皮をむき、日に干したもの。（『広辞苑』第五版）

116　養道さん

売僧《まいす》という言葉は僧侶を痛罵《つうば》せる言葉で商僧を意味する語であるが、今日売僧ならざる、お坊さんらしいお坊さんはそう沢山にない。俗人よりももっと俗物で、およそわれらが観念的に描いているお坊さんとは、実際には対蹠《たいしょ》（＝正反対の位置関係にあること）的の存在であるその醜《みにく》い現代的坊主魂を法衣《ほうえ》でもって包んで胡麻《ごま》化しているとしか考えられないような坊主さんのみが世の中には随分と多いのである。良寛《りょうかん》和尚のような昔のお坊さんはいまはおそらくどこにもあるまい、と、そうわたしは長いこと考えていた。

×

壇徒《だんと》（＝檀家）総代と喧嘩する、後任住職と訴訟沙汰に及ぶ、その寺院内に妾宅《しょうたく》を構える。その仏罰で本堂も庫裏《くり》も焼けて了《しま》う、やがて腎虚《じんきょ》で頓死《とんし》（＝急死）、焦熱地獄に堕ちる、その残して行った弟子供がなぐり合いをはじめる、傷害罪で訴える、後任問題のごたごたが五年、七年といつまでも続く――大体今日の坊主というものはこんなものだともわたしはそうもときに考えてみた。

×

ところが、荒涼たる冬枯れの広野にも珍しく一輪の草花がほゝ笑んでいたり、濁流滔々《とうとう》たるもの凄《すご》い氾濫《はんらん》区域にも思いがけぬ清水がそこに湧いていたりもする。

わたしはときどきふる郷に帰って来てわたしの檀那《だんな》寺の和尚さんに会ったり、その和尚さんの噂を村人から聴いたりするときに、何だか、茫々《ぼうぼう》としてはてしもない大草原に立った旅人が思いもかけず、その足元に純真無垢《じゅんしんむく》の一輪の草花――幾日も幾日も花というものを見ることのできなかったその旅人が、美しい一輪の野草の花を見出したかのような気もちがする。

その養道和尚ももう還暦に近いか、それとも還暦を過ぎたか近く隠居して、長く修業に出ていた若いお弟子の坊さんを呼び返し、住職をこれに譲るという。隠居和尚といえば、もうあっぱれの老僧であるが、小僧時代からこれを知っているわたしには、何だか老僧などという気もちがせぬ、ともすると頭に大やけどのあるお互いにまだ頑是《がんぜ》なかった時代のその小僧姿がわたしの眼の前にちらつく。

×

まだ先住の養真和尚が元気であった時代のことであった。堂々たる体格で、人一倍背の高かった養真和尚につれられて、七つか八つばかりのお小僧が、わたしの部落で葬式があったり、法要があったりすると必ずやって来られた、それがすなわちいまの老和尚なんだ。わたしの部落はもともと三十戸内外の小さい部落で、昔から一ヶ寺維持するだけの資力がなく、それで大昔から他村にある臨済宗妙心寺派の福高寺の檀下《だんか》になっているのだが、その寺のある海岸部落から山村のわたしの部落へは一里ばかりもあり、大きな峠が一つあるので、葬式のときや施餓鬼《せがき》のときなどには村の人がよく迎えに行って肩車に載せて帰ったりもしたものでわたしの子供時代にはそんなにまだ小さい豆小僧であったのである。

×

だからわたしは何だか老僧なんて気もちがしないし、やはり昔のお小僧さん時代そのまゝの気もちでもって相対するのであるが、同時にまた和尚さんそのものが昔ながらの天真爛漫《てんしんらんまん》でそして無邪気そのもののお小僧さんそっくりであり、寡欲恬淡《かよくてんたん》(=心安らかであっさりとし、欲がないこと)、全くそれは当代に珍しい禅坊主であり、何だかわれわれが書物に読む良寛さんを現代に再生させて、その学問と文字を取り去ったとでもいったような風骨、そうした気もちがする。

「わしのような学問も知恵もない馬鹿に、このお寺の世話ができる、いや世話をさせてもらうことのできるのは、たゞわしに十年も十五年も師匠が禅道の修行をさせてくれたためだ、禅道というものは坊主にとって何とありがたいものだわい」とは、よく和尚が人に述懐《じゅっかい》するところであり、おそらく自分にもまた固くそう信じているのであろう。一生無妻で押し通し、欲塵我欲というものを少しも持っていないのであるが、それにもかゝわらず、常軌を逸するとか、放逸《ほういつ》に流れるとか、そうした一種浮き世を茶にした奇人めいたところなどは毫末《ごうまつ》なく、理財にもなかなかたけており、倹素自ら守り、堂塔庫裡の修復の如きでも殆《ほと》んどその檀下に迷惑をかけたことなく、自分の倹約して作った資財でちゃんちゃんとやって了うという風である。

×

かつてわたしが一両年前に久し振りにお寺に詣でたときも、和尚らの畑かどこかに行っていたものらしく、きたないころもを泥だらけにして間もなく帰って来たが、その居室なども一向かまわず、大きな長火鉢を囲んで不器用に茶を酌んだり金米糖《こんぺいとう》か何かを出したりして、禅家一流の世間話をしては歯の抜けた大口あけてハハハアと屈托《くったく》なげに笑っていた。わたしはいまだかつて坊主と相対して語って、このときぐらい気もちよく何だか一種の禅寺生活の真味《しんみ》とでもいうか、そうした気もちに触れ得たことはなかった。

×

大ていどこのお寺に行っても、茶室の床には何とか流の花が生けてあり、そして鹿つめらしくきれいな茶飲みに茶を酌んで出してもらう、おそらく今日のお坊さんというものは茶人兼業であり、むしろ茶人が内職に誦経《ずきょう》を兼務せるかのようにそう見ゆる、少なくもそうした俗より出でゝ俗よりも俗なる生臭坊主が非常に多い檀下をだまして浄財を集めそれで骨董をいじったり、妻子の愛に溺れたりしている、それが今日の寺院生活である、衆《しゅ》生済度《じょうさいど》だの、仏法弘道《ぐづう》だの、そんなこととはもちろん全然無関係であり、無関心であるのである。

×

少なくもわが養道和尚の如きは当世向きでなく、当世向きのこうしたお利巧なお坊さんたちとは全く対蹠的存在であり、時代錯誤の唐変木《とうへんぼく》の禅坊主である。だが、不思議なことにはそれだのに、その檀下の評判というものがとてもそれはいゝのである、おそらく檀下の善男善女人で、和尚をわるくいうものはもちろん一人もなく、三百三十幾軒かの檀徒を挙げて悉《ことごと》く非常にこれに愛着と親しみを持っている、一体これは何のためであろうか。——養道和尚が賢いためであろうか、そうではない、彼よりも賢い坊主なら世間にいくらでもある、養道和尚それ自ら俺は馬鹿だといっている位であり、無論馬鹿ではないが、彼の人気は決して賢いためではない、むしろ賢いよりも馬鹿なためだといった方が正しいかも知れない、それならば学問知識のためであろうか、否な否な学問も知識も彼以上の生臭坊主なら世の中に掃き捨てるほどある、彼の偉いのは断じて賢いためでも、禅の学問のためでも、深い修業のためでもソンナもののためではないとわたしは思う。

×

試みに思え、彼の寡欲恬淡、彼の禅坊主らしい徳とその生活は果たしてどこから来るかを——彼には愛着し執着すべきその妻子眷族《けんぞく》(=親族)というものがない、またその魔道である書画、骨董、囲碁、謡曲、茶の湯、生花《いけばな》の道楽というものの道楽がない、結局彼の純真純愛の唯一対象物はたゞたゞ釈迦牟尼《しゃかむに》世尊がむかし説かせ給いし禅道そのものであり拈華微笑《ねんげみしょう》(=釈迦が仏法のすべてを迦葉《かしょう》に授けたという古事)のそれ、禅生活のそれ、御本尊様大事のそれであるのである。言い換えれば彼の全霊的愛着と執心《しゅうしん》はたゞそれ衆生《しゅじょう》にあり、大きくこれをいえば衆生済度《さいど》にあり、小さくこれをいえば檀下のための一句に実は尽きるのである。

×

要するに彼の朝々暮々の御本尊への礼拝《らいはい》、それを通じての衆生済度、そこには妻子への色情愛もなく、あらゆる物欲への愛着もなく、すべてのそれをぶちこめての全霊的のものであるのである、そうした彼が多くの生臭坊主に見ることのできない全霊唯禅的生活がどうしてその檀下を動かしその檀徒の人々の心をしっかりととらえないで措こう。彼の美しい人気と涙ぐましい評判というものゝ源泉は要するにこゝに存するようにわたしはそう思うのだ。

×

わが釈迦牟尼世尊が三千年前、その最愛の妻子に永訣《えいけつ》を告げて出家したまえる所以《ゆえん》のものも、わたしはたゞ世尊が世尊の煩悶解脱《はんもんげだつ》のために、その苦悩を免れんがためにしかされたのでは断じてないと思う、ほんとに社会を救い、衆生を済度せんとするには、まずあらゆる愛着を断ち、私心への執着をなげうつことがどうしてもそれは必要だ、まず自分を犠牲にしなければ世を救うことはできないのだとそういう御確信からついに最愛の耶輸陀羅《やしゅだら》姫《ひめ》をうち捨てゝ出家されたものだとわたしは思う。明治御一新後のわが仏教の堕落《だらく》不振はどうもわたしはこうしたところに存するように思う。

×

お寺の庭先の檀家のお墓の石塔の上には、若いおだいこくの赤い湯もじがひらひらと旗めいている、本堂の軒下には俄《にわ》か雨に赤ン坊のおしめの万国旗がひらひらしている、朝々《あさあさ》（＝朝ごとに）魚売りが庫裡にくり込む、夕べには牛肉のすき焼きの匂いが盛んに起こる。こうした現代の寺院生活の生臭坊さんたちにむかしながらの衆生済度を要求したり、檀下の信仰が左右されると考える者が若《も》しあるなら、考える方がそれは大間違いだとわたしは思う。今日の多くの檀寺と檀下、和尚さんと帰依者《きえしゃ》、そこに何ら霊的のつながりも何ももともとありはしないのだ、たゞ伝統的に形式上空念仏《からねんぶつ》の葬儀を寺院で行うまでのことに過ぎないのだ、いまのまゝに過ぎ行くであろうならばやがて寺院統制、仏教大改革の時代がきっとやって来るに違いない。

×

かつて遠慮のない、口のわるい男が「和尚さん、あなたのような木か石かのような方はないという世上の評判です、多分あなたには誰でも男が持っているものがないんでしょうね」というと、養道和尚「馬鹿をいうまいぞ、わしの両親は片輪にはわしを産みつけなかったぞ、見たければ見せてやろうか」といって大笑いされたという逸話もある、わが養道さんというのは実はそんな変わった禅坊主である。

×

そこでわたしという男はいまもってお経のありがたさもわからず、仏教というもの、禅というものの心髄――本体がどこにあるのかも、どだい宗教そのものがどうしてもよくまだわからないのであるし、いま若《も》しわたしが急に死んだとすると、忽《たちま》ちに五里霧中、どう冥途《めいど》へたどって行っていゝものかわからず大いに戸まどいせねばならぬわけと少々心細くも思い、一層また導師だの引導《いんどう》だの、すべてが滑稽《こっけい》に感ぜられ、空に感ぜられて仕方がないのであるが、それでもたゞ一つわたしの安心なことは、わが養道さんがわたしの棺の前にあの調子のぬけた読《ど》経《きょう》や引導をやってくれるとそう思うとあまりわるい気はしない、多分その功徳《くどく》で無信仰なわたしも成仏《じょうぶつ》するであろう、阿呆陀羅経《あほだらきょう》も仏説何々経もそれは一向に区別を知らぬわたしではあるけれど――。

（昭和十四年九月二十日）

117　癩姫塚

京都の公卿《くげ》の姫君と
生まれ給《たま》へるお身《み》なるを
何の因果《いんぐわ》か癩病《らいべう》に
かゝり給へるうたてさよ
お家《いえ》のためとたら乳根《ちね》の

あはれ父母《ちちはは》ましますに
流され給ふうつろ船《ふね》
憂《う》き世《よ》の浪の浮きしづみ
ゆられ〳〵て瀬戸《せと》のうみ
夕波《ゆふなみ》千鳥鳴く声に
母様恋し京恋し
父上いかにましまさん
涙に暮るるぬば玉の
夕べの空に星一つ
光りもかすか時化《しけ》模様
おいたはしくも眼《め》なし船
一夜《よ》二夜となみ枕
浪のまに〳〵漂《ただよ》ひて
生きし心地も荒磯《あらいそ》に
うち揚《あ》げられし姫君の
やれうれしやと船ばたを
しびれし御手にもち給ひ
救ひを人に乞はるれば
奇怪の船と駈けつどふ
島の老弱くち〴〵に

現在の姫塚

天刑病《てんけいべう》ぞかつたいぞ
磯の汚れぞ突《つ》き出せと
情け容赦も荒波や
再び沖に押し流す
かくて漂流《へうりう》幾昼夜
かばねの如く般底《ふなぞこ》に
人事不省《じんじふせい》に臥《が》し給《たま》ふ
されども業因《ごういん》尽きざれば
千尋《ちひろ》の海の藻屑《もくず》にも
ふかの餌《え》さにもなり得ずに
死せんとしても死に切れず
佐田の岬《みさき》の難所《なんしよ》さへ
難《なん》なく過ぎて心にも
あらでうき世にながらへつ
伊予の海原《うなばら》宇和の灘《なだ》
ながれ〳〵て矢野の庄《せう》
白石が浜に着き給ひ
こゝに一年《とせ》二とせを
仮りの苫屋《とまや》に夢のごと
流るゝ雲に飛ぶ鳥に

月の光に咲く花に
京都なつかし母恋《ははこひ》し
さびしく一人あけ暮れに
かこち過させ給へるが
剪栽《ぜんさい》に鳴く虫の声
人のなさけも秋のそら
船に積れしくさ〴〵の
衣装調度《てうど》の品々も
ものに替へられいつしかに
残り少なになるにつれ
冷たくなりし人ごゝろ
呪はれし身にいかでかは
永住の地のこれあらん
父に棄《す》てられ母にすら
棄て去られにし憂《う》き身ぞと
なえたる足を引きずりて
杖にすがりていたはしや
けはしき阪路《さかぢ》よぢのぼり
情けある里もとめつゝ
やう〳〵たどりつき給ふ

武陵《ぶりょう》桃源《とうげん》さながらの
昔もいまも豆郷土
鴫《しぎ》飛ぶ山のふところや
名をしげ山と呼べる里
その村人がこゝろから
寄せる情けのうれしくて
天の呪ひも人の世の
冷たきこともいつとなく
池の氷と融《と》け去りて
しみ〴〵春を感じつゝ

村養ひの朝夕を
平たき小石集めつゝ
南無法蓮華経《なむはふれんげけう》と誦《じゅ》し給ひ
これに写経をしたまへる
そのおん石のうべ高《たか》く
庵の庭に積まれしが
いまもそのまゝ経塚《けうづか》の
〝奇しき功徳《くどく》をもの語る〟
〝われ村人の情《なさけ》にて
春風秋風幾年《いくとせ》を

いと幸福に送り得つ
また法華経《ほけきょう》の功徳《くどく》にて
成仏《ぜうぶつ》少しも疑はず
いまこそ残る念《おも》ひなし
我れとこしへにこの村を
さらば必ず護らなん
誓つて癩《らい》を病《や》ませじ〟と
かたく遺言《ゆいごん》したへる
あゝその誓ひもたいなや
ついに癩病むもののなく
ついに癩病むもののなし

（昭和十四年九月三十日）

【参考】お姫様の墓　『双岩村誌』（一九〇頁）

口碑《こうひ》に依るに『むかし京都の或るお公卿《くげ》さまのお姫様が癩病《らいびょう》にかゝられたので、うつろ船に乗せられて流されなされたさうである、さうして陸地に着いて上がらうとなさると、その辺の者が押し流し押し流しするので、何《ど》うしてもお上がりなさることが出来なかつた。そこでとうとう白石浦《しらいしうら》に漂着されてお上がりになつたが、こゝでも多くの者から嫌はれて追い払はれなさつて、畢《つ》ひに鴫山《しぎやま》に来て落ちつきなさることになつた、鴫山では之れに同情して、小屋まで立てゝ村養《むらやしな》ひにしたので、お姫様は非常によろこばれて、この村へは永久に癩病の者の出来ないやうに守つてやると云つて、それから数年

後の六月二十八日に死なれたさうだ、死なれるまでは毎日法華経《ほけきょう》を石に写されたさうである』云々

118

五輪塔の歌一首並短歌

しぎの羽掻《はもがき》もゝはがき
その鴫山に語りつぎ、
いひつぎ来けるふる事を、
墨すりながし筆とりて、
いざ記さばや紙展《の》べて、
いつしか里はうつりゆき、
人は老ひつゝ言霊《ことだま》の
さちはふ国と世にはいへど、
いひつぐことは夢のごと、
おぼろ〳〵に消えゆきて、
よきもあしきも語りつぐ、
人しなければ後の世の、
誰かは村の丘のうへ、
道のちまたに立つ石や
ほこらの由来伝《つた》へ得ん、

青木神社に残る五輪塔

南無地水火風空、
五つの石に彫る文字も、
月日空《むな》しく名も知れず、
いつの頃かもわかたねど、
言《こと》の葉《は》草の生ひのびて、
なみの花咲く磯のかみ、
ふるき昔のことならめ、
高野聖《こうやひじり》に宿かして、
娘とられしそれにあらで、
さわに黄金《わうごん》をもてる見て、
やどのあるじはむらぎもの
心くらみてとなり人と、
うちかたらひて法師をば、
亡き人となし宝をば、
奪ひとりける報《むく》ひにて、
いやつぎつぎにまかごとの
重なりければ悔ひかこち、
怨霊あつく弔《とむら》ひて、
墓いかめしくぞ築きける、

反歌

あしき種子まきける里の醜草《しこぐさ》に
埋まれおはす聖塚《ひじりづか》かな
（昭和十四年十月十日）

【参考】高野聖の墓　鴫山　『双岩村誌』（一九〇頁）

口碑に曰く『むかし一人の高野聖がこの村に来てとまつた、その高野聖は沢山の金を持つて居たので、その金が欲しくなつて村の悪者共が之れを殺した、さうするとその高野聖の祟《たた》りがあつたので非常に後悔して五輪塔を建てゝその冥福を弔つたのである』云々。

119

飯野山城

飯野山上《さんじやう》そゝり立つ
城塁めがけ攻め寄する
寄手《よせて》の馬の嘶《いなな》きに
すはこそ敵は寄せつるぞ
不覚《ふかく》なとりぞもの共《ども》と
城《じやう》　将《せう》知佐《ちさ》之《の》木権《きごん》之頭《のかみ》
大太刀取つて立ちあがる
折しもあれやぬか森の

山の彼方に陣を布《し》き
谷を隔《へだ》つる寄手方
たゞ一もみと犇々《ひしひし》と
崖よじ登り攻め立つる
御参《ござん》なれや痴者《しれもの》の
うぬ等《ら》の血にて崖を染め
その屍《かばね》もて渓《たに》埋めん
或《あるひ》は大石《たいせき》ころばしつ
或は槍《やり》もて突き刺しつ
或は首《くび》刎《は》ね腕を切り
固く守つてよせつけねば
さすがの寄手も攻《せめ》あぐみ
峨々《がが》たる孤峰《こほう》の山の水
よも数日を支へ得じ
水の手断《た》てと遠《とほ》巻《ま》きの
夜昼《よるひる》わかぬ水《みず》攻《ぜ》めに
馬の背洗ふ白き米
敵を欺《あざむ》くトリックも
あたら鴉《からす》のいたずらに
遂《つひ》に寄手に看破《かんぱ》され

戦前撮影（撮影年月日不明）の飯野山。正面の山頂が平らな山

追手《おひて》搦手《からめて》一ときに
乱射乱撃《らんげき》乱入の
群《むら》がる敵の鬨《とき》の声
飢《うえ》と疲れに今は早《はや》
城を支へん術《すべ》もなく
一方の血路《けつろ》切り開き
残兵《ざんへい》数騎に守られつ
大岩《おおいわ》が谷の土居《どい》さして
落ちのびたりし権之頭《ごんのかみ》
我が今生《こんじやう》の運命も
すでに尽きぬと覚えたり
我れこの岩に魂魄《こんぱく》を
残し置くぞと城将が
自害なしつる権之頭
知佐之木谷《ちさのきだに》の岩の名に
いまに残りて岩のぬし
大蛇《おろち》となりて住むといふ
ふる郷人《さとびと》の語草《かたりぐさ》
飯野古城の物語
げに哀れにぞ伝へける

げに哀れにぞ伝へける
（昭和十四年十月二十日）

【参考】権の守　『双岩村誌』（一八八〜一八九頁）

鴨山のちさの木谷には権《ごん》ノ守《かみ》といぅところがあり、一つの巨岩が峙《そばだ》っている、そこは飯野山城主権ノ守が切腹したところだとも伝えられている（本書「144　飯野古城址について　上」）。

口碑に依るに『むかし長曽我部元親《ちょうそかべもとちか》が飯野山の城を攻めた時に飯野山の城主がこの瀧《だき》の下で殺されたさうだ、それで今までもこの瀧の下には城主の怨念《おんねん》が大蛇となつて生きて居る、さうしてその姿を見た者は必ず病気になるさうだ』云々。

120　幽玄庵

ワキ　法師
シテ　海賊の霊
ツレ　村人の霊

ワキ　『南無御仏《なむみほとけ》の跡たづね、いざや急がん法《のり》の道

詞『是《これ》はこのあたりに住む老法師にて候ふ、あらたなる霊夢《れいむ》を被りたるによつてこの里の古き庵《あん》に詣《まう》でばやと存じ候《そろ》。

道行『折しも秋の谷ふかき、萩咲く里の櫨《はぜ》、紅葉、錦織《にしきを》りなす中秋の、月影清く澄みのぼる、光くまなき故郷《ふるさと》や、その名も奇《く》しき幽玄《ゆうげん》の、庵《いほり》にはやも着きてけり。

詞『急ぎ候《さうら》ふほどに、是ははや志す庵《あん》に着きて候ふ。この庵の御本尊《ほんぞん》にましませしは一寸八分の黄金の御仏体《ごぶったい》にて、そのむかしこの村に数奇《さっき》の儚《はかな》き御一生を終らせ給へる京都の公卿《くぎやう》の御娘《おんむすめ》、癩姫君《らいひめぎみ》の御持仏《じぶつ》とぞ承《うけたま》はり候ふに、いまはもたいなくも九州豊後《ぶんご》の国なにがし寺の本堂、七扉奥の秘仏におはしますとぞ聞き伝へ候ふ。いかなればまた九州にはおはしけん、怪《あや》しうこそ存じ候ふ。

シテツレ一声『弥陀《みだ》の御国《みくに》も白浪の、寄せたる跡のもの語、

シテ『いざや語らんいそのかみ、昔がたりにいひ伝ふ。

シテツレ『千軍万馬《せんぐんばんば》の剣戟《けんげき》と、矢叫《やさけ》びの音止むときなく、世を挙《あ》げて修羅《しゅら》の巷《ちまた》と化せしとき、

シテ詞『手勢《てぜい》引《ひ》き具《そなへ》し押し寄せて三日三晩攻め囲み、落城しける飯野山、その支配下の村々を、略奪しけるうたてさよ、

ツレ『心なきつわもの共、やがて庵《いをり》に押入りて厨子押し開き黄金の、御像《みぞう》盗んで引揚《ひきあ》げしが、

シテ『（一）仏罰《ぶつばつ》たちまちてき面《めん》に、穴井《あない》の浦へ船繋《ふねつな》ぎ、腹の痛みに七昼夜、

ツレ『この里人《さとびと》の仏像を、奪ひ返しに来るまでと船をとゞめておはせしも、

シテ『里人遂《つひ》に来らねば、甲斐《かい》なくあたらぬすまれて、豊後の国にぞおはしける。

ワキ『さても不思議にありがたき、ふりたる里のもの語。黄金仏《おうごんぶつ》の御行方《おんゆくえ》、げに〳〵もつたいなうこそ承《うけたまわ》り候ふ。

シテ『それ因果応報《いんがおうほう》の恐ろしさ、御仏の霊示《れいじ》を無視し、迎へもどしまゐらせざりし仏罰にてその後この里に悪疫《あくえき》やがて襲来《しゅうらい》して、七十余軒なりし村たちまち死に絶えてたゞの七戸にこそ減じけり、

ツレ『髪結《ゆ》う者さへ生き残らず櫛箱《くしばこ》下げて隣村に行き通ひたりといふもまたこのときなり

シテ『あまりに相次《あひつ》ぐ疫死に気味わるがりて、やがて壇寺《だんてら》さへも引導回向《いんどうゑかう》をことわりて、ついにいまの慶雲山高福寺に頼み換《か》へけりともまた伝へたり

ワキ『げに善因《ぜんいん》は善果《ぜんくわ》を結び、また悪因《あくいん》は悪果《あくくわ》を結ぶ、弥陀の教への尊しや。

シテ『一具一切功徳慈眼視衆生、

ツレ『福聚海無量是故応頂礼

地『御法の声もありがたき、秋の月影すみ染めの袖に白露散る紅葉、嶺《みね》の松風《まつかぜ》鐘の音《ね》に、五障百八煩悩の迷ひの夢は覚めにけり、法師の夢は破れけり。

（昭和十四年十月三十日）

【参考】鴨山の庵のご本尊　『双岩村誌』（一三〜一四頁）

むかし鴨山は重山と書き七十軒ばかりの村落であつたが、或る年大変に悪病が流行し、病みては死ぬ〳〵畢《つ》ひに僅《わず》かに三軒にまでなつた。此の時まで鴨山の檀那寺《だんなでら》は河舞《かわまい》の宝厳《ほうげん》寺であつたのが、あまり毎日〳〵死人を届けて行くので、後ちには和尚がひどく気味をわるがつて、もう戒名は一切渡さないと云ひ出したので、村の方では止むを得ず穴井の福高《ふっこう》寺に行つてその事情を訴へ、そうして福高寺をその檀那寺とすることになつたのだ、一時は月代《さかやき》だに剃《そ》ることが出来なくなつて始終横平に往復して剃つて貰う有様だつたそうである。然《しか》るにこの悪疫の流行した因縁《いんねん》に就《つ》いては斯《こ》ういふことがある、何でもむかし鴨山の庵の御本尊様は一寸八分の阿弥陀如来《あみだにょらい》で、そうして金むくの仏像におはしたが、或る年のことに豊後《ぶんご》ノ国からわざ〳〵之れを盗みに来て、そうして穴井浦から将《ま》さにその船を出さうとしたのである、ところが御本尊様は豊後の者に盗まれて行かるゝのを欲せられない、此の為に七日七夜の間盗人の虫をせかせて、鴨山から取り返しに来るのを待つて居られたそうである。然《しか》るにその当時の鴨山人は余程不信心であつたと見えて誰れも取り返しに行かなかつた、それでとう〳〵仕方なく阿弥陀如来は豊後ノ国に渡られ五百羅漢で名高い或る寺院の七扉奥くに安置されておはしますといふことである

121　竹蔵黒岩六武

「たまくしげ双岩村《ふたいわむら》の八部落、仁義忠孝礼智信《じんぎちゅうこうれいちしん》、悌《てい》の八字や八つの字《あざ》、蕗《ふき》の花咲く布喜《ふき》の川、とうの苦味も中津川《なかつがわ》、かくて若山谷和泉《わかやまいずみ》いつも横平月冴《よこひらさ》えて、尾花刈萱釜《おばなかるかやかま》の倉《くら》、くずに鶉《うずら》や鴫山《しぎやま》に、ふりたる昔もの語。

――(説)昔この鴫山に岩之丞《いわのじょう》、六武、竹蔵といふ力自慢の三人の若者がございました。春秋の鎮守祭の村相撲《ずもう》で互ひに横綱大関を争つてをりました。岩之丞は天を摩《ま》すばかりの大男、おまけに色が黒うござりましたから黒岩々々と人これを呼んでをりました。六武と呼ばれた若者はまことに人のいゝ男、いつもにこにこ人気者、愛嬌者でありましたが、竹蔵の方はどうかと申ますとずるくつて、ごうまんで、無愛憎《ぶあいそう》で、端的にこれを申ますればまず村の憎まれ者。――

「憎まれ子世にはびこる、ものの誓へや竹蔵が、相撲に負けた遺恨から、この芋畑九畝《きゅうせ》足らず、やせ六武奴とつけねらひ、通りかゝるを呼びとめた、耳とり山の血の相撲――

竹蔵『オイ六武待ちねえ、こないだア俺《おれ》アからだの調子がわるくてさんざんにお前に相撲に負けたが、けふなら負けはしねェ、お前こゝで俺ととり直しをしてくんな。

六武『わしやアけふは少々急ぎの用もある。相撲の勝負ならまたこの次ぎにしてもらはう。

竹蔵『そんなに逃げるな卑怯な奴、どうでも一番とってゆけよと、「大手ひろげて挑みかゝれば、六武もさすがに否《いな》みかね。

――（説）草刈が行司《げうじ》で、互ひにとつ組み、八卦《け》よいよい、残つた残つたとしばしすまつてをりましたが、やがて六武がかけた小またに勝負つからうとする刹那《せつな》、その右の耳たぶにかぶりついた竹蔵ばりつと六武の耳を嚙み切つたまゝ、両者折り重つてうち倒れます、かくて鮮血《あけ》に染つた人事不省《じんじふせい》の六武をそこにそのままにして相手の竹蔵は逃げ帰る、一方急報によりまして駈けつけました黒岩の介抱で一たんは蘇生いたしたる六武も、その傷手《いたで》が原因《もと》になりましてやがて死亡をいたします。

「あはれや魂魄《こんぱく》鳥と化し、耳取《みみと》り〳〵と、六武の叫び鳥の声、いまでも山の名に残る。

――（説）これを見た黒岩、何ぜう打ち捨て置くべきや、憎きは竹蔵、いざ六武の仇討つて、友の妄執晴らさんと、事に托して竹蔵を呼びよせる――

黒岩『オイ竹蔵、けふは六武の四十九日、可愛《かあい》そうよ、彼れはお前のために生れもつかぬ片輪《かたわ》にされたばかりか、それがもとでとうとう死んで了った。

「かくて魂魄遂に鳥と化し、夜も昼も悲しい音《ね》で啼《な》いている。――

「彼れ竹蔵の迷へる霊魂《たましい》慰める俺とお前の相撲法会、いざ真剣の一番勝負有無をいわさず竹蔵を、宙に抱えて黒岩が、首ひき抜いて投げ倒す、黒岩、六武、竹の首　武陵《ぶりよう》桃源《たうげん》鴫山《しぎやま》のほのぎの名ぞ残りける。

（昭和十四年十一月十日）

122　岩右衛門

大関黒岩岩之丞《おおぜきくろいわいわのじょう》の末裔《まつえい》に岩右衛門という希代の巨漢があった。身長七尺、住んでいる家の敷居《しきい》をまたぐに鴨居《かもい》（＝敷居とセットで溝のある上に渡す横木）に頭がつかえ、肩がつかえるので、腰を屈《かが》め、頭を低うしてゞないと出入《ではい》りができなかった。ある年の冬お年貢米を持って宇和島城下に到ったが、宇和島城のお多門《たもん》をくゞるのに、胴をかゞめ、頭をさげて出入りしたので、お役人が「岩右衛門、いくらお前が丈《たけ》が高くてもお多門にはつかえない、安心して出入りせよ」といわれたという逸話がある。

123　道助爺さん

道助爺さんの墓石には盃《さかずき》と瓢箪《ひょうたん》が彫りつけてある。爺さんは次の世には四斗樽《よんとうだる》にでも生まれ更《かわ》って来たいほど、酒なくて何のおのれが桜かな、酒あれば天下太平の逸民《いつみん》であった。ぬたくぼの六右衛門爺さんはもとやしきの人であったが、そのやしきは総領の才助爺さんにゆずって、一人娘のおしめ婆さんや次男の庄三郎爺さんをつれぬたくぼに隠居、道助爺さんがその三男多分《たぶん》末っ子が七郎右衛門爺さんであった。七郎右衛門爺さんは大工で、布《ふ》喜川《きのかわ》へ養子に行った。その八十一歳のときに記念に何か作って置くといって、わたしのうちに来られたのが明治十六年の旧五月、八脚《きゃく》の白木の机がいまにそのかたみに残っている。それから間もなく物故《ぶっこ》された。道助爺さんの方はその以前にもう死なれていたものと思う。石碑をしらべれば没年もわかるが、いまはその暇がない。

道助爺さんは山奥商売（＝幕藩時代の山奥組、いまの西予市城川町への行商）をやったり、船乗りなどもしていたが、大して成功でなかった。その晩年旅から帰って来られたときは頭を丸く坊主姿になり、黒い箱を負うてもどって来られた。そしてぬたくぼには帰らず、いきなり幽玄庵に入って行いすましてゞもござったものであろうが、わたしの祖父が機嫌をとってつれて帰り、「いつまでゝもうちにいてよろしい、酒は毎晩二合半だけ必ず飲ます、自分の好きなほど働いていなされ」

といって、それから半年ばかりもわたしのうちにいられたそうだ。

×

かくて櫨山《はぜやま》打ちに行ったり、薪樵《たきぎこ》りをしたりしていられたというが、学問というほどのことはできなかったであろうが、文字はなかなか上手で、いまも残っている手跡《しゅせき》を見るになかなかそれは立派だ。往来《おうらい》もの(1)だの、実語教《じつごきょう》(2)だの、おそらくその程度の学者であったものと思われる。まずわたしの村では、昔の手本書きが多三郎爺さん、それから武右衛門爺さん、喜一さん、この道助爺さんなどで、いわば寺子屋の御師匠さん格であったであろう。

（昭和十四年十一月二十日）

（1）鎌倉・室町時代から明治・大正期に至るまで、初等教育、特に手習い用に編集された教科書の総称で数千種の刊行をみたといわれる。（『広辞苑』第五版）

（2）多くは対句をなす五言句四十八聯からなる児童教訓書。鎌倉時代成立。一巻。作者不詳。勉学の勧めや日常道徳などを仏教語をまじえて説く。江戸時代の手習い所教科書として使用。（『広辞苑』第五版）

124 寺子屋の話

明けて九十歳のわたしの父が幼かりしときの思い出話 ——

わがふる郷の寺子屋の話をまず。わたしは九つのときに、いろはを六つ折に親爺に書いてもらいそれを手習いしたのが、文字を知った初め。その次の十歳の春は師匠の武右衛門爺さんに手本だけ書いてもらってうちで手習いした。師匠のうちにあがって、ほんとうの寺子《てらこ》として手習いしたのが十一、二、三の三ヶ年、毎年正月四日にあがり三月の二日まで通った。

×

教科書は商売往来《しょうばいおうらい》と寺子教訓書《てらこきょうくんしょ》であった。習字手本は師匠から書いてもらい、八折を六十日間に十二冊あげたと思うから五日に一冊あげたわけで、村尽くし、名尽くしなども習った。商売往来は師匠から買ってもらった。寺子はぬたくぼの武三やんとかわのえの安やんとおやけの弥太郎さん四人であった。毎朝まだ朝飯を食べていられる頃に行って、山に出かけられる前にちょっと筆法《ひっぽう》や読み方を教えてもらった。お寺の坊さんや神官《しんかん》なら暇だからゆっくり教えてもらえたろうが、百姓はその仕事が忙しいので、ちょいちょい暇を見ては教えてもらう程度に過ぎなかった。

×

夜もその頃はよなべをしたもので、なかなか教えてもらう暇はなかった。雨が降ったりすると、莚《むしろ》を打ったり縄を綯《な》ったり、藁《わら》仕事をされる、その仕事場に行って読み方を教えてもらったこともあった。その教場といっては、部屋の六畳の座敷で、そこにはとしとったいざりの婆さんが終日すわっていられた。便所に行かれるにもいざって行かれるなかなかそれは大変であった。おすがおばさんは小網代《こあじろ》から来ていられた方であったが、よくできた方で風呂がわくとその婆さんを裸にしておんぶしては湯に入れておられた。

×

学用品といっては文庫と、机と、硯箱《すずりばこ》と、十五、六枚とじた草紙《そうし》が七帖《じょう》、それに墨と筆たゞそれだけであった。

朝行って習字をして、七帖の草紙を順々に干しておく、それが乾くとこれに手習いをする。一月の日課に三回ずつ手習いした、手習いのいやな者はそっとつばきを乾いた草紙につけなどして、草紙の紙と紙とをくっつけて、まだそれが乾いていないような顔つきして遊んでいた。

×

お師匠さんへのお礼は三月と五月の節句とお歳暮と三回に酒一升ずつ持って行った、たゞそれだけであった、それに対しておとめに半紙を二帖ずつもらった。その代わりには、お師匠さんのうちの用事は何でもした。水汲《みずく》みから風呂たき、掃除、薪《たきぎ》を入れたり、牛の飼いをしたり、すっかりそんな雑務を了《お》えてから帰って来た。使い走りも皆寺子の受けもちで、川名津《かわなづ》、真網代《まあじろ》、穴井《あない》などへも度々行った。弁当は安やんとなかやしきまで持って行って置いていつも食べに行った。一度粟餅《あわもち》が一つまじっていたので、それを食べ残し、おばさんに白餅と代えてもらったこともあった。

×

十四のとしからは、横平《よこひら》のにしのうえに手習いにやってやるといわれて、よろこんでいたが、うちが忙しくてとうとうやってもらわなかった。正月の二十五日には、若餅《わかもち》といってそれまでに小さいお鏡餅《かがみもち》が搗《つ》いてあって、それを持って行って天神様をお祭りして、あとで雑煮に作ってもらって食べた（傍点編者）。（昭和十四年十一月三十日）

「お国側面史話」（六）

【参考】江戸時代の寺子屋教育の話

村井俊明先生(1)をむかしお訪ねしたときの談片の一つ。――

文部省の束縛から脱した自由なる私塾教育、そうしたむかしの寺子屋風の学校がひとつあってよいね。

×

むかしの寺子屋はそれは変わっていたよ。わしは江戸にいたので松山の寺子屋のことはよく知らないが、東京の寺子屋のむかしをぼつぼつ思い出して見ると、なかなかい丶ところがあった。その時分寺子屋の御師匠さんにあげる束脩《そくしゅう》(2)が六銭五厘であった。それが半期分の御礼であった。もっともその外に畳料というものも出したがね。

座敷に机を並べて皆習字をしている。お師匠さんは床の前に座ってヂッとこちらを向いてお出でになる。ときどき立ちあがって、弓の折れか何か、一本のステッキをもって、コトリコトリと歩いて廻られる。われわれが習っている字が間違っておるといちいち手を取ってなおして下さる、行儀のわるい者があると、そのステッキで尻をつ丶かれる、それで急にいずまいを正すのである。

×

たまにわるいことをする子供があると留め置きにされる。茶碗に水を一ぱい入れて、ソレをもって立たせられたり、机を宙にさし上げて立たせられたりする。その水をこぼすとひどく叱られるので、その茶碗の水を見つめてオイオイ泣いている。そうすると当時の半刻いまの一時間もたった頃、お師匠さんの奥さん――われわれ子供のよい小母《おば》さんがやがてそこへ出て来られる。

×

あなたがわるいことをするからソンナ罰を受けねばならないのです。これからは決してソンナお悪戯《いた》をしてはなりませんよ。いよいよコレから断じてしないなら小母さんがお師匠さんに頼んで許してもらってあげます。そういわれると、われわれ子供にとってはまったく地獄に仏で、もう屹度《きっと》わるいことはしませんとかたく誓う。

×

もちろんすでに打ち合わせがチャンとできているわけだから、小母さんがお師匠さんのところに行ってわびてもらえばソレで、それでは今度限り小母さんに免じて許してやるが、もしか再びわるいことをすると今度目は小母さんの落度になるから決して決してしてはいけませんよとやさしく戒めて帰される。

×

かくて手習いがすむと、大きな盥《たらい》に水を一杯くんで、親切なわれわれの小母さんはソレをもち出して来て、まっ黒になっている手や顔を洗わせて下され、一人々々手拭いでわれわれの顔をふいて下さったりする。草履の鼻緒が切れたりすると、帯の間にはせて居られる竹べらでもつてコレをすげて下さる。また袖《そで》がほころびたりしていると、いつも針に糸の通したのを用意していてコレを縫って下さる、全くわが子の如くに親切に世話をして下さる、ソレが寺子屋の小母さんの役目であったのである。

×

だから寺子屋を退《の》いた後も、盆暮れには砂糖とか鰹節とか反物《たんもの》とかをもって必ずお師匠さんの宅へ御礼に行くことを怠らなかったもので、沢山の弟子を養成した寺子屋のお師匠さんは随分盆暮れにはこうした収入があったものである。

（1）村井俊明《むらいしゅんめい》　松山中学の漢文の先生。江戸詰めの松山藩士の子。
（2）入門のときに先生に持参する礼の贈り物。

125　木綿織りの話

むかしの山村生活は自給自足が原則であった。いまでこそ綿《わた》を作る者はないが、わたしの祖父の代までは綿花を盛んに作っていた。かわじ、、、というほのぎの広い畑地《はたち》がある。そこでむかしから綿を作っていたらしく、ことし八十一歳の叔母の思い出話の中にも綿作りの話が出た。わたしの幼い頃までもそこには綿花が栽培されていたようにかすかに記憶する。

×

雨模様になって来るとそれはとても忙しかった。雨にたゝかせては大変だから大急ぎで綿花を収穫した。その収穫した綿花を綿うちにうたせて綿《わた》となしそれを夜具にも入れ篠巻《しのまき》にもして糸に紡《つむ》いだ。こうしてできた綿はとても強くて、今日のような粗末な綿ではなかった、そのうたせた篠巻は糸に紡いで、紺屋《こうや》に染めさせて木綿に織った。そうした手織り木綿が強かったことはもちろんで、今日の木綿の五倍も七倍ももった。今日のスフ入りの木綿などとは比較にもならなかった。

×

その収穫した綿花からわたの実をのぞく綿くり機械は、近年までもわたしのうちなどでは納屋にかけてあった。むかしは何事でもこうして自給自足していたのである。こうした時代と今日とを比較すると、それはとても激しい変化である。いまは綿花の栽培はおろか手織機すら持っていない農家が多い。その代わりに一家総動員で養蚕をやる。

×

二十七、八戸の戸数、養蚕をしないうちも数戸あるのであるが、それで本年の春、夏秋蚕を通じての養蚕総収入が約一万円である。最も大量に掃《は》き立てゝいたうちでは二千円近い収入をあげている。本年の如く高値であれば養蚕はたしかに農村の福の神である。

有畜農業の奨励も宣伝や鼓吹《こすい》時代はいつしか過ぎて今日は農家が利益なりと見てどしどし牛を飼っている。都合のつく農家は大てい二頭飼っている。百四、五十円から七、八十円で買って半年か一年飼い肥えさせて二百円から二百四、五十円に売る。概して七、八十円はもうかるものゝようである。養鶏も相当やっており一戸十二羽、多くの農家に飼っている。養兎《ようと》もぼつぼつやっている。

B君は狸《たぬき》を養殖している。昨年はやっと産ませるには産ませたのに育たなかったが本年は五匹になっている。つがい二百円なら売るといっていたが、これも五匹位も産むそうだからそうするとなかなか有利なものかも知れない。

×

（昭和十四年十二月十日）

126　若剃《わかぞり》

正月の二日は若剃と称しいまならば青年団、むかしは若者組又は若連中《わかれんちゅう》といった、その村の溌剌颯爽《はつらつさっそう》たる若者たちの一年一度の定期総会大うかれにうかれる大懇親会であった。以下老父の話。

むかしの若連中だな。わしは十四のとしに若連中の組に入った。普通は十五、ゆたかなうちは大てい十四で入会した。正月の二日が若剃といって若連中の総会であった。どこか宿をきめて、そこで催したのであるが、平生は酒を飲むことはなかったが、この日に限って下戸《げこ》も上戸《じょうご》もずだんぼ（＝べろべろに）に酔ったものである。この日に若連中の組にも入り、退《の》きもした、入退会の者は、酒を一升ずつさし出した。

×

退会は結婚を限り、然《しか》らずんば三十歳まで丶あった。半次郎さんは三十四まで妻帯されなかったので、三十年停年で退会されたように思う。若者頭は二人あったように思う。年かさのものが順番でこれに当たった。わしらの時代の若連中はとてもきかした（＝力を持った）ものであった。組から放されることにでもなると、今日の刑務所に行くよりももっと不名誉で困惑したほどであった。いまは村にいなくてもどこへでも行けるし、平気だけれどむかしはそうは行かなかった。

×

若連中の仕事としては三月二十五日、六月二十五日、九月二十五日の春、夏、秋のお祭に神様の幕をひいたり、大提灯《ちょうちん》を吊ったり、幟《のぼり》を立てたりするのと、お盆の盆踊り、相撲の勧進元《かんじんもと》などであった。相撲は若本人の連中に好きな者があって内部の世話は、それらがしたが、表面は若連中の興業で、他村への案内から万端《ばんたん》若連中がやった。鎮守《ちんじゅ》の庭にやったこともあり、お庵《あん》のこともあり、ぬたくぼの下の広い畑でやったこともあり、供養場《くようば》にやったことも覚えている。

若剃というのは、総髪《そうはつ》(1)の前髪を落とすことで、昔の元服である。そのとき総髪にいたものは医者と、山伏と若剃以前の若い者だけであった。総髪というのは月代《さかやき》を剃らないでたぶさを結うて(2)いたものをいう。今日考えるとおかしな風俗だが、その時代にはそれで何とも思わなかった。

神社の幟とか、大提灯とか、幔幕《まんまく》とかいうものは皆若い士が醵金《きょきん》(＝何かことをするために金を出しあうこと)して造ったり修繕したりする習慣であったが、幕などは大分費用がかゝるので女講の連中が手伝ったりもした。盆踊りの費用などは本人の方でも寄付したが一部若連中の方でも支出した。

むかしは処女会《しょじょかい》というようなものはなかった。しかし処女で行儀《ぎょうぎ》のわるいものとか、とかくの非難ある者は盆踊りのときに制裁を加えたものである(老父の思い出話終)。

(昭和十五年一月一日)

(1) 額の月代《さかやき》を剃らず全体の髪を伸ばしこれを束ねて結ったもの。(『広辞苑』第五版)
(2) 髪を頂に集めて束ねること。(『広辞苑』第五版)

127　帰省日記

二重ね千年六重ね百とせの春をことほぐ大八洲国《おおやしまぐに》。皇紀《こうき》二千六百年（＝昭和十五年）の一月一日の朝、わたしはやっと郷里の山荘に帰って来た。山荘守のわたしの老父もあけてとうとう九十翁になったろうから、やから（＝一族）に囲繞《いじょう》されて（＝囲まれて）王様のような気もちでいる老父だが、それでも少しく帰省が遠ざかるとやはり帰れ帰れといって来る。

×

今度も旧臘《きゅうろう》（＝昨年十二月）の子《ね》の日（＝初日）に帰れという命令であったがついにそれに帰れず、やがて三十日か遅くも大晦日《おおみそか》に帰るはずであったがそれがとうとう元日の朝になって了《しま》ったのであった。皆一緒に帰って来て山で新年を迎えろという命令も来たけれど、それもいろんな故障で実現されなかったのであった。

下り列車は驚くべくそれは閑散であった。わたしが陣取った最後の三等車の如きは、大洲駅に着くまで終始たゞ一人であった。南郡中《ぐんちゅう》駅を発車して間もなく車掌が、やがて午前九時二回汽笛をあげますからそれを合図に宮城遥拝《きゅうじょうようはい》をなさるようにと告げてくれた。ガランとした列車の中でわたしはたゞ一人遥拝式をやったが、何だか新年気分がしない。読みさしの『小島の春』を一人つくねんと（＝ぼんやりと）読み耽《ふけ》る。

×

八幡浜で三瓶《みかめ》バスに乗りかえて村裾《むらすそ》で下車する。若山駅で鉄道工夫の酔ッぱらいが乱暴を働き自動車の硝子《ガラス》を破ったり乗客を怪我《けが》させたりなどし、そのために小半時も遅着。下車してみると神戸や大阪に働きに出ているM青年やC嬢なども同車だった。こうして出稼ぎ地から村へお正月に帰って来る若人が沢山ある様子で何だかそこにわがふる郷の一種の新しい新年風景を描きかけているように感ぜられる。

今日も西組十四軒の国勢調査を二、三の者とやってみると、出征したり、阪神その他へ出稼ぎしたり若《も》しくは入営せんとしている青年が十六名ばかりもある。そのうち半数がざっと軍務関係であり、青年をもつ家庭では一人か二人は必ずこれを村外へ出動せしめている、いま村に残っている者は家庭の事情でどうしても動けない者か然らずんば病気の者のみである。この外に出稼ぎしている処女が数名ある。結局一戸平均二名内外かくて村外に出稼ぎしていることになる。どうも今日のわが農山村なるものの人的構成にしろ農産工作にしろむかしにこれを比較して全く隔世の感なきを得ない。

×

こうしてなおむかしながらの耕作地を維持し、むかしながらの農産物を維持して行こうというのはそれは全く不可能なことである。そこにいろいろなる無理があり、どうしてもそこに故障が自然生じて来る。これからどういう形に果たしてわが農山村の革命が現れて来るか知らないが、このまゝではどうしてもやって行けないことだけは明かだ。

×

こうしてわたしの山荘における空々寂々《くうくうじゃくじゃく》（＝ひっそりとしたさま）の故山《こざん》のお正月はついに終わった。かくてわたしもまた老出稼ぎ者の一人として四日再びふる郷を辞したのであったが、その出で立つ日の早暁《そうぎょう》、おそらく午前一時過ぎでもあったであろう、わたしの熟睡は突如として警鐘の乱打に破られた、なお夢地《ゆめぢ》で松山で臥《ね》ているように思っていたがやがて夢中に起き出で戸を引きあけると渓間《たにま》はあかあかと一杯の焔《ほのお》で黒煙渦《うず》まきのぼっていた。わたしは寝巻きのまゝに飛び出し、丘のトッ鼻に立った。それは尾《お》の上《え》と森の両家納屋が燃えているのであった。駈けつけるともう頻《しき》りに家具家財をもち出していた。わたしも一しきりそれを手伝いなお消火に手配を見ていたが、漸《よう》やくポンプの水が注がれ出し両家の納屋兼駄屋《だや》(1)を全焼土蔵の一部を焼いたのみで横平と谷の両部落の消防隊が駈けつけたときはもうほゞ鎮火していた。こうしてわたしのあわたゞしい故郷《ふるさと》における迎春四日は了《おわ》った。

（昭和十五年一月十日）

（1）愛媛県南予地方では牛舎を駄屋といっていた。現在はあまり聞かない。

128　錦山秋月居士《きんざんしゅうげつこじ》

ふる里に帰って来た二日目の朝、わたしは一人向かいの丘上《きゅうじょう》なるみ墓に詣でた。そこにはわたしに取ってあらゆるゆかりの人々の魂が静かにとわの眠りを眠っているのである。

その墓原《はかはら》に立つときほど懐かしい沢山の思い出と、懐かしい子供時代のわたしというものを回想し得ることはない。

そこにはわが逝ける小さい児らの魂も静かにまた眠っている。わたしをかぎりなく愛してくれた祖父母も、母も、また弟の魂も静かにとわに休んでいる。その他わたしの知るかぎりの逝ける老少いくたの村人の魂が皆静かに横たわっている。

そのすべての逝ける村人のとわの安息の魂棲家《たましいすみか》にまたわたしの新しい親しいものを加えた。

それはわたしの竹馬の友の一人であるSの新しい奥津城《おくつき》なんである。

彼は二、三年ぶらぶらと煩《わずら》っていた。一、二ヶ月前にわたしが帰省したときには、もう奥の間にべったり寝付いていたとのことでそれとも知らずわたしはついに会わないで帰って了《しま》ったのであった。

彼のうちはとても大家内で相当厄介の多い家庭であり、彼にも子供が沢山ある。まだまだ彼は死んではならないのであったがしかし寿命というものは如何《いかん》ともすることができない。

死んだ方が仕合わせなものはなかなか死なないで、死んでならないものはとかく死んで了うのである、彼もまたその一人であった。

×

彼はわたしよりも一つ年が上であったと思う。そして彼とわたしは再従兄弟《はとこ》（二《ふた》いとこ）であり、また隣同志でもあったので、その隣のMとともに文字通りの竹馬の友であり、よく竹馬に乗ってお互い三人は遊んだものだったがその小学校を卒業してから後は、お互いの生活の相違と約五十年の長い月日は知らず知らずお互いの間を疎《そ》隔《かく》させないでは措かなかった。

それでも互いに相会えばやはり懐かしく、幼い時代からの友情に少しも変わりはなかった。何かのきっかけでは、互いに力になりまた力になってもらうことも決してそれは絶無でなかった。

Mは村の一種のインテリであり、自然そうした上で交情をあたゝめることも多かったが、彼はそうした点では全然その興味の共通するものはなかった。

しかし村のニュースや、わたしが旅に出て無知識であるふる郷のことはよく彼にわたしは聞いていた。従ってこのふる郷もの語にも多分に彼の話の織りこまれていることはもちろんだ。

彼はまことにのっそりであったが、それでもぽつりぽつりとよく話してくれた。村のことは彼に聞くのが一番によく要領を得た。

いつの夏であったか、窓の日覆《ひおお》いをつけるのに適当の竹がなくつけあぐんでいると、やがて自分のうちから貯えてあったのを持って来て早速つけてくれた。

一昨年の秋、わたしが鎖骨を折って大騒ぎしたとき、彼もまたいち早く駈けつけて来て介抱してくれた。その時分にもう彼はぶらぶらと遊んでいたのであったから彼の病気というものは相当長いものであったのである。

彼の病気がどうもよくないようだというたよりを得てからであったと思う、松山にいたわたしはある夜彼の夢を見た。

向こう山のかなたの谷間であった。彼は屋敷をそこに移すんだといって頻《しき》りにそうした計画についてわたしに語ったり、その新しい屋敷をわたしに見せてくれたりした。

わたしはそこでは耕作地がなくて不便ではないかといったら、すぐその近傍《きんぼう》に野菜を植える畑もちゃんと予定されているところがあるなどと話したりした。

その夢がさめたときにわたしは何だか悪夢のように感ぜられて仕方がなかった。

向こう山の墓原に近く移転するなんて縁起でもないとわたしは心中ひそかに思ったが、果たせるかなそれから間もなく、幾日か後に彼の訃報を知らせる電報が来た。

×

あゝ彼もまたついに彼岸なる向こう山の丘が上、静かなるとわの眠りを睡る魂の一つに数えられる人の一人となって了った。

彼の新しいさゝやかな野位牌《のいはい》（＝墓石ができるまで置く白木の小さい位牌）には〝新帰元錦山秋月居士〟とあった、その山の錦《にしき》もいまは空《むな》しく大地に散って一人寒月《かんげつ》の光さびしく彼の新墓を夜な夜な照すことがあろう。

（昭和十五年一月二十日）

129

旧庄屋無役地《むやくち》事件を解剖す（一）

旧宇和島藩で、明治八年頃無役地事件と称する係争《けいそう》問題（＝訴訟を起こして争う問題）が起こって、わたしの子供の時代までもそれが未解決であり、その後明治二十五年六月に大阪扣訴院《こうそいん》でもって原告の敗訴に帰し、それでやっと梟《けり》がついた有名な大事件である。

それはすでにかつて略述したことがあるが、『庄屋家督原由日記《しょうやかとくげんゆう》』によると

「明治四未《ひつじ》三月庄屋持分の田畠被㆓引揚㆒《ひきあげられ》、同時に高《たか》の内四分旧庄屋へ被㆑下《くださる》」同七年五月給田《きゅうでん》私有の確証添私有に出願す」同年八月村方と協議被㆑命《めいぜらる》」同年九月村方と協議の上双方連印の願書差出す」同年十月給田私有に被㆑命」同八年五月給田之儀ニ付《つき》向後《こうご》違変《いへん》不㆑生《しょうざる》ため双方証書受渡区戸長検印す」

などとあり、すなわち旧庄屋が所有していた役地《やくち》は明治御一新で一応没収されたものであるが、旧庄屋側がいろいろと嘆願運動の結果やがてまた無償でこれを下付《かふ》（＝役所などが国民に金品などを下げわたすこと）されたものなのである。

×

同書はさらにこう記している

「庄屋家督取調の筋有㆑之候条《そうろうじょう》別紙雛形《ひながた》之通《とおり》田畑共高の内三分の二を一冊に仕立三ヶを一冊に仕出し畝数《せすう》石積とも大抵見込を以て平等に取分来る《とりわけきた》未正月十三日までに可《べく》㆓差出㆒候若《もし》疑惑の儀も有㆑之候はゞ一組分一人宛《ずつ》出頭可㆓伺出㆒也《うかがいいずるべき》　十二月廿四日藩庁民事掛《がかり》」「庄屋家督田畑引揚申付候処難渋之者も可㆑有㆑之候《これあるべく》ニ付《つき》、格別之吟味を以て別冊之通差遣《さしつかわし》候条可㆑為㆓所持㆒候事　三月藩庁」

一、庄屋家督田畑引揚申付の事、但《ただし》飢寒《きかん》之憂《のうれい》有㆑之而者《これありては》愍然《びんぜん》に付格別之吟味を以て更に夫々《それぞれ》相当分折被㆑下候事、

尤《もっとも》添役は並之通相勤め可㆑申事」

旧来持伝之家督御引揚相成候に付屢《いよいよ》奉㆑呈㆓歎願㆒《たんがんていしたてまつり》候得共《そうらえども》難㆑為㆑遂㆓御吟味㆒趣《ごぎんみついになしがたしとのおもむき》奉㆑畏《かしこみたてまつり》候庄屋役御廃止に相成候上は御備《おそなえ》之給田米其外《そのほか》役料御引揚に相成候儀は当然と奉㆑存候得共地家督之義は先祖より普代持伝之田圃に相違無㆓御座㆒候故譬《ゆえたとえ》御改革之御時勢とは乍申《もうしながら》愚殊之身分何分落意不㆑仕《つかまつらず》候間何卒従前之通所持候様願敷《ようねがわしく》奉

レ存候此段御達可レ被レ下《このだんおたっしくださるべく》候已上《いじょう》、月日何村何某何村御添役衆中」

一、庄屋組頭横目役地作徳米所蔵方へ取立置払方之儀者追而《はおって》可二申達一候以上、十一月廿日矢野組勧農掛」二月十八日香渡《こうど》典事《てんじ》え家督私有之確証を差出す香渡氏庄屋家督は旧庄屋私有判然検査の上夫々被二差遣一申筈《それぞれさしつかわせるともうすはず》、乍レ去《さりながら》此後村吏役給は如何可レ致歟《いかがいたすべきか》御尋有レ之《おたずねこれあり》、古来庄屋役給は皇国一致之御所置に被二成下一度《なしくだされたく》、乍レ去若《もし》民費課《かし》候時は動揺後まだ人心不穏候故民心居合相付後《おりあいあいつけしのち》適宜之役給被レ命度、夫迄《それまで》は私共無給にて相勤候段申出候事」持分の田地近年六分通旧県におゐて取揚置候分吟味之上今般返し遣候事、但詰掛者並之通相勤可レ申事」云々。

即《すなわ》ちさきに六分官へ取り上げ四分私有たらしめていたのが、旧庄屋側が猛運動の結果、その官没の六分もまた旧庄屋に無償下付したわけのようである（つゞく）

（昭和十五年一月三十日）

130　旧庄屋無役地事件を解剖す（一）

この当時の農村というものは旧庄屋、組頭《くみがしら》役人などいわば農村の支配階級、インテリ階級が完全に寝せ起こしをしていた。それ以外の農民は全くそれは無学であり無知識であり、依《よ》らしむべく知《し》らしむべからざる様に巧《たく》(1)みになめされていたのである。従って明治維新の大嵐が襲来しても、それをほんとに理解して、その風雲に乗ずるなどいう準備などもちろんありはしなかった。だからその風雲——嵐に乗ってわが社会を支配し若《も》しくは支配せんとする上司との連絡などは夢にもとれるはずはなかった。即《すなわ》ちこれと直接交渉し連絡をつけ得るものは、たゞ一人農村の支配階級たる旧庄屋、旧組頭役あるのみであった。

旧庄屋の無役地なるものが果たして旧庄屋側が主張する如く真に私有地であったか、それとも他日農民側が強硬に主張せし如くに、それが一つの役地であり、村有であったかどうかは姑《しばら》くこれを別問題とするも、当時官《かん》がこれを私有地にあらずとし断然全部引き揚げて了《しま》ったときか、若《も》くばその四分だけを、「飢寒《きかん》の憂《うれい》も之れあるべし」として無償下付せしときかに、逸早《いちはや》く農民側が起《た》ってその所有権を主張したならば無論それらの無役地はおそらく全部村有物として農民の所有権に帰したであろう。だが、そうした時代にはまだわが農民にはソンナ自覚も権利思想も何もありはしなかったのである。そういう点ではサスがに村の指導者であり、インテリ階級である旧庄屋側に百パーセントの強味《つよみ》があり、十分なる知恵と才覚があったわけである。かるが故《ゆえ》に（＝それゆえに）彼らは極めて機宜《きぎ》(2)を得た、効果的の事件処理を行い、うまうまと完全に之《これ》を己《おのれ》の私有地化したのである。

×

さらに『庄屋家督原由日記』はこう記している。

「兼《かね》て御《お》引揚《ひきあげ》に相成候《あいなりそうろう》旧庄屋家督六分之分先頃被二差返《さしかえされ》一候処先月十五日戸籍帳組々より持参之節出頭、同役十六日集合の上明後四日一組より一両名尚又《なおまた》縞屋武一方に而《て》寄合可レ致候由《よし》申合御座候右は旧庄屋家督六分分も右体《みぎてい》差返され候処其後《そののち》県において論判も有レ之香渡《こうど》御氏御心配も有レ之趣にて国松藤五郎へ二分通《どおり》官物に差出候様《よう》には相成間敷《まじき》か之旨《むね》御内意御座候歟《や》に相聞へ申候間右之御談《おはなし》筋と相考候間過る三十日抜々《ぬけぬけ》浅井家へ寄合判談も致候処元来一昨春三分通は差上に可レ致旨歎願も致置候事故《ゆえ》三分通と申されても致方《いたしかた》も無之時宜《じぎ》に候得共前顕《そうらえどもぜんけん》之通二分通に相成候はゞ速《すみやか》に、献地可レ致かと打寄候向《むき》は如何候哉《いかがそうろうや》一応御相談申上候御異存も候はゞ早々集合方へ為二相聞《あいきかせくださるべく》一可レ被下候其内出合直ちに紙面等差出之訳には無之候間弥右等に相談紙面差出候はゞ尚又御相談可二申上一候懸案之処にては二分通は速に差出し残八分通は私有之品に相成並之通り売買勝手に相成候方可レ致様相考申候篤《とく》と御賢慮可レ被レ下候右は相談迄《まで》草々以上、六月二日、近田隼太。」（つゞく）

（昭和十五年二月十日）

（1）［論語（泰伯）］人民を為政者の方策に従わせることはできるが、その理由を理解させることは難しい。俗に、人民はただ従わせればよく、理由や意図などを説明する必要はない。（『広辞苑』第五版）

（2）あることをするのにちょうどよい機会。（『広辞苑』第五版）

131 旧庄屋無役地事件を解剖す（三）

旧庄屋側では官辺《かんぺん》の意向を忖度《そんたく》した結果、十分の二を官へ献納《けんのう》し十分の八だけを自己所有たらしめん（＝となるようにさせる）として壬申《みずのえさる》六月、すなわち明治五年に

「家督奉献之儀奉㆓窺上㆒《うかがいあげたてまつり》候矢野組庄屋中、――同旧庄屋中兼而《かねて》御召揚《おめしあげ》之私共持地六分通《とおり》今般御吟味合《ごぎんみあい》を以て御返し被㆓下置㆒難㆑有仕合《くだしおかれありがたくしあわせ》に奉㆑存候、就《つい》ては庄屋役支給惣《そう》家督之内二歩通り奉献仕度依而《よりて》相残る八歩通分持地同様小下札御渡被㆓成下㆒《おわたしなしくだされ》度此段《たくこのだん》御願申上候已上《いじょう》、壬申《じんしん》六月宇和島県御役所」

という書面を提出している。

×

然《しか》るに宇和島県では

「願之趣《ねがいのおもむき》難㆓聞届㆒《ききとどけがたく》書面差下候条《さしくだしそうろうじょう》給田は引揚に申付候、其《その》余之田畑已来《いらい》売買共可㆑為㆓勝手㆒《かってたるべく》に付《つき》地券改《あらため》之儀一般相達《たっし》候通取調可㆓差出㆒且又《かつまた》給田之儀追而《おって》相達候迄《まで》前体所持可㆑致《いたすべき》事、壬申九月」

と示達《じたつ》（＝通知）している。だから県では大体において私有権を認めるが、謂《いわ》ゆる庄屋家督なるものは中にはなお公地私地が混在しているから私有地ならざる分は断然官へ差し出せ、二分通り献納などという曖昧なことは許されないというわけであったであろう。

×

そこで旧庄屋側では、その十月更に重ねて「作徳《さくとく》之儀に付《つき》御願申上候」という一札《いっさつ》（＝一通の書付）を提出している。すなわち

「私共旧来所持の家督一昨年来御改革之折柄於《おいて》二旧県一六分通《どおり》御召揚《おめしあげ》に候処当四月不レ残私有之ものには御返しに相成諸役出費等並《ひとしなみ》家督同様被レ命《めいぜられ》難レ有《ありがたく》安堵《あんど》仕《つかまつり》候《そうろう》処其砌《そのみぎり》差向之処免役之ものより当役之面々家督惣高《そうだか》作徳半数相渡置候様被レ命《ようめいぜられ》其儀に相成《あいなり》売買等勝手に致候様被レ命猶以《なおもって》難レ有奉レ畏候得共《かしこみたてまつりそうらえども》前御布告に相成候私共より当役の面々へ役料相渡し候義甚《はなはだ》難渋之儀に奉レ存候殊《こと》に神山《かみやま》御県内にても旧大洲《おおず》吉田県の処々に於いては旧庄屋家督作徳不レ残従前之通に御座候趣《おもむき》追々承知仕候然《さ》る時は旧宇和島県のみに当り候様に存候加之旧県より被レ下候四分田畑借財にて余程売買候者も数々御座候に付ては田圃総高半数と作徳相渡候而《しか》も私共手元の徳用至而《いたりて》減少に相成大に難渋之義御座候右等之処乍レ畏篤《おそれながらとく》と御憫察《ごびんさつ》被二成置《なしおかれ》一御作不レ残《のこらず》被二下置《くだしおかれ》一候様《そうろうよう》此無《これなく》偏《ひとえ》に奉レ願《ねがいたてまつり》候已上《いじょう》壬《みずのえ》十月　摂津《せっつ》伝左衛門外六名　神山《かみやま》県参事《さんじ》江木康直《えぎやすなお》殿、神山県七等出仕西園寺公成《さいおんじきんなる》殿前書之通徳欲申候無二余義一次第に奉レ存候間此段《このだん》御聴届《おききとどけ》被レ成度《なされたく》奉レ伺《しこうたてまつる》候以上、右なほ庄屋諒締役連即、書面之趣難二聞届一事」とある。

（昭和十五年二月二十日）

132 旧庄屋無役地事件を解剖す（四）

旧庄屋側の主張、庄屋給田之沿革については「庄屋給田之儀に付《つき》奉歎願儀」と題し庄屋総代布《ぬの》行寛、清水常紀から差し出した書面にこう書いている。

「庄屋給田と相唱候《あいとなえそうろう》田地之儀は往古旧庄屋私有地之内より分裂致無税にして庄屋給と御名付け相成居《あいなりおり》候処、中古より右給田税付にして旧庄屋地へ折入村々大小に応じ更に貢米之内にて庄屋給御下渡被二成下一《おさげわたしなしくだされ》候処、去る申《さる》年より右給田並《ならびに》給米共官へ御引揚に相成候然《しか》る処客歳《かくさい》より村吏《そんり》役給者右戸掛《がかり》を以て差出候様罷成《ようまかりなり》候に付而《つきて》は庄屋給田官に御不用之品かと奉レ存候間何卒右給田私等に御返被二成下置一度《おかえしなしくだしおかれたく》願敷奉レ存《ねがわしくぞんじたてまつり》候何之《いづく》村方も庄屋給田は旧庄屋地より分出し候土地故《ゆえ》境界相混居其後《あいまじりおりそののち》持主相知候而《そうらいて》は水取耕作も不勝手に有レ之加之《しかのみならず》旧庄屋家督買求候者は右給田も代価之内へ相加居眼前難渋至極に奉レ存候右体《みぎてい》御引揚《おひきあげ》に相成候品容易に御歎申上候儀恐縮《きょうしゅく》仕候《つかまつりそうら》へ共《ども》前顕《ぜんけん》原由御調察被二成下置一不レ苦《くるしからざる》儀にも御座候へば右庄屋給田私有地に被二成下置一度此段偏《このだんひとえに》奉二懇願一《こんがんたてまつり》候已上《いじょう》第二十四大区三小区庄屋惣代国木村布行寛若山村清水常紀」。

これによっても少なくも庄屋給田と呼んでいた庄屋家督はその私有地ならざりしは明らかである。

×

かくて明年七年五月二十七日愛媛県参事江木康直からこういう風にその処分を示達《じたつ》している、曰《いわ》く

「旧宇和島県下各村庄屋給田組頭家督横目給田と唱候《となえそうろう》田畑之内村吏《そんり》私有地之確証有レ之分は神山県にて処分申付其他《そのた》不分明之向《ふぶんめいのむき》は原由相糺可レ申之旨及二布達一《げんゆうあいただしもうすべきのむねふたつにおよび》追々申立之趣《おもむき》も有レ之候得共《これありそうらえども》多くは曖昧《あいまい》にて確証とすべき書

類も無㆑之に付《つき》今般詮議《せんぎ》之次第在㆑之候　条《そうろうじょう》以後都而《すべて》村持と可㆓相心得《あいこころうべく》㆒候、尤《もっとも》庄屋組頭私有地之確証判然たる向《むき》は更に詳細可㆓申立㆒候此段相　達《このだんあいたっし》候事」

とある。

×

この示達に対して庄屋側では早速村方に巧《たく》みに交渉したと見え若山村からはこういう書面が提出されている。

「旧庄屋給田之候に付《つき》願。——旧庄屋給田之儀に付清水常紀より原由《げんゆう》を申立懇願　仕　候《こんがんつかまつりそうろう》処確証有㆑之分は村方遂㆓協議㆒候様被㆑命《きょうぎとげそうろうようめいぜられ》候に付常紀より及熟談候処私有判然之確証等も有㆑之事故《ゆえ》村内一統異論無㆑之向後《こうご》常紀所有地に被㆑命度《たく》後日苦情申立間敷《まじく》私共惣代双方連印を以て此段奉㆑願《このだんねがいたてまつり》候已上《いじょう》　戊《つちのえ》　九月廿二日第七区五小区若山村旧庄屋清水常紀同百姓総代五人組井上祐治、三瀬由松、井上磯次郎、野本清治、井上源三郎——宛殿書面之　趣《おもむき》双方協議の上聞届　候　条《そうろうじょう》従来故障不㆓相生㆒《こしょうあいしょうぜざる》様更に確定之証書為㆓取替㆒《とりかわさせ》区戸長検印事㆓致置㆒可《いたしおくことかとす》明治七年十月十二日愛媛県」

（昭和十五年二月二十九日）

133　旧庄屋無役地事件を解剖す（五）

こうして旧庄屋家督は全部旧庄屋のものとなったのであったが、これに対して極めて遅蒔《おそま》きに旧庄屋さんのその所有権否定を叫んで起った農民一部の訴訟騒動がやがてもち上がった。それが即《すなわ》ち宇和島藩の「庄屋無役地事件」なるものである。それは明治八年のことで、『庄屋家督原由日記』のなかに

「今般役地之儀出訴に付《つき》村方総代理委頼《いらい》に依り悉皆《しっかい》引受候に付相違無レ之《そういこれなく》然る上は専《もっぱ》ら民情を伸《の》べ具《つぶさに》条理仁義之在所を為す為にして聊《いささか》我情を唱へ我利を営む等の醜行に非《あら》ず依《より》て我等を詐称し金銭を募《つの》るの姦徒《かんと》在レ之とも決而頓着《けっしてとんじゃく》有レ之間敷《まじく》万一無レ拠《よんどころなき》事故《じこ》出来《しゅったいし》何等相談之節は直接協議之上可レ然《しかるべき》取計可申也、宇和島士族上村信強古市村旧庄屋市村敏麿、光穂村神官増田備政」

とあり、なお

「右約束書を以て今般出訴に及び候由《よし》当辺村々之者一村一同或《あるい》は二名過《すぐる》二日三日出庁に相成申候《あいなりもうしそうろう》名元は無之候《そうら》へ共巨魁《どもきょかい》は佐々木と申事に相聞申候為二御承知一《ごしょうちとして》此段幸便《このだんこうびん》を以て及二御通牒一《ごつうちょうにおよび》候也、十一月六日牧野純三、二宮真一様旧御同勤衆中」

とあり、なおまた

「前文略す、陳《のぶれば》者当春宮内村旧役地訴訟以来姦徒《かんと》の遺憾尚不レ止《いかんなおとまらず》漸々《ぜんぜん》百方へ周旋《しゅうせん》し遂《つい》に旧宇和島吉田に普及し委任条約を以て各村を煽動《せんどう》し頗《すこぶ》る物情騒然既《すで》に去る日三津《みつ》より艦船に乗じ別紙の人名上等裁判所へ赴《おもむ》き云々、別紙五日同船之人名小の田村喜藤太、岩木村国三郎、大洲小田とか申処の人万吉外《ほか》に二人、名元不知人休農と相見ゆ、三日出船、市村外に姓名不レ知御隣村にも和泉村弥次郎若山村の者一名、右は当月五日三津の浜久保田幸平内止宿安津守慥《たしか》に見受候《そうろう》也」

とあるによって、春頃から仕掛けられた事件のようである。

×

さて、この事件に直接関係した者はわたしの部落では一人もなかったが横平《よこひら》の菊池庄七という人が布喜川《ふきのかわ》、横平、鴫山《しぎやま》三部落の世話人で、調印などはこの人が書類を持ち回ってつかせたということである。なおこの事件の発端として当時伝えられていたるは宮内村（＝現、八幡浜市）の郷士《ごうし》の佐々木某と同村旧庄屋都築《つづき》某との席次争いからだとのことである。その後古市村（＝現、西予市）の旧庄屋市村敏麿、これは貧乏して自分が持っていた庄屋家督をすっかり売り払って了《しま》いて無一物となり、それで臥《ね》がえりをうって百姓方に投じ、かくて自ら訴訟の先頭にどうも起《た》つに至ったもののようである。

（昭和十五年三月十日）

134　旧庄屋無役地事件を解剖す（六）

庄屋無役地事件の農民側即《すなわ》ち原告側の主張は大要《たいよう》つぎの通りである。

「当宇和郡勧農村宰《そんさい》の職掌《しょくしょう》は旧領主伊達家藩祖以来累代《るいだい》の制度を沿襲《えんしゅう》、置くに庄屋組頭横目を以てし其《そ》の村内小民を保護撫育《ぶいく》するは乃《すなわ》ち今日の区市長組頭に異ならず、就中《なかんずく》庄屋役なる者は他州他郡に比類なき夥多《かた》の田畑並《ならび》に山林を所有し其他諸課税を免除し則《すなわ》ち之をもつて役目の得分とす如《かくのごとき》レ斯風土の習慣に従ひ制を定めたるものにして別に給料を不レ与之れ当郡中古以還《いかん》の定制なり然《しか》る処弘化三丙午《へいご》年更に其の制を定め設けて庄屋家督なるものを以てす則ち其の役を勧むる者に之を与ふ其の制たる大略《たいりゃく》物成《ものなり》百石の村浦に長たるは其の石高の内九石を以て役地とし若《も》し百石に超ゆるあれは其割を以て逐次之を加へ或は百石以下と雖《いえど》も別に百姓より之を添補し強《しい》て百石の村浦に均《ひとし》らす故に千石の村浦に長たれば役地九十石より減ずることなし如レ之加ふるに限りなうして減ずるに際《きわま》り有り之何ぞ其の不正の甚《はなはだ》しきや且《か》つこの役に居る者世襲を以て継続し頗《すこぶ》る威厳を保ち配下小民を進退すること奴隷の如くし公務は勿論私事と雖《いえど》も一朝一大事あるに際せば一令を出すや小民馳驟《ちしゅう》して其の指揮に従ひ東奔西走し従事之れ勉む若し其の令に触るれば役必ず制肘《せいちゅう》圧迫困苦に至らしむるの桎梏《しっこく》なり嗚呼抑《そ》も之れ何か故ぞ文政天保以還澆《ぎょう》季《き》荒唐《こうとう》の悪風にして其の源伊達家に於《おい》て分外高張《ぶんがいこうちょう》に取扱人民扣御《こうぎょ》の極《きわみ》全く之を里正《りせい》に委《ゆだ》ぬ偶《たま》ま不正を察するも恬《てん》として不庇遂に滔々《とうとう》此に至る然に丁卯《ていぼう》維新より百弊廃棄廃典振興漸《ようや》く奎運隆昌《けいうんりゅうしょう》し随て政体も変じて遂に諸侯を廃せらる此挙たるや封建の宿弊を一洗するに似たり然りと雖もまだ僻陬《へきしゅ》辺土に至りては種々の金弊行はれ已に旧里正の如き政体変損まだ小民の時勢不馴の機を窺ひ虚を邪奇に借《か》り益《ますます》権外の暴威を張り貧弱を凌《しの》ぎ私利を営み甚しきに至りては至期の朝旨を矯《た》め愚直頑廉の下情を掩《おお》ひ常に上下隔絶の勢を醸《かも》し至仁至好の政令も中間に浮雲に遮らるゝに似たり是《ここ》において遂《つい》に庚午《こうご》宇吉両藩の農民一搔狂発風靡《ふうび》雷同して野村宮ノ下両所に屯集告窮哀訴数十条に及ぶ然るに官吏の説諭に因《より》て一同段巣して各自業に就き一先《ひとまず》鎮静す無幾里正の役を廃せられ就いて各役地制し削除せらるされとも格別の御垂隣か役地その四分を以て旧庄屋共に附与せられ其他の六分を以て勧農吏の給料及び貧民救助荒凶の預備に充てらる茲《ここ》において下民始めて朝廷の鴻恩《こうおん》に浴するの忝《かたじけな》きを知り実に一視同仁の御処置なるを感佩《かんぱい》す会々辛未《しんびの》年廃藩置県に際し間島冬道権令《ごんれい》を奉し入部有レ之折柄庄屋共役地私有物と出願に及びしに豈図《あにはか》らんや没地の地所皆以又旧庄屋に与へらる是時に当て農民怨嗟《えんさ》嘆息すと雖も敢《あえ》て疎忽《そこつ》に訴訟せんも尚《なお》畏懼《いく》する処あるを以て己に数年の間探慮して終《つい》に決然茲に発す今や朝廷益公平を旨《むね》とせられ　辱《かたじけな》くも人民権利を不レ失厚く御世話あらせられ旁《かたがた》以前不条理の存する所傍観座視する能《あたわ》ず因て前顕《ぜんけん》の条欵御明察の上右之地所を以て区戸長」［以下原本欠］

（昭和十五年三月二十日）

135　旧庄屋無役地事件を解剖す（七）

庄屋無役地事件に対する大阪控訴院《こうそいん》民事第一部の判決言渡は明治二十五年六月十四日海野裁判長によって控訴人東宇和郡中川村清沢（＝現、西予市）宇都宮伊八外三十二名、右訴訟代理人大井憲太郎、辻村友之、被告控訴人東宇和郡中川村清沢辻隆市、右訴訟代理人清水新三、柿崎欽吾に対し行われた。その判決は

「控訴人は第一審と同一の事実を陳述し第一審裁判全部を廃棄し控訴人請求の地所反別《たんべつ》二町二畝《せ》十九歩《ぶ》を被控訴人より返還すべしとの判決あらんことを申立てたり、被控訴人は第一審と同一の事実を陳述し且《かつ》追加乙第四十八號証を提出し庄屋転村は売買に出でたるものにして官吏《かんり》転勤の如きものと同一視すべからずとの事を証《あか》し第一審裁判全部を認可し棄却あらんことを申立《もうしたて》たり」

とて事件の内容、判決の理由を陳《の》べ、

「右の理由なるを以て本件控訴は民事訴訟法第四百二十四条に依《よ》り棄却するものとす」

との判決言い渡しをなしている即《すなわ》ち事件は農民側の全敗を以て局を結んだわけである。

×

要するに庄屋無役地なるものは庄屋家督として世襲されて来たものであり、庄屋と称する役目に従属していたものに相違《そうい》ないのである。かるが故《ゆえ》に租税も免除されていたものであり、庄屋職の売買とともにその田畑も譲渡されていたのである。従って庄屋制が廃止されると同時に藩主が版籍を奉還したように大《だい》たい庄屋家督も官没さ

るべきものであったであろう。だが一面すでにその庄屋職が売買され、従って庄屋家督も同時に売買されたとすればその所有権が旧庄屋に属していたことも一面また否《いな》まれない事実であり、これを官で没収するとすれば当然これの代償を支払うべきであり、こうした理由からは旧庄屋にその所有権を主張するのもまた必ずしも無理ではなかった。

×

判決書によると清沢村の旧庄屋無役地は反別にして二町二畝十九歩であったようであるがわたしの村では五鬮《くじ》だったといわれている。そうして一鬮は水田《みずた》四反歩これに畑がくみ合わされていたようであり、やはり水田だけでは二町になる。そこでわたしの部落は昔から三、四十戸、五十戸には足りない小部落であり、いまは三十戸にも足りないがそれで昔は七鬮半ばかりだと聞いている。わたしのうちなどはたしか一鬮半か二鬮の代々本百姓であったらしいがそうなると三軒か四軒で殆《ほとん》どの部落の耕地は占有して了っていたようである、いかに多くの百姓というものがその日その日の生活にあえいだかこの一事からでも想像し得られるように思われる。

（昭和一五年三月三十日）

136　旧庄屋無役地事件を解剖す（八）

旧庄屋無役地事件から派生したもう一つの役地取戻事件なるものがわたしの豆郷土に昔起きている。それは村庄屋の無役地でなくて役人すなわち組頭に付属したところの無役地に関するものである。わたしの村はもと布喜川《ふきの かわ》と称し、布喜川というのが本村《ほんむら》で、横平《よこひら》と鴫山《しぎやま》の二部落がこの布喜川庄屋の下に包括されていたのである。

×

大たい役人は組頭と横目をいったもので、組頭は会社でいえば取締役、横目は監査役の如きものであったようである。だから庄屋を社長とすれば組頭は常務取締役、横目は監査役とでもいうべきものであったのである。もっとも組頭にも旧役人と新役人があり、百姓のうちで多少才覚あり文字のある者がこれに当たったわけである。この方は多くは庄屋の如くに世襲ではなかった。ところでこの最後の組頭なるものが横平部落の西の上の菊池幸六氏であったらしい。

×

横平部落でも役人を出したうちは数軒あり[redacted]という[redacted]がわたしの幼い時代にあったが、この[redacted]のうちなどは最も古い役人屋敷だったということである。そこでこの役人の無役地がいまもとんだの大池として知られているその大池の下に一鬮《くじ》分あったということである。これを旧庄屋が庄屋の無役地を私有化したように西の上の幸六さんも同じように所有伺《しょゆううかがい》を提出して自分のものとされんとしたのであるらしい（傍点編者）。

×

それが果たしていつの頃であったか、おそらく庄屋無役地事件ですったもんだでもめていた頃であったであろうが、庄屋無役地の方の世話人は横平の菊地庄七さんであったが、この旧役人の無役地の取り戻し訴訟の方は鳴山部落側がその火元でその先頭に立ってやり出したのである。おそらく同じ部落では気の毒でそんなこともできなかったのであろう。

鳴山の宇都宮良吉、井上佐平、菊池九十九、井上米次郎さんなどがその代表者として取戻訴訟を起こし、第一審で見事敗北したのであるが、さらに扣訴院《こうそいん》に出ると大いに息気巻《いきま》いていたところ被告の旧役人菊池幸六さん勝っても負けても訴訟沙汰はうるさいとついに示談に出で当時の金で五百五十円を支払ってこの事件円満解決を告げたのであった。

×

その示談金五百五十円のうち三百円はこれを部落有資金にくり入れて教育資金となした。それが博愛小学校といっていた時代である。あとの二百五十円は訴訟費用その他に充てたもののようである。もちろん当時の五百五十円は今日の五千五百円にも当たったであろう、わが豆郷土の小部落としては相当大金であったわけである。

×

同じ旧役人といっても世襲せる旧役人もあれば一代限りの旧役人のものもあったようで、わたしの母の里である谷の土居家などは伊達氏以前の最も古い庄屋であったが、それが後に若山村に属して旧役人となったものだそうで、こうしたうちの無役地は旧庄屋なみにそのまゝに私有地化されたものであるが、同じく若山の旧役人でわたしの大叔父の中井家などは一代限りの幕末の旧役人だったのでそのまゝ差し出して村有化したという話である。

×

だからこの横平の菊池幸六氏の無役地もこうした理由からは当然村有化すべきものであり、従って原告の腰が頗《すこぶ》る頑硬《がんこう》であったものであろう。

（昭和十五年四月十日）

137　雨請峰《あまごいみね》のサイレン

雨請峰（1）にサイレンの据《す》えつけられたのは昨年であったか、それとも一昨年であったか、そう古いことではない。谷の何とかいう方（2）の寄付でできたもので、朝と正午と晩と三回ずつ電気サイレンでもって毎日時報が行われている。むかしわたしどもの幼かった頃は、時計のあるうちはときどき簡単な機械でもって正午を図《はか》っていた。それは長さ五、六寸いま一つは四、五寸、その幅が一寸五分か二寸の板を二枚直角にうちつけ、かくしてその長い方を底辺、短い方を垂直たらしめる、その板の内面にはその中央にずっと一直線が各墨で引かれている。なおその直角に交わる二直線は糸でもってその端が結びつけられて自らそこに線と糸とでもって不等辺三角形を作ることになっている。この器械を磁石によって正南北に向かって太陽の光に向かわせることになると、その糸の投影が丁度その器械の板に引かれた墨の線に一致する、そのときがすなわち正午なんだ。こうしてわたしどもの幼い頃の時計は大体正午に合わされていた。もちろん正午といったところでいゝ加減なもので、二十分や三十分は多分《たぶん》その測り方によって差異を生じたことであろう。

×

おそらくその頃時計のあったうちは、いくらもなかったであろう。想い起こしてみると東づけに新宅《しんたく》というちがあった。そこの土蔵はたしか真西に向かっていたかと思うが、その土蔵に一つの窓があり。その窓の小さいひさしが投ずるその影の位置によって夏も冬も、春も不思議に午後二時が正確にわかった。

「さあ新宅のくらの窓に影がさしたぞ、もうお茶だから帰ろうよ」とよく祖父に促《うなが》されてお茶に帰って来た。お茶というのは午後二時頃に食べる食事をいうのでいまもそうであろうと思うが、当時農家では朝起きると朝飯、それから午前十時に昼飯、それからお茶、晩飯と四度食であったのである。

×

冬の日の短いときなどは昼四度も食べると全くひっ切りなしに食べていたわけであるが、それでも四度の食事は決して省《はぶ》かれることはなかった。額に玉の汗を流しまっ黒になって労働するのであるからもちろんよく胃腸が消化したことであろう。

とにかくサイレンもなく時計もなく、新宅のくらの窓にさす太陽のかげり工合と腹時計でもって、働いては食い、食うては働いていた、その頃の山村の原始的な朴直《ぼくちょく》な、屈託《くったく》のない生活をいま考えるときに、わたしは何だか親しみを感ずる。

時報を聞いたあと、時計を見つめたりして、よけいの理屈を考えるいまの山村生活というものが、果たしてそ

れは幸福かどうかということにわたしは一つの疑問をもたざるを得ない。（昭和十五年四月二十日）

（1）標高四二三、五メートル。双岩の西境にある山で、布喜川と川上地区との境界になる。八幡浜市で最も大きいドンダ池がこの山にある。

（2）昭和十年代に谷の二宮広吉という人の寄付で作られた。正堂が『伊予新報』に連載した随筆に「二宮広吉翁」がある。

138 陰《かげ》切り即《すなわち》露《つゆ》切り

山村の習慣法の一つに陰切りというものがある。耕地に隣接せる山林を持っている者は、それが自己の所有に属すると他人の所有に属するとを問わず、東南三間、西北二間（＝東南約五・四メートル、西北約三・六メートル）の樹木を伐採してその耕作を保護しなければならぬ。これを陰切りともいいまた露切りともいうのである。

×

わたしの子供の時代には焼け山というものがあった。それに植林を行うようになったのは明治三十四年からで老父などが主張して実施したのである。それはいずれも渓谷に臨んだ急傾斜地であるので、細い渓流に沿った水田を完全に保護するためにはどうしてもこれを焼け山にして置く必要があったのである。そういうところからこれらの焼け山の植林の分に対しては、水田に対し露切りが陰地十間《かげちじっけん》、日の地八間《ひじはちけん》というきまりになっている。

そこでこうした谷間の水田を持っている者は、水田をすっかり犠牲にして全面的に植林をしたのが利益かそれとも山と水田と妥協して、露切りでもって山も生かしまた田も生かして行くのが利益か、今日ではこれがまた一つの問題になっている。何となれば、今日の山村は若い者は殆《ほとん》ど皆県外に出稼《でかせ》ぎして、生まれた村にいのこるのは総領か特殊の理由をもつものの一部分に過ぎない。従って人的資源が今日は最も欠乏している。だから勢い小作する者が少なくなり、収穫の少ない耕作地はだんだんに荒れて行くより外に仕方がない。耕作してもとうてい収支が相償《あいつぐな》わないからである。これに反して山林の値うちというものは年一年よくなり、昨今《さっこん》の山の値段は法外と思われるほどである。何だか今日のところ米を作るよりは山を作れというゝ主義になりそうに思われる。

結局わたしのふる郷というものは既にわたしの少年時代に比較して約その戸数が半減しているのであるが、こゝ十年を待たずおそらく更に半減してそれで山村の原始状態に帰ってやっと村が生きのびて行くであろうかと思われる。

（昭和十五年四月三十日）

139　与さんと美代さん（上）

「与さん、忙しいの、何を植える」

といういうと

「甘藷《かんしょ》を伏せますのよ」

といってせっせとはたけを打っている。今日は雛節句《ひなせっく》の翌日で老弱男女《ろうにゃくなんにょ》うちつれて皆《みんな》穴井の浜に磯遊《いそあそ》びに行っているのに、わが与さんのみは一生懸命に朝から働いている。兄貴の美代さんの方は与さんよりは少し知恵もあり、おまけにいふう（＝風変わり）でありちょっと小理屈《こりくつ》をいったりして、あまり朗らかとはいえないが、与さんというものはそれはそれは純真で、無邪気で、憎気《にくさげ》というものが微塵《みじん》もなく、良寛《りょうかん》和尚の学問の頭と詩人的素養と筆道の才等々をすっかりネガチブ（＝ negative　否定的な）にして了《しま》って、財欲もなく、情欲もなく、生まれながらの純真無垢《じゅんしんむく》、赤ん坊の良寛さんに還元することができたならそれが即《すなわ》ちわが与さんそのものではないかと何だかわたしには思われる。

×

わが与さんはこうして一年三百六十五日の間、毎日そのうちの仕事を何かかんかしている。もちろんお正月や、お盆や、お節句などの公休日は、

「与さん今日は何もしないでいいよ」

とうちの人がいうであろう。そうした日だけは与さんもぽかんとして安息《あんそく》するであろうが、そうでない日には雨が降っても、陽が照っても与さんがなまけたり、仕事を休んだりすることなどはおそらく一日だってないだろう。

どんなに村の働き手だといったって、やれ今日は神様にお寄りがある、お庵《あん》におこもりがある、何だかだとわが農村では休むことが多くてなかなかに労働日数というものは少ないものであるが、こうした点で与さんというものはそこに何の煩《わずら》いもなく、妨げもなく、丁度《ちょうど》水のかゝれる水車のように朝から晩まで、今日からあすにかけてせっせとうちの手伝いに余念なく、それがすなわちわが与さんの仕事でありまたその生命であるのである。

×

彼、与さんもやがて還暦《かんれき》に間のないことであろうと思うが、めどらずとつがず、童心をそのまゝ一心不乱に一直線にたゞもうその家事大事とこれを推進して来たその勲功《くんこう》たるや実にこれ殊勲甲、また偉大なりといわなければならぬ。なまなか（＝中途半端に）知恵があったり、才能があったりして雄飛《ゆうひ》一番、その家を食ったり飲んだりして了い、社会的にも何らまた寄与《きよ》するところなき、碌《ろく》でもない才物《さいぶつ》、逸物《いつぶつ》などよりは一家のためにも、また社会のためにもどんなにわが与さんのような神心仏心の人物はためになる人物かそれは知れない。

140 与さんと美代さん（下）

わが与さんの朗らかな存在に比較するときは、わが美代さんに至っては少しばかりいゝふう（＝ふつうの人とちがう姿）であり、きかん気のところがありその取り扱いに大いに注意を要する赤地に白ぬきの方である。だからときに家庭的に大波瀾《だいはらん》を巻き起こしたり、飛んでもない美代さん式の活躍を演じたりもする。

×

「わしはもううちの厄介《やっかい》にならないぞ、出て行って了《しま》うぞ」などといってうちを飛び出してよその山の小屋に二日、三日潜んでいたりして大騒ぎをさせたりもする美代さんではあるが、彼ももう七十幾つ、赤ん坊を背なにくくりつけられて、

「わしも近ごろはさっぱり腰がまがってながく立っていると痛うていけない」

などといっておるのを見ると心から気の毒になる。

×

わたしの子供の頃は美代さんもまだなかなか若かった。いゝ声をして始終唄をうたっていたが、その唄というのが一向に意味をなさないもので、全くそれは美代さん一流の唄であった。いま日本否《いな》世界を風靡《ふうび》しているジャズなんてものが何だかわたしには美代さんの唄にその淵源《えんげん》（＝みなもと）を発するんではないかと思う。そう思うとわが美代さんという者もとてもそれは大した世界的存在であるんである。

×

要するに与さんといい、美代さんといい、極めてそれは好人物であり、正直者であり、神様と仏様がよくよく御相談になっておつくりになったような理想的人物なんであるが、惜しいことにはたゞ一つ人間界に生活する上に必要な常識というものをお与えになることをツイ御忘れになったことである。そのためにこの兄弟はついに日

かげ者としてその一生を終わるのハメに立ち至ったのであるが、しかし世の中には与さんや美代さん以上に常識を欠いでいる者がいくらあるか知れないし、結局与さんや美代さんそれ自らに取った、またわが社会にとって、あゝした超世間的超俗的純真無垢の生活が寧《む》ろ大いに幸福である所以《ゆえん》かも知れない。そこに至公至平《しこうしへい》（＝きわめて公平なこと）なるわが天地を主宰《しゅさい》ましますす神様の偉大なる思召《おぼしめし》があるのかもまた知れないとも思う。

（昭和十五年五月二十日）

141　Tの自刃《じじん》

武士道をつき詰めて行くと結局〝死〟の一字に帰するようだ。葉隠《はがくれ》にも「武士道は死ぬることにて候」とある。死ぬることが平気にでき、平気に死ねるようになるならばもう人間も大丈夫、天晴《あっぱ》れ卒業といってよいであろう。

×

Tという一青年の自殺――何故にTは自殺したのかあまりにその死に直面して無造作のようであり、平気過ぎるようでもあってその死の真原因というものが果たしてどこにあるかさえ問題視されているくらいではあるけれどおそらくその前後の事情から推《お》して、少なくも彼はその父の酒乱を悲しみそれがためにしばしば起こるその父母のいさかいにいたく悩み、ついに一死もってその父を諫《いさ》めたものと思われる。

×

彼はあとに一通の遺書だに残さず、全く黙々としてその死を選んだのであるが、よし彼の死の原因がいずれにあるにしろ彼の自刃はたしかに男らしく、その最後は頗《すこぶ》るそれは立派であった。

ある雪の日の夕、すでに死を覚悟せる彼は、全く飄然《ひょうぜん》として（＝ふらりと）父母の家を出たのであった。

「青年会堂まで行って来る」

とそれが彼のこの世における最後の言葉であった。かくて彼がその父母の家を出でるときに一丁の出刃包丁を持っていたということが、彼の死後に判明したのであるが、誰もそうした覚悟を彼の持っていることをもちろんその生前に知ったものはなかった。

×

彼はかくてNの山にのぼり、彼の父や兄たちと何年かかゝって山を開き、これを畑とした、その思い出の懐かしい土の上に立ち、そして真っ白にその土を蔽《おお》える雪の上にオーバーを脱いでこれを敷いて座し、徐《おもむろ》に胸をひろげて、その心臓を刺すこと二回、その刃が肋骨《ろっこつ》に食い入り少しその刃先が曲がったほど強くこれを刺したのであったが、なお致命傷とならず、さらにその咽喉《いんこう》をえぐり、後頭部を切ってその出刃を積雪につき刺しそのまゝうしろに倒れ息絶えたのであった。

彼の死後三日にしてその遺骸が発見されたのであったが、その死に顔に何らの苦痛の陰影を残さず、その姿勢にもまた何ら取りみだしたところはなかった。

×

彼は要するに泰然《たいぜん》としてそのいさぎよき往生《おうじょう》——覚悟の死を遂《と》げたのであり、よしその死の原因がいずれにあるにせよ、一青年として男らしい〝死〟を選び、そして男らしく死んで行ったことだけは断じてこれを否定することができない。ただ彼がいま一段人生の高いところに立ち、その死を平気とするその覚悟、その胆力《たんりょく》、その気概、その真面目を共の生に向かって転換せしめ得たならば、どんなに彼のために、またわが国家社会のために利益でありまた幸福であったであろうし、その点返す返すも残念なことであるとつくづくわたしはまたそう思うのであるが、しかし人それぞれにその運命というものがあり、また宿命と称するものが存するのであって、またこれを如何《いかん》ともすることができないのである。

（昭和十五年五月三十日）

142　金利の変遷

むかしは黄金が貴《とうと》く、家督が貴く、田畑というものが今日に比較して非常に貴かった。わたしの祖父の時代のことはあまりよくわからないが、人から融通してくれよと頼まれるとよろこんで貸してもいたものゝようで、林兵衛さんという山奥へ古手商売[1]などに行っていた男に若干金を貸したことがあったそうだが、その林兵衛さん横畑の米次郎さんか何かにそゝのかされて、その時分徳川金という餡《あん》こ入りの価値のない通貨があった、それを二人で買い集めてそれで元利を返済するといって来た。祖父はそんな無価値なものは受け取らない、ほんとの価値のある黄金を貸したんだからやはり正金《しょうきん》（=現金）で支払ってもらわねばならぬと頑張っていたが、あとにはわるく願いつけるか何かしてすいほう（=侠客）をさし向けたりして来て祖父もとうどう（=とうとう）うるさく感じ腐った通貨を我《が》まんして受け取りそれでついに帳面に墨をひいたというが、それ以来祖父は頑《がん》としてまた人にお金を融通することをやめて了《しま》ったという。折角厚意に貸してやって、恩を仇に返されては阿呆《あほ》らしいというわけであったであろう。その時代にお金の利子というものが果たして何程であったか、おそらく一割以上であったであろうという。

×

わたしの老父の時代になっては、多分明治十年以後のこれは話であるそうだが普通高いのが二割五分、最も厚意的で安いというのが一割七分であったという。明治三十五、六年前後においてもなお普通一割二分だったというから今日に比較してトテモそれは信ぜられないほど高歩《たかぶ》であったわけである。今日南予地方の銀行でも年利にして五朱《しゅ》（=五%）か六朱（=六%）かで融通しているのを思うと全くそれは隔世の感であり、夢の如くにすら感ぜられる。要するにそれだけお金というものが安っぽくなり、われわれ人間の腕や努力がその反対にだんだんと貴くなって来たわけなんである。

（昭和十五年六月十日）

（1）古着・古物の売買。

143

宗無居士

さつき二日の朝叔父危篤《きとく》の凶報《きょうほう》
あはたゞしくも吾驚《われおどろ》かす
○
叔父死すと悲しき訃報《ふほう》ついで来《き》ぬ
あゝ叔父死せり病むこと四日
○
思ふこと語り続ける叔父なりし
あゝその叔父の亡くなりしかも
○
ひよいひよいと思ひ出抔《など》を面白く
うち語りける叔父にてありしに
○
おもひ残す事もなからん叔父なれど
もう少し生きてくれたらと思ふ

〇

四人の老兄弟の末《すえ》ツ児《こ》の
喜寿《きじゅ》の叔父逝《ゆ》ける淋《さび》しき夕

〇

T村《むら》に養子となりて行ける日の
叔父若かりき二十二なりき

〇

ハイカラの若き叔父なりき馬に来て
幼き我れにも乗らせたりしか

〇

叔父もまた甘党《あまとう》なりき酒よりも
黒砂糖などよく食べしかな

〇

茶も花も書画《しょが》も話も何もかも
相当《そうとう》叔父もものの好きなりし

〇

もの好きの趣味相似たる叔父逝きて
兄なる父の陀《わび》し気《げ》にます

〇

息子Tは大学卒《だいがくお》へて技師となり

子女《しじょ》それぞれに片付《かたづ》ける叔父
○
だが叔父の神経はいと鋭《するど》かりき
夜など一人では眠り得ざりき
○
あゝその叔父も鉄心軒一山宗無居士
一人淋《さみ》しく今宵《こよい》墓に眠る

（昭和十五年六月二十日）

144 飯野古城址《いいのこじょうし》に就《つ》いて（上）

飯野山の古城址に関しては、『宇和旧記《うわきゅうき》』に「喰野山とて山城《やまじろ》あり、城主不レ知《しれず》、一説に曰く城主井上備後守《びんごのかみ》嫡子、治部太夫《じぶだゆう》、後穴井庄屋《のちあないしょうや》」とある、末葉《まつよう》に「井上五介なり」とある外所見《ほかしょけん》（＝意見）なし。これによると徳川幕府の初期、天和《てんな》の頃（＝一六八一～一六八四年）すでに城主はしかとわからなかったものと見ゆる。

×

だが、この城は相当の構《かま》えを持っていたようであり今日でも築地《つきじ》（＝土で作った垣根）の壊《こわ》れかけたのが残っていたり、空濠《からぼり》の跡なども一部判然と残っている。鴫山《しぎやま》の側《がわ》ぬか森からこの城に取りかゝるところは、垂直に近い傾斜面で、一たんこれをよじ降《くだ》って更に城壁をよじ、空濠を突破しなければならぬようになっている。もちろん自然の山腹を利用したものであるが、これに相当人工を加えたことは間違いない。

×

またいまから三、四十年前までは城閣《じょうかく》に使用された瓦《かわら》がうず高く積まれていたというが、いまはどうして取りのけられたのか殆《ほとん》どこれを見ない。たゞ破片が数個最近城主の霊《れい》を祀《まつ》った神社に保存されている。

×

わたしは何か異なった伝説でもあるかと穴井《あない》に行った序《つい》でに薬師神《やくしじん》伝次という方に会ったのであったがあまり多く得るところはなかった。この薬師神伝次氏は飯野山の城主が落城のときに穴井に逃れ、当時はいまだ福高寺《ふっこうじ》はなく、そこに一宇《いちう》の（＝一軒の）薬師堂《やくしどう》があったので、その中に隠れて一命《いちめい》を完《まっと》うした（＝命をながらえた）、その城主の後裔《こうえい》だといっている方である。

薬師堂でその危うい命を助かったので薬師寺と呼び、その守護神であった三郎天神に奉仕し、代々神職《しんしょく》であったが、神職に〝寺〟はふさわしくないと〝寺〟を後《のち》に〝神〟に改めた。だから今日同家に伝わっている裁許状《さいきょじょう》の古いものには薬師寺とあり、後世《こうせい》に至ってそれが薬師神となっている。穴井浦には今日薬師神が五十戸ばかりもあるという。

×

口碑《こうひ》によると、穴井浦の草分《くさわ》けの家は親家《おやけ》でこれは井上姓である。宇和旧記に〝井上五介〟とあるのは多分この家のことであろう。最近は庄屋でなく、庄屋は二宮氏であったが、これは後世更迭《こうてつ》して庄屋となったものと思われる。兎《と》にかくこの井上家は穴井浦随一《ずいいち》の旧家でありその墓も薬師神伝次氏のうちのと一緒に古来相並《あいなら》んでいたという。そこには三、四基《き》の古い五輪塔《ごりんとう》もある。

×

穴井側から撮影した飯野山古城址

伝次氏のお話によると、中古《ちゅうこ》にその薬師神家の本家たる伝次氏の方はその神職をやめて、分家の薬師神氏がこれを継いで先代の薬師神清海氏に至ったものだとのことである。なお現神職薬師神敬二郎氏は伝次氏の甥に当たられる方だそうである。宇和旧記が〝城主不レ知〟と書いている通り、要するに飯野山城主なるものは今日ではもはやはっきりとはわからない。伝次氏は
「西園寺《さいおんじ》十五将の一人であってもと京都の公卿《くげ》であった」

というが、城主時代の姓は結局判明せず、

「薬師寺近江守《おうみのかみ》藤原清綱《きよつな》などと裁許状にもあるから、おそらく藤原姓だろうか」

ともいっていられるが、西園寺家旗下《きか》の十五将というのは勧修寺兵庫守基明、津島越前守通孝、後西園寺中将宣久、渡辺式部少輔教忠、紀式部卿親安、魚成豊後守通親、宇都宮左近尉乗綱、宇都宮石見寺宣綱、摂津豊後守実親、宇都宮彦左衛内尉房綱、法花津播摩守法延、有馬肥前守能親、土居式部太夫清良、竹林院左衛門佐公明、河野新蔵人通賢の十五将で飯野山城主はその中にはない。


ただしこの十五将は天正十三年に小早川隆景《こばやかわたかかげ》に降参したところの十五将で、飯野山城主などはその以前にすでに長宗我部《ちょうそかべ》氏のために攻《せ》め亡《ほろ》ぼされてとっくに廃城《はいじょう》となっていたものであろうから、この中に見えないのは当然かも知れない。それにしても相当の構《かま》えを持っていた飯野山城が、その落城を去ることあまり遠からざる天和時代にもうその城主が知れなかったというに至っては、何としても世の中の有意転変《ういてんぺん》(1)ほど速やかにまた儚《はかな》いものがあろうか。穴井に落ちて薬師堂でその一命を助かったというのも果たしてその城主であったか、それともその部下であったか、もとより確然《かくぜん》とはわからないのである。

×

同じく上泊《かみどまり》へも落ちてその子孫が三軒ばかり旧家としてやはり残っており、そこには古い壺《つぼ》や両掛《りょうがけ》(2)なども当時のものとして今日に伝来しているという。なお鳴山のちさの木谷には権《ごん》ノ守《かみ》というところがあり、一つの巨岩が

峙《そばだ》っている、そこは飯野山城主権ノ守が切腹したところだとも伝えられている。

×

今日郷士史家の間には飯野山城を攻め落したのも果たして伝説の如く長宗我部元親《もとちか》の軍であるか、それとも九州の大友宗麟《おおともそうりん》の軍であったかそこに一つの疑問符がうたれており、いまではその史料の上からハッキリと、そのいずれともこれを決定することができない。今後この侵入軍の果たして、そのいずれかということはぼつぼつ研究がつゞけられて行く間にはおそらく判明するに至るであろう。そうしてその結果意外のところから或《ある》いはその城主もハッキリとして来るかも知れない。

（昭和十五年六月三十日）

（1）この世は因縁によって仮にできているから、移り変わってしばらくも一定の状態にないこと。（『広辞苑』第五版）

（2）旅行用の行李《こうり》の一種で、てんびん棒の両端にかけ、共の者にかつがせたもの。（『広辞苑』第五版）

145　飯野古城址に就いて（下）

郷土の伝説をそのまゝに事実としてうけ容《い》れるということはもちろん大いに危険である。少なくとも口碑《こうひ》伝説の多くというものは無意識に若《も》しくは故意《こい》に非常にそれは歪曲せられている。

たとえば穴井の旧家親家《おやけ》がその草分《くさわ》けの家であったことは間違いないであろう。これに並んで薬師神氏が土着したこともこれをほゞ推定し得る。この両旧家の祖先の墳墓が相接《あいせつ》していることもまたいかにもと思われる。そこには三、四百年前の古い五輪《ごりん》の石碑もある。それが井上家の先祖にもしろまた薬師神家の先祖にもしろおそらく飯野山の落城によってこゝに土着するに至ったものにそれは違いない。たゞそれが城主であったか家老若しくは部将《ぶしょう》であったかそれはもとよりわからないのである。

何か証拠となるものでも残存していたらばと思ったが全然何一ついまはないのである。両家とも中古火災（＝中世の火災）にかゝって古い書類などは皆焼失して了ったということである。

×

かつてわたしが飯野山古城址を訪ねたとき一つの深い井戸があり、それは井戸とはいってもたゞ深くこれを掘り下げたものであり、しかも一部それが屈折しているのでこれを覗き見ることもできず、いかに考えても水を得る目的のために掘ったものではなく、おそらく城郭のあった当時の抜け穴でもあろうかと考えたり爾来《じらい》半信半疑、何のためにかゝる深い井戸――少なくも数十間の探い井戸を鑿《うが》ったものであろうとこれを不審に思っていたのであったが今日たまたま薬師神伝次氏に会って質《き》いてみると、それは古城址とは何の関係もなく、満俺《マンガン》掘《ほ》りか何か知らぬが十余年前に彼の山にのぼり何ヶ月かいてあんなものを掘って去ったのだとのことである。

聞いて見れば誠に馬鹿げた話であり、それが僅《わず》か十年か十五年の過去のことであるというに、すでにこうしてわれわれはたわいもなく惑わされるのである。だから百年、二百年、三、四百年、乃至《ないし》は五百年ものむかしのことになると何も彼《か》もその真相が蔽《おお》われて了ってわからなくなって了うようになるのもまた当然だといわねばならぬ。

×

またかつて飯野山の古城址に建てられていた〃井上経森御老中之塚〃明治二十三寅三月二十八日と称するものがあった。これもいまは城主の霊が祀られている神祠《しんし》に納められているとのことであるが、当時これを建てた人は井上宝生という方で宗五郎神社を穴井に勧請《かんじょう》していたりした信心家であるという。併《しか》し、その碑の根拠についてはこれもいまは判然とした話があまり何も残っていない。

いつの頃か穴井浦《あないうら》がまだ七軒しかなかった頃、その屋敷はいまは大《だい》たい村の中央になっているが、当時庄屋はずっと北の方に位置していたという。いまの鎮守天満神社も本家薬師神家が奉仕されていた頃はこれを三郎天神と称していたよしで、その後分家薬師神神職の時代となりて、その浦に漂着したる天満天神の木像を主神となし今日に至っているとも伝えられている。

×

薬師神伝次氏所蔵の八幡愚童訓《はちまんぐどうくん》(1)中〝八幡濱浦清水八幡縁起《やはたはまうらしみずはちまんえんぎ》〟が載せられているそれの社家《しゃけ》九座中〝巫祝《ふしゅく》穴井之住薬師寺将監《しょうげん》(2)〟とありこれは元禄十三（一七〇〇）年八月沙門《しゃもん》玄蔔の記すところであり、元禄時代には薬師寺神職は将監と称していたものと見ゆる。

なおいま一つの古文書に穴井浦の氏名の手習覚《てならいおぼえ》なるものがあり〝御庄屋長左衛門様、組頭横目平之允様、同喜平次様〟、なお三右衛外メ《しめ》百弐拾余人の戸主名を列記、その中に〝薬師寺伊勢守、薬師寺近江守〟の名が見えている。これは寛延三（一七五〇）年のものである。

×

わたしの部落のお姫様の墓に写経石《しゃきょういし》が残っており谷の古い墓にもこれがある。中津川《なかつがわ》にもあったと思うがこの穴井の古い五輪塔《ごりんとう》のある墓地にもそれが数枚存《そん》している。それはおそらく法華経《ほけきょう》を筆写したものと思われる。そこに法師《ほうし》らしい人の墓碑も一基《いっき》あれば或いはそれのものかとも思われるが経石《きょうせき》はとにかく一つの郷土史料である。

×

飯野山古城址はむかしから入らずの山といいなし、穴井でも鳴山でも多くの者はつねにはこれに近づかなかったものである。朔日《さくじつ》と十五日、二十八日には遥かに神楽《かぐら》の笛や太鼓の音が聞こゆるとか、そこには城主の怨念《おんねん》大蛇となっていまに棲《す》んでいるとか言い伝えられてもおり、かつて穴井浦の人でこの城址にのぼりたるにそこに立派な一つの墓碑があり、それを見せてやるからと若い者をつれて再びのぼりたるにどこにも今度はそんなものは見えなかったりしたともあった、こうした不思議を見て煩《わずら》った者がつねに絶えなかった。

×

上泊《かみどまり》ではむかし松明《たいまつ》を作るために竹を取りによくこの城址に来たものだというが、かゝる場合に落城のとき同村に落ちた三軒の清水家のだれかゞ交じっていれば何の故障もない、そうでないと必ず不思議なけち（＝縁起がわるいこと）に会わしたものだともいわれている。

（昭和十五年七月十日）

（1）八幡愚童訓とは鎌倉時代中期・後期に成立したと思われる八幡神の霊験・神徳を説いた寺社縁起。
（2）社家とはかんぬし、神職、巫祝とは神に仕える者、神職。将監とは近衛府の判官

146　飯野古城址の補遺

飯野山城址については種々《しゅじゅ》なる伝説が残っているのであるが、例の古井戸伝説もその一つで、鳴山にわれわれ子供時代に吉老爺という一人の常人を超越した老爺《ろうや》があった。それは天下に怖しいものを知らなかった。だからよく人の行かない魔の城址へも平気に行ったものであるが、それがいつも「己《おれ》はあの底なし井戸に刈草《かりぐさ》を蔽《おお》って置いた。若《も》し知らぬ男が行ったらばあの井戸に落ち込んで死んで了《しま》うであろう」

とよくそんなことをいっていた。だからどうも伝説の古井戸がその城の台にあったことは事実と思われる。薬師神伝次氏の満俺《マンガン》掘りの話はよく考えるとどうも別の実話ではないかとも思われる。かつて垣生《はぶ》の側の傾斜面を開拓したときに、坑《こう》をうがった（＝穴を掘った）跡があったとかいう話であり、それと伝次氏の満俺掘りの話が何

だか関係があるように思われる。あの山の頂上から少なくも一町以上も掘り下げられている坑道それはもちろん垂直でないので井水《せいすい》を得る目的ではない、古城址として当然何だか抜け穴だろうと想像せられる。だから、この問題はやはり一つの宿題として他日の研究に残されねばならないように思う。なお穴井びらの急傾斜面はいまでも多分雑木や女竹《おなごだけ》が沢山繁茂しているであろうと思うが、七、八十年前にはその竹のなかに瓦の破《わ》れが沢山散らばっていたということである。この点は伝次氏の話ともちろんよく一致する。三、四百年前のむかしにすでに瓦ぶきの城塞を持っていたのであるから飯野山城というものは決して臨時的の城塞ではなく、少なくも常設の堂々たるものであったことが想像せられる。またその城主の住んでいた常住《じょうじゅう》の邸宅土居《どい》がおそらく穴井になったものかと思われるがそうした痕跡も今日ではすべてわからない。或いは鳴山のちさの木谷の権ノ守あたりにその住宅――土居があったのかも知れない。

×

ぬか森から降って更に城の台へとりつく峡谷から一丁ばかりまっ直ぐに下ったところに一つの泉が湧いているという。むかしからの伝説ではそのあたりに城主が七つの壺に黄金を納めて埋めた。そのときにその壺を運んだのがお蝶《ちょう》という女で、それはやがてその秘密を漏らすことを恐れて手討ちにされその五体を七つに切って壺の蓋にされたと言い伝えている。これはもちろん創作された一種のロマンスに過ぎない。要するに古城址に関する伝説というものはすべてがロマンスでまことにたわいがなく、その年代を多くは超越し、その地上の要件をすべてまた超越し、まじめにこれを考えて行くと多くは馬鹿馬鹿しい結果となって了う。伝説に史的価値などはまず皆無といってそれはいい位のものである。

×

穴井浦が草分けの親家を中心にたった七軒であったというのであるが、それはおそらく七、八百年も千年ものむかしの話であろう。飯野山城のあった時分にはもう三十軒や四十軒ではなかったに違いない。少なくも戦国時代には西宇和郡の海岸部も山間部も相当稠密《そうとうちゅうみつ》（＝すきまなく集まっていること）な人口を持っていたように思われる。だから穴井浦に炊煙《すいえん》の立ちのぼったのは、いまから何十代前からか知れない。若し親家というものがほんとうに草分けの家であったならばそれはとてもむかしのむかしの大むかしからであった家でなければならない。どうもそうした伝説も押しつめてこれを考えるとあまりあてにはならないように思う。

（昭和十五年七月二十日）

147　翁昔がたり（一）

昭和十五年七月十日帰省。数日間山荘で起臥《きが》、ことし九十の高齢を重ねてかくしゃくたるわたしの老父がわがふる郷の年代記をその記憶を辿ってそれからそれとうち語るをその儘《まま》に筆記する。やがてはわがふる郷のさゝやかな古事記の資料ともなるであろう。

この小さい部落でかつて頻々《ひんぴん》と火災がつゞいたことがあった。明治十年旧の八月二十三日の夜、十二時頃うちの西の木納屋《きなや》から出火、居宅、納屋、木納屋とも三棟《むね》皆焼けた。幸いに牛も無事、家財も十中八九取り出した。残った建物は土蔵と新築の隠居家のみであった。全く一人の放火魔のしわざで、その後引き続いて西づけのみが奇怪にも毎年焼けた。それまでは棟瓦《むねがわら》のどっしりした茅ぶきだったが、そのときの火災ですっかり瓦ぶきに改めて了《しま》った。本家の間取りなどは殆《ほと》ど旧来のものが踏襲《とうしゅう》されたが多少住み工合《ぐあい》のよいように変更した部分もあった。木納屋には総桐《そうきり》の箪笥《たんす》や長持《ながもち》を幾棹《さお》か作るといって木納屋に一杯爺さんが桐の板を山と積んでいられたがすっかり焼けたのでとてもそれを惜しがっていられた。

×

それから明治十二年の旧六月四日に隣家の高倉辰治の木納屋から出火、同家の上下二かど分の住家が二軒、その他五棟、併せて七棟全焼家財もすっかり焼失して了った。

同時に西村伴治の住家、厩《うまや》も二棟類焼、家財は半分ばかり取り出した。このときうちの木納屋もとうとうまた一棟類焼した。

ついで明治十三年の旧十一月七日夜十時頃山口政治郎方の木納屋の中央へまた放火しかけたが、その家族の者が就床《しゅうしょう》せんとして、たまたまこれを発見直ちに消しとめて幸いに無事なるを得た。それから翌十四年にもいまの庵の上のわきに松田虎治の屋敷があった、これが放火で焼けた。

明治十六年の旧十一月二十九日の夜十一時頃松田伊三郎方が同様駄屋《だや》に放火されてまる焼けになった。こうして年々数度の怪火《かいか》をくり返してその放火魔が木挽《こびき》の忠であることが明瞭となり同人は夜逃げのようにしてその後九州豊後《ぶんご》に渡ってついに行衛《ゆくえ》不明となった。

もともとこの忠という者は母親につれられて妹などと乞食して、この部落に入りこみ来たり一人者の爺さんのうちに養子になった者でもとは周防国《すおうのくに》（＝現在の山口県東部）の者であったということである。（昭和十五年八月十日）

【参考】火災（明治二年十二月の影平《かげひら》の大火）　『双岩村誌』（一一頁）

明治二年十二月一日影平に大火あり、延焼十戸四十余棟に及び、村民恐怖の余りその村名を改めて和泉《いずみ》と称す、その他時々一二戸に延焼せし火災なきにあらざるもこの時の如き大火災は絶えて聞かざるところなり

翁昔がたり（二）

放火魔の忠がいなくなってからはずっと火事がなくなっていたが、その後大正十（一九二一）年六月四日の午前九時頃松田与七郎居宅養蚕室から発火、折柄《おりから》同家の者は遠方の畑へ行っていたことであり、それで収繭《しゅうけん》もほとんど焼失、家財なども全部焼いて了《しま》った。たまたま宇都宮源治がその火災を発見、火事よ火事よと呼び立て一村はいうに及ばず横平《よこひら》、谷《たに》、和泉《いずみ》、三瓶《みかめ》などの消防班が駈けつけ消火に尽力、就中《なかんずく》三瓶の馬車引き安田音松が一番駈《が》けで駄屋から牛を引き出し繭《まゆ》も一、二枚は取り出したが、間もなく猛火がこれを取り巻き何一つ取り出すことができなかった。

×

昭和二年九月二十九日午後九時頃、東組のおかの末光貞吉方の駄屋から出火、住宅へ延焼、土蔵は火災を免れたが不幸にして畜牛《ちくぎゅう》（＝畜産用の牛）一頭その家財と上簇《じょうぞく》中の収繭約二十貫焼失、しかし貴重品は多く土蔵にあったので無事なるを得た。

このときも横平、布喜川《ふきのかわ》、谷、和泉、三瓶より約四、五百名の消防の援助あり、幸にこのときも隣家へは類焼はしなかった。

×

それから本年一月三日午後十二時三好多三郎方風呂場の残り火からこれに隣接せる納屋の積藁《つみわら》に引火して大事となり、それが四日午前零時半頃同家の者によって発見され大騒ぎとなったが直ちに部落の消防班の活動によって極力消火に努めたが、火の回り意外に早く同家納屋全焼、松田勘治郎方駄屋を全焼やっと午後二時鎮火した。幸いにして両家とも住宅、土蔵などは無事なるを得た。このときも横平、布喜川、谷などの消防隊が駈けつけて加勢、近村各部落とも連絡道路が開通したのと消防施設が大いに向上したので従来の如き大火災を見ないのは誠に仕合わせなることである。

×

因《ちな》みに近年の近接部落の主なる火災をいってみると大正三年三月八日の和泉の大火（火元摂津与之助、類焼菊池長太郎、菊池万吉、菊池光貞、菊池金治）それから昭和四年十月二十八日の谷部落（火元井上要、類焼井上源太郎）昭和九年正月上旬布喜川（井上高太郎全焼）同十年五月二十二日夜同部落（井上源太郎方納屋全焼牛一頭焼死）同十一年一月二十二日若山薬師谷（大城某方駄屋焼失）などがまずわしの記憶に残っている。

（昭和十五年八月二十日）

149　翁昔がたり（二）

伝染病というものは、わしがもの心ついてからは明治十年の夏から秋にかけて赤痢が浸入し、その猖獗《しょうけつ》を逞《たくま》うし（＝猛威《もうい》をふるい）男女四人ほどこれがためについに鬼籍に入った（＝死亡した）のと、同十二年の春天然痘《てんねんとう》が大いに流行し、この部落だけで罹病者《りびょうしゃ》約百人、うち死亡者六人、それからはずっとまず平穏無事で大正四（一九一五）年の秋十月十日発病大いに赤痢が流行男女共に四人これがために死亡したくらいのものであるように思う。それで川口（＝現在の鳴山口）に立派な隔離病舎が新築されていても創建後ずっと立ちぐされでほとんど利用されなかったが、近年に至って横平のM氏親子がチフスで収容、ついで昭和十年晩秋、U妻S子さんが母子同様入院、これが当部落の入院の嚆矢《こうし》であった。

×

そこで天災の方面につき少々記憶を喚起してみるというと、明治二十六（一八九三）年という年は降雨が甚《はなは》だ少なく当部落の如き旱魃《かんばつ》村は大いにこれに困った。それからつゞいて翌二十七年も六月から九月上旬にかけて大旱魃、うちに作っていた水田の如きは六反《たん》二畝《せ》（＝六一・五アール）に青小米が僅《わず》かに四俵半（＝二七〇キログラム）あったのみであり、小作米《まい》も殆《ほとん》ど全部なく、僅《わず》かに四俵（＝二四〇キログラム）ばかり持って来たように思う。

それから大正十（一九二一）年は六月四日から雨が降り出し、同月十日からは非常な豪雨になり、十六日午後三時頃ちょっと光を見たのみでまたも大《だい》強雨、その前日十五日午後三時頃には西村鹿治所有の新田《しんでん》がうちの田に大崩壊した。その他数ヶ所に被害が続出し、麦、小麦、豆などは刈取ったまゝに畑に積付《つみつ》けその儘《まま》腐らして了った。然《しか》るにその翌年は旱魃でまた困った。春以来ずっと降雨が乏しく、五月三十日に小雨があり六月十日にまた少々降雨ありやっと甘藷《かんしょ》は少々植えつけたが、水田の灌漑《かんがい》水がなく、六月十六日午後一時頃少しばかり降るには降ったが極めて小雨で田植えなどできそうもなくやっと残りの甘藷を植え得ただけ、二十二日に微雨《びう》があったがなお田のあらぜができず、二十五日午前七時半頃から六日にかけやっと潤雨《じゅんう》があって七月一日までに田植えがほゞすんだところへ、今度はその翌二日大豪雨大洪水引き続き五、六日漸《ようや》く微雨ちょっと日の目を見せたが七日また大風雨、十日も降雨、十一日からやっと晴れ、また二十五日から降り出し、二十六日大洪水、それから八月中は晴天うち続き、九月五日晩から降雨、六日大雨、七日豪雨、その年は全く干害水害こもごもであった。

（昭和十五年八月三十日）

150　翁昔がたり（四）

大正十二（一九二三）年はまた雨年《あめどし》で入梅後ずっと降雨がち、就中《なかんずく》七月十一日大洪水、新道《しんどう》数ヶ所破壊、三好義太郎方駄屋《だや》が倒壊した。その十五日にはおり和もうしのおこもりをした。

大正十三年の夏は非常に酷暑の年であり、その冬はまた馬鹿に寒い年であった。十一月九日降雨のために稲作に大被害、十四日もまた大降雪、稲作大不作、養蚕も不作、甘藷などは大いに上作であった。

×

大正十四年の春は大降雪で庭前平均三寸（＝九センチメートル）、雨害《うがい》干害ともになくまずめでたい年であった。翌十五年も格別なこともなくたゞ十二月二十三日から二十四日にかけて大降雪があった。

×

昭和二（一九二七）年の春はとてもひどい酷寒で、一月十九日から三日間につゞく大降雪、庭前の積雪平均五寸（＝一五センチメートル）以上二十五日もまた大降雪、その後降雪引き続き、旧の正月元日の二月二日は晴天であったが、三日の午後六時頃からはまた降り出し、六日になってやっと晴れ間を見せた位であった。わしは四日に三《み》瓶町《かめちょう》に行きその帰途に和泉《いずみ》に立ち寄ったところが積雪ついに五寸以上とうとう十日まで滞在してやっと無事帰ってきた。然《しか》るに十日の晩から十一日の暁《あかつき》にかけてまた降雪あり、その後漸《ようや》く晴天、二月十五日の降雨でその雪も全く消えた。

翌三（一九二八）年は夏後《ママ》ときどき降雨、六月二十九日から七月一日にかけて田植えも大体完了した。つゞいて四年はまた旱魃《かんばつ》年で七月十一日より九月二十三日まで降雨なく、鎮守、金比羅《こんぴら》、幽玄庵《ゆうげんあん》、供養場《くようば》の地蔵等《など》と都合四回雨乞《あまご》いを行った後《のち》大雨あり。稲は九分作《くぶさく》、甘藷は平年作、養蚕は前年来ずっと不作をつゞけた。

×

それからは五（一九三〇）年がまた大旱魃、冬は寒気がひどく夏橙《なつだいだい》は落果して了った。六年は希なる雨年で、夏も涼し過ぎて却《かえ》って寒さを感じた。七年は地方によっては大洪水を見たがわが部落は晴雨頗《すこぶ》る順調、八年また極めて順調であった。然《しか》るに九年に至ってまた大旱魃、春は大雪が降った。十年は春蚕《はるご》も好成績で降雨も十分にあり、ところどころ山崩れの被害をみた。十一年も春は希有な大雪で一月末一尺五、六寸（＝四五～四八センチメートル）も積んで三月に入ってもまた一尺（＝三〇センチメートル）以上の積雪、わしが生まれて始めての大雪であった。夏も極めてまた降雨勝ち、しかし秋は晴天であった。十二年は格別異変なく、十三年もまた降雨がち、不作のうちが多かった。十四年はまた大旱魃で悩まされた。

（昭和十五年九月十日）

151 境《さかい》せゝり（上）

ドイツとフランスがアルザス・ロレーヌを取ったり返したりしている。昔、土佐藩と宇和島藩が国境問題で数年にわたって争ったことがある。どこに行っても村境《そんきょう》のもめ、部落境のもめ、個人同士の境論《さかいろん》（＝境争い）は絶えない。わがふる郷にも境せゝりで名をなした昔人今人《せきじんこんじん》のあとは絶えない。

ケーさんという境せゝりの有名爺《おやじ》がある。エスさんがワイの田を買って、その田についている草山のひら（＝傾斜面）に対しケーさんのそれと相隣接《あいりんせつ》した。やがてケーさんと当然境論が起きた。ケーさんの主張は相当広くエスさんのひらに侵入していた。

×

十目《じゅうもく》の見るところ十指《じっし》の指さすところ（＝皆がそう認めるところ）ケーさんのいうところ大いに無理であったがケーさんなかなか譲らない。結局ケーさんはジーさんを雇い、エスさんはアイさんを雇って実地についてその境を協定するとになった。

そこで四人がうちつれて現地に行って、いろいろと話し合ってはみたがもちろん容易にその一致点を見出さない。それでとにかくジーさんとアイさんの公平なる審判にまかせて無条件一任ということになり、二人の仲裁人は、その地勢やら従来の村の慣習やらいろいろと睨み合わせ、至公至平《しこうしへい》（＝この上なく公平な）の境石《さかいいし》をそこに建て丶最後のしかも永久なる判断をこれに下したのであったが、もちろんそれはケーさんの満足するところではなかった。

×

ケーさんは飽くまでわたしの主張するところが正しい、エスさんはもとより、エスさんの雇った審判者のアイさんも自分が雇ったジーさんまでも間違っていると、とうとうやがて無条件一任の破棄を宣言したのであった。

かくて彼は自分に田を売ってくれた売り主のディさんを他村の移住先に訪《と》うてこれこれだからお前やって来て一つ公平（?）に境石を建て丶くれよと頼んだ。

そこでお人よしのディさん、ケーさんに頼まれてよぼよぼと隣村からやって来て、かつて自分の土地であったその山田についている草原に立って、そのディさんやアイさんの建てた境石を見てケーさんに

「こりやケーさん公平なところがこの境石の通りだで、お前もうこれで辛抱おしたらどうだ」

といったが、ケーさんどうしてどうして〃われ一人正し、千万人と雖《いえども》もわれゆかん〃で

「わしのいうところが飽《あく》まで本当の境だ。お前が同意してくれなけりゃわしは困る」

と百方駄々《だだ》をこねてとうとう

「そんならお前が思うようにしなさったらどうだ」

とディさんもついに愛憎《あいそ》をつかし、早速ケイさん旧地主の賛成を得たとディさんやアイさんの建てた境石を引きぬいてエスさんの土地に何間《なんげん》か侵入、自分で勝手に境石を建て丶了った。

（昭和十五年九月二十日）

152 境せゝり（中）

ケーさんの境界の真理は我欲である、我欲の命ずるところがすなわち唯一の正しい境界である。かつてケーさんの遠い親戚のビー家の田とケーさんの田とが現にその境を接している。そのケーさんのこじりの田というのは、一部かつてビー家の田の庭とこであり、ほゞケーさんの田と平面をなしていたので、当時近い親戚のことであり、無償で何代か前のケーさんのうちへその庭とこをゆずり、これを取り込んでケーさんの方ではその水田を拡張したのであった。

×

そうした結果、今日はその田のかゝりから傾斜面の山村を見あげると、旧来の山村の境界というものが当然ケーさんの側にあまりに侵入し過ぎているように思われる。

だが庭とこはむかし無償に譲渡されても山村までもつけてケーさんのうちにそれはやったわけでないから何代も山の境界は山の境界として厳然とそれが守られていた。その結果として相接する両家の植林は伐採《ばっさい》時期を異にしておりケーさんの代までは何らの境界論も起こらず、火道《ひみち》も年々これに沿って切られていた。

然《しか》るに数年前にビー家で人にその山林を切らせたところが、ケーさん己の分を切っているといってこれに抗議にもち込んで来た、どう従来のいきさつを説明してもケーさん頑《がん》として承知しない、「わしの田がゝりから仰いで、その見通しが当然正当の境《さかい》だ」

と強硬にこれを主張し、ビー家もまたうるさくなって

「どうでもそれではケーさんお前の好きなようにするさ」

これもとうとうケーさんが横車《よこぐるま》を押し通した。

×

この他ケーさんにはいろいろと境論《さかいろん》の逸話があるがたゞ一度だけケーさんが折れたことがある。

それはアイさんとの境界のとりやりの話で、ケーさん例の如く巧妙なる境せゝりを思つき、アイさんとの山の境にすれすれに杉桧の苗を植えつけたものである。一寸でも一分でもその境界からこちらは自分の土地なんだからいかにすれすれに苗を植えつけても勿論《もちろん》先方は異議をいう理屈はないとケーさん考えたわけなんだ。

それを見たアイさん、

（これはいけない、ケーさんやり出したな）

と思ったが、しかし相手にしたところで相手がケーさんではどうにもなる話でない。そこでアイさん思った
（どうせ広い山のことだ、一反や二反面積をケーさんに取られても大したことはないが、俺も境へ杉桧を植えてやろう）

と考えて、四、五尺（＝一三〇〜一五〇センチメートル）もその境から退いてずっと一直線にこれに沿って杉桧を植えつけた。

さすがにその謙譲なアイさんの態度にはケーさんもすっかり恐れ入りやがて自分も何尺か自分の土地にそれを引き込み植えかえた。


（昭和十五年九月三十日）

153　境せゝり（下）

だが、境せゝりは決して一人ケーさんばかりではない。村ではかつて所有の土地の面積で一、二を争ったエムさんもまたその一人であった。

ある地点で、これも山境《やまざかい》の話だがエムさんがお隣のゼットさんの土地を大分取り込んで自分勝手に境石《さかいいし》を建

て丶いた。それである人がゼットさんに注意したのでゼットさん行ってみるといかにもその人のいう通りエムさんに相当広く土地を取られていた。

×

そこでゼットさんつくづく考えた。

（これは誰が見てもエムさんが無理なことはすぐにわかる。争えばいくらも争うのであるが、争えばやがて隣同士に気まずくなって了う。八反《たん》も一町《ちょう》もあるところで三畝《せ》や五畝エムさんに土地を取られたとしても、山の木を売るときには大した障《さわ》りにはならない。

それだけ木が狭く立っているからといって山が安くはならないのであるから結局争って気まずくなるだけが双方ともに損だ。わしはわしでエムさんに取られたと思って満足し、エムさんはエムさんで取ってやったと思って満足するだけのことだ。どちらだってその利害に大した代わりはない。折角《せっかく》人に注意してはもらったが、こ丶はだまっている方がどうも利巧《りこう》なようだ）

と、とうとうそれですまして了った。

×

その山の面積を盗んだエムさんもゼットさんもいまは草場のかげに眠り、そのエムさんのあともいつしか形貌《けいぼう》（＝物のかたち、人のすがた）を失い、そのゼットさんのあとも何だかまた次第に細くなりゆき、盗める人、盗まれし人ともに諸行無常乃至《ないし》平等一如《いちにょ》、要するにあれも一時、これも一時である。要するにわれわれ人間というものは欲望に生きまた欲望に死し、輪回転生《りんねてんせい》(1)ついにその窮《きわ》まるところを知らず、わが故郷《ふるさと》における張三李四《ちょうさんりし》(2)の境せ丶りも観《かん》ずればまたこれ人間存在の欲望的《てきいち》一現象に過ぎない。ティさんという働きアリのような小父《おじ》さん、それもまたこの境せ丶りの一人であった。わたしは山の縦の急な小径《こみち》をのぼりつ丶、わたしの子供時代のそれをいたくその屈折の変わったのに驚いたことがある。それはティさんがこつこつと自分の山を畑に開発し、わたしの方の土地を朝に五寸、夕に一尺を掘り込んでは自分の領土を拡張したるその結果であった。しかしそうした人々は決してそれはわるい人間ではなく、皆善人であってむしろそれはお人好しであったのである。（昭和十五年十月十日）

（1）霊魂が、肉体とともに死滅しないで、転々と他の肉体に移って行って、ちょうど車輪がまわるように無始《むし》無終《むじゅう》（始めもなく終わりもないこと）に生死の間をめぐること。（『新版広辞林』）

（2）張三李四［伝灯緑］（張家の三男と李家の四男の意）身分もなく名の知れない人々。平凡な人々。（『広辞苑』第五版）

154　おもうし

わたしの村などでは秋祭りをおもうしといっている。おもうしという言葉の解釈がわたしにはどうしてもつかなかった。かつて西園寺翁[1]が喜田貞吉博士とたびたび手紙を往復してその語原《ごげん》を研究された結果、博士の解説ではおもうしはオスクニマオスマウチキミから来ているそうだ。語原はやはり神様をお祭りするという意味から来ているというのである。

それで西園寺翁は

「おそらくおもうしは後世小祭りを意味した言葉であろう。すなわち大鎮守の広い一郷一郡を通じての大祭《たいさい》はお祭りで、さらにその下々の部落部落の小祭りがおもうしであるかのように思われる」

といわれるのである。そう聞いてみるといかにもその通りである。わたしの郷里の部落からいえば、八幡浜《やわたはま》の大清水八幡《はちまん》宮の八月××日の大祭礼がすなわちお祭りで部落かぎりの九月二十五日の秋祭りがおもうしといったものであろう。

春の祭りは春祭り、夏の祭りは夏祭りであって秋祭りのみをおもうしというのであるが、この西園寺翁の解説で一応おもうしの言葉のいわれだけはわかったように思う。なお翁のお話によると、南予にも東予にもこのおもうしという言葉が伝われた古文書が所々に残っているそうで、中役、中田などといったものもある。中役はおそらく神事祭典《さいてん》に関する役目をいったもので、あるところでは庄屋職を中役などともいっているそうである。お申《さる》田《でん》はもちろん祭礼田《さいれいでん》を意味し、神社の祭典を営む料田《りょうでん》というわけであろう。

神田《しんでん》すなわちくまだなどよりはもちろんその意味が狭く澄明田、油田などと同様、祭典の経費にあてられた神田がやがてこのお申田であったと思われる。

わたしの部落ではおもうし田は残っていないが、いまの鎮守のすぐ下の田がむかしは安田《あんでん》であったということである。

（昭和十五年十月二十日）

（1）西園寺源透《げんとう》（一八六四〜一九四七）宇和郡川内村（現宇和島市）出身。村長・郡会議員・県会議員などを歴任し、愛媛の政財界で活躍。その後、景浦稚桃・曽我部松亭らと「伊予史談会」を設立し、郷土史の膨大な資料を収集し古文書の研究に専念した。号は「富水」。

155　幻影の演劇

幼き頃のことを懐《おも》うと何だか美しい一場の夢の如くにぞ感ぜられる。よく家人《かじん》につれられて芝居を見たりしたが、それが天神記(1)にもしろ、妹背山《いもせやま》(2)にもしろ、また忠臣蔵にもしろ、わたしの幼き心に映ずる舞台も、人物も、すべては皆この世の事実にはあらで、現世を超越した天上におけるできごととしかそれが考えられなかったことである。

×

いまつくづくとその頃の幼い子供心の美しい詩的空想について考えるときに、いかにその頃の幸福の純真なりしか、いかに幼ごころというものの絵の如くに美しく、花の如くに香《かぐわ》しきものであったかをしみじみわたしの心に呼び起こさしめてこれを懐かしく思わしめる。

村から村を打ってまわる人形芝居団のジプシーに源之丞座だの、伝十郎座だのというものがあり、やはりその人形芝居の一座に釜倉座《かまのくら》というのがあった。それはわたしどもの村の一部落である釜倉の旧里正《りせい》菅七郎老がこれを買いうけ、近郷を春秋に巡行させていたものであった。

いま思うとそれはお粗末千万《せんばん》なデコ芝居であったのであるが、その頃の山村として、もちろんまだ世界のどこにも活動写真（＝映画）などいうもののなかった時代のことであり、年に一回か二年に一回豊年踊りのかわりに催される片山家《かたやまが》（＝へんぴな山里の家）では随一の娯楽大王であり、どんなにそれがわれわれ子供の興味をそゝったか知れなかった。

無論《むろん》急づくりの芝居小屋それは多く鎮守社頭《しゃとう》に村人によって作られる程度のもので、丸太でもって骨組みができるとこれに莚《むしろ》を張ってドウやら舞台もでき、楽屋もできるわけであった。

歌舞伎芝居というものは毎年正月に穴井《あない》で興行されたが、それも無論素人《しろうと》の二輪加《にわか》に毛の生えたほどのものであったであろうが、とても当時のわたしの眼にはそれが素晴らしいものに見えたのであった。

×

しかもそうした劇に演ぜられる源平時代の合戦だの足利時代に生きていたところの社会人というものだのは、わたしの幼い頭には、どうしてもそれがこの世のできごととは思われないことであった。何だかそれが一種神秘な世界に住んでいる人々の生活、自分たちとはすっかり階級も、人間そのものも、何もかも異なる人々にそれが思われて仕方がないことであった。

そうしたわたしの一種の奇怪なイリュージョン（＝illusion　幻影）がやっと解消されて、われわれ人間世界そのものに芝居の舞台がはっきりと現実化して来たのは、よほどそれはあとのことであったように思う。

（昭和十五年十月三十日）

（1）『天神記』とは近松門左衛門が、菅原道真にまつわる「天神伝説」をたくみに取り入れ書き上げた作品。
（2）妹背山婦女庭訓《いもせやまおんなていきんくん》は、大化の改新前後を舞台とした人形浄瑠璃及び歌舞伎の演目。

【参考1】村内の娯楽　『双岩村誌』（一六三頁）

村内に於ける重《お》もなる娯楽機関としては、花見、お講、お籠《こも》り、相撲、盆踊、お伊勢踊り、お山踊り、念仏踊り、お神楽、お百矢、芝居等ありき

【参考2】芝居　『双岩村誌』（一六五頁）

芝居は時々源之丞伝十郎釜倉座《かまくらざ》などいふ人形芝居巡業し来たり、筵《むしろ》の小屋をうつて石見重太郎の蟒《おろち》退治、自雷也《じらいや》の蟇《ひきがえる》の妖術《ようじゅつ》などを演じ、その幕間には酒を呑み、鮨を食ひ、互ひに外題《げだい》の筋を語り合ひ、夜に入ればカンテラを点《とも》し、蝋燭《ろうそく》を点し、人形の動くに従つて手燭（＝手灯台）を捧げ、その眼玉のくる〳〵と回転するを見ては喝采《かっさい》を惜しまず、早変りと称して人形使ひがその裃《かみしも》を換へ、或《あるい》は人形を抱いて浄瑠璃語りの懐中に飛び込むなどの余興を喜びき

156　亥《い》の子《こ》

懐かしい子供時代の思い出の随一《ずいいち》、それはたしかに亥の子である。いま松山市にわれわれ住んでいても晩秋、稲の刈り取りがすんだ頃になるときっと亥の子の唄を聞く。三番町や二番町でも道後南町でもそれから梅津寺《ばいしんじ》の浜にうつり住んでいた頃も、この山越に住みついてからも一の亥の子、二の亥の子はもちろん三の亥の子のあるときはそれにも大てい子供が亥の子つきにやって来る。

その文句も大体は同じだが少々はわれわれのついた頃のわたしの故郷《ふるさと》のとは違っている。「祝わぬものは鬼になれ蛇なれ角の生えた子産め」という呪いの文句がある。それはもちろんわれわれもうたわなかったのであるが、このあたりの子供の唱《とな》える文句を聞いていると、「祝わぬものは、お亥の子さんという人は」とつゞけ、おかしな間のぬけた文句になっている。

われわれの故郷《ふるさと》の亥の子には亥の子組というものがあり、東と西に二組あった。わたしは無論西組であったが、花崗石《みかげ》で作って鉄のかん（＝環）のついている亥の子石、赤地に黒い縁のとってある美しい幟《のぼり》、もっと外《ほか》にも道《どう》具立《ぐだ》てがあったように思うが、外のものはすっかり忘れて了《しま》った。それは亥の子頭《がしら》の子供のうちに翌秋の亥の子まで預かっていることになっていた。

大てい五、六人から七、八人のものであった。それを各戸にもち回って亥の子唄をうたいつゝ新しく綯《な》った縄をそれぞれ亥の子石のかん（＝環）につけてつくのである。わたしは毎年参加するにはしたが内気で唄がうたえなかったので、たゞついて回ってもらった餅やおあし（＝お金）を配当してもらうだけであった。

×

そのうたい出しは「祝いましょう祝いましょう、お恵比須様を祝いましょう、お恵比須様という人は、一に俵《たわら》をふまえて、二でにっこり笑って、三に酒造って、四つ世の中よい様に、五ついつもの如くなり、六つ無病息《むびょうそく》災（さい）に、七つ何事ない様に、八つ屋敷を搗（つ）きひろげ、九つ小倉（こぐら）をつき建てゝ、十でとっくりおさまった、ウォーホンェー」というのであった。それから二つ三つ変わった亥の子唄を順々に面々（めんめん）がうたって、最後に「お殿様の御（ご）紋は笹の丸に飛び雀（すずめ）、三段がしらに九曜の星」──何とかいう囃（はやし）でそれでお仕舞（しまい）であったと記憶しているが、今日は「お天子様の御紋は桐の御紋に菊の花」何とかゥオーホンェーというのだそうだ。

×

前年郷里に帰ったときに現代の子供たちにその歌詞をたずねてみるとわれわれの時代のものとは大変に違っている。つぎにその書きつけてくれたのをのちのちの参考のためにこゝに収録して置く。

やさしさや　やさしさや
エートコナヤエートコナ
昔の人のやさしさや
エートコナヤエートコナ
扇の要（かなめ）に池掘りて
池の右側田を掘りて
その田に稲植え育て置き
一鎌刈れば千石で
二鎌刈れば二千石
三鎌と刈れば石知らず
石で積もれば富士の山
お酒に造れば泉酒

その酒頂戴する人は
命も長けりやとくもいく
□
鶯《うぐいす》が鶯が
今年始めて伊勢参宮
伊勢の町家は広けれど
尾上の松の二の枝に
こくばを食ひ寄せ巣をくんで
十二の卵を産みそろえ
十二が一度に目をあけた
親もろ子もろと飛ぶときにや
銀の盃くわひ寄せ
長柄の銚子に酒つめて
飲めや大黒唄えや恵比寿
飲んで喜ぶ福の神
□
目出度《めでた》いな目出度いな
目出度いものはなんぢやいな
目出度いものはお猪《い》の子よ
お猪の子搗《つ》いたるそのあとへ

この家を長者にしようぢやないか
おゝそれよかろと皆々が
東と西とに倉建てゝ
南と北とに倉建てゝ
東の倉は金倉よ
西の倉は米倉よ
南の倉は衣装倉よ
北の倉はハゼ倉よ
八万長者と名を売つた

□

頼朝公と云う人が
富士の巻狩りなさる時
そのとき猪の子子射る時にや
十月の十月の
猪の子々猪の日を祝うなら
新田《にった》の四郎をすぐ返す

□

小坊主子が小坊主子が
夜道をとぼとぼ歩くとき
豆腐の角につまずきて

コンニャク小骨を足に立て
それに薬はないものか
それに薬はおおござる
み山に生えたる蛤《はまぐり》と
浜辺に産えたる松茸と
それに黒焼き水にとき
それをつけたら直ぐ治る

□

奥山の奥山の
その奥山には何が棲《す》む
その奥山には岩が棲む
その岩かげには何が棲む
その岩かげには鳥が棲む
オンチョロメロチョロの
鳥ぢやげな
親に不孝の鳥ぢやげな
枯木に止まれば燃え上がる
生木にとまればしめ上る
それで僕も皆さんも
親に不孝はせぬものよ

□

こゝの屋敷はよい屋敷
下にはきり石門がある
上にはお金がたんとある
その金見込んで猪の子つく

□

目出度いな目出度いな
日出度いものはなんぢやいな
目出度いものはそばの種
植えると生えるとすぐ肥える
二回三回花が咲く
末はみかどゝなるわいな

□

今年は豊年大豊年
お内の稲の出来様は
からが五尺で穂が二尺
それを刈りとり積つたら
お内は長者の元となる

□

目出度いな目出度いな

目出度ものはなんぢやいな
目出度いものはお盃き
ソロリと受けて中見れば
中にはお金が渦を舞う
□
金銀草金銀草
金銀草とぞ云ふ花は
一年毎に四度咲く
春青々と夏赤し
秋むらさきに冬黒し
此の程目出度い花はない

（昭和十五年十一月十日）

【参考】亥ノ日　『双岩村誌』（一六二頁）

（旧暦十月の）第一次の亥の日を初亥《い》の子《こ》と称し、餅を搗《つ》いて福の神を祭る、この夜少年等猪の子組と称するものを組織し、猪の子石に人数丈《だ》けの縄を結び、猪の子歌を唄ひつつ各戸を搗きめぐり、餅祝儀等を蒐《あつ》めて各自が之れを山分けにする習慣あり、この日炬燵《こたつ》囲炉裡《いろり》等を開く
是月おまん法事とて甘藷《かんしょ》餅をついておまんさんを祭つる

157　西村嘉助

村の生き字引《いじびき》佐十郎小父《おじ》さんの総領息子に嘉助さんという青年があった。改名してまさよしさんといっていた。ドンな文字を書いたか。その頃はよく自分勝手にハイカラな名に呼称をかえることが流行したものである。

嘉助さんの次がたしかかめのさん、その前かあとに近さんの嫁になったおくにさんそれから市さん、その次ぎがおかんさん、もう一人おくりさんという妹があったように思う。その嘉助さんは二十二、三でもあったか、もっと若かったかも知れない。わたしはまだ十三か四であったろう。もうその頃嘉助さんは呉服反物やハイカラな小間物などの行商をやっていた。嘉助さんの頃の小学校にはまだ筆算がなかった。わたしは嘉助さんに西洋数字を教えてあげたものである。

「知らないことを誰に聞いたってそれは恥でない。わたしは伝さん（＝正堂のこと）に西洋の算術を教えてもらった。もう算盤《そろばん》を持っていなくても商売ができる」といって嘉助さん大いに威張《いば》っていた。

よく吉野生《よしのぶ》（＝現、北宇和郡松野町）だの、野村（＝現、西予市野村町）だのへ、商《あきな》いに行っていたから北宇和郡から東宇和郡の山奥にかけて行商していたものであろう。あとにはとうとういゝ女ができて、うちを捨てゝ山奥に養子に行って了《しま》ったが、間もなく若死《わかじに》にして了った。うちはそれで市さんがとることになった。

嘉助さんは商売柄よく大阪や京都に仕入れに行った。それに頼んでわたしはよく大阪の嵩山堂《すうざんどう》から書物を買っていた。嵩山堂へハガキ一枚出すとすぐに出版書籍目録を送ってくれた。それによってわたしは嘉助さんが上阪するときは嘉助さんを煩《わずら》わして新刊の書籍を取りよせた。新刊書籍といったところで小学生の道楽に読む書籍でもちろん幼稚なものばかりであった。

×

書画骨董便覧だの、豆本の何とか小圃《しょうほ》といったような文人画の手本だの、要するにそんな生意気千万《なまいきせんばん》なものであった。それがわたしの十二、三頃のませた一つの趣味であったのである。そうした時代にせっせと買い集めたつまらない書物もいまになると非常に懐かしく感ぜられるのであるが残念なことには、そうしたものはいつの間にかわたしの不在中に手ん手《てで》にもち去っていまは一冊も保存されていない。

（昭和十五年十一月二十日）

158　茅ぶきの農家

汽車やバスで山村を通過するとき、小高い丘の竹薮《たけやぶ》をうしろにしたり、こんもりとした杜《もり》のかたわらなどに、草ぶきの農家がよく散点《さんてん》している。わたしはそうした昔ながらの山村がたまらなく好きだ。

もちろん瓦ぶきの今日の農村の文化生活をわたしは決して呪《のろ》うものではない。瓦ぶきにももとよりいゝところはあるのであるが、何となく落ちつきのある、山村らしい気分というものはやはりそれは草ぶきの農家だと思う。

×

わたしのふる郷などに、瓦というものが輸入されたのは果たして幾年前のことであろうか、わたしはそう古いことではないように思う。

わたしの老父の談によると、わたしのうちの大昔の土蔵というものは、どうも草ぶきであったという、そういう一つの伝説が残っている。わたしの祖父は九十八でもって大正九年二月十七日になくなった。そのわたしの祖父の祖父というのは九十三でもって文政元（一八一八）年でなくなっている。

そのわたしの祖父の祖父がまだ隠居として相当頑張っていたときであったらしいので、どうしてもそれは寛政か享和《きょうわ》か遅くも文化の初め頃の話と見なければならないのであるが、その時代に土蔵を建てかえて初めて瓦ぶきにしたということである。

だからその以前にあった倉庫というものは草ぶきであったわけである。いゝ伝えによるとわたしの祖父の祖父なる太郎助爺さんは、「土蔵の大きさはもと通りでよろしい、大きくする必要はない」と、そういわれるのであったが、その世嗣《よつぎ》の孫之進、その他の人々は（もう少し大きくした方がよろしい。隠居はあゝいっても半間だけその桁行《けたゆき》をのべた方がよい）と、そう考えて木挽《こびき》や大工に私《ひそ》かにそういって、建築材料をすっかり大きく切りくませて置き、その地形の基礎工事もその建前《たてまえ》にとりかゝるまでは、もとのまゝにして置いていよいよその日になってから沢山の手を入れて太郎助爺さんが昼飯を食べるために隠居に這入《はい》れるを待って、急に半間だけ広めて柱を建てその棟《むね》をあげて了《しま》ったのであったという。

もちろん太郎助爺さんその隠居から出て来て、これを見たときに大いに立腹されたことはいうまでもない。「乃公《だいこう》（＝おれさま）はもう息子の孫之進にはかゝらぬ、一生林蔵に世話をしてもらう」といって他人の子供をもらって分家させていられた、その林蔵のうちに行って三日間いられたという話がいまに残っている。

×

だから、それが寛政であったか、それとも享和であったか文化であったか知らないが、その頃までは土蔵もやはり草ぶきであったわけなんだ。

何でもその茅《かや》でふいた屋根の下地は土でもって塗られていたという話であり、屋根は焼けても下にはもえ移らないようにはなっていたのである。

おそらくこのときに瓦でふかれたわたしのうちの土蔵が村で初めての瓦ぶきであったであろうから、わたしの村へ瓦というものの輸入されたのはまず百五十年ぐらい昔のことである。その後義道という庵主さんの時代に、いまの幽玄庵《ゆうげんあん》が瓦ぶきになっている。その瓦は菊間《きくま》から取り寄せられたもので菊間瓦であるといっている。

その以前はどうも上方から瓦を取り寄せていたものらしく、隣村穴井浦《あないうら》の福高寺《ふっこうじ》の瓦は、和尚が上方へこれを注文したが、送って来たのがどうも品《しな》が上等でない。これではいけないと直ちにこれを送り返して了った。ところが、上方の瓦屋さん

「いけないといってもこれよりよい瓦はないのだから仕方がない。それではこうしてさらにこれを送り戻したらよかろう」

と、今度は一枚一枚紙で丁寧に包んで送り戻して来た。これを見た和尚さん「これこれ」といって大満足でこれを受け取ったという逸話も残っている。

その時代には千石船《せんごくぶね》に積んでよくにぶ（＝薪材）を大阪に運送したもので、その帰りの便に持って来るのでその運賃は比較的安かったということであるけれど、それでも大阪からわざわざ瓦を取り寄せていた時代のことを思うと、その時代の瓦というものはまだ貴いものであったことであろう。それからだんだん瓦屋というものができて幕末から御一新時代にかけて次第に瓦ぶきの家が多くなったものらしいが、それでもわたしの子供の時代にはまだ相当草ぶきのうちがあった。

わたしのたしか十ばかりの頃に、鎮守の杜の麓《ふもと》の田の中に大きな小屋を建て丶瓦を二、三年焼いていた亀さんという男があった。それは穴井浦の人であったというが、おそらくその二、三年の間にわたしの村の茅屋《かやや》が大分瓦《かわら》化《か》したものと思う。

×

わたしのうちの住家《じゅうか》はたしか明治二年に焼けたのであると思うが、その焼けた本宅というのはむかしの古い建物で、おだれ（＝家の庇《ひさし》）だけが瓦であり、その二、三年前に棟をまた瓦ぶきに祖父がしたものだったということである。だからその頃まではわたしの村などは、土蔵だけが瓦ぶきでその他は皆草ぶきであったものらしいので

ある。おそらくおだれだけの瓦は上方からこれを取り寄せたものであったに違いない。
そうしたむかしの山村生活を思うと何だかゆかしくも懐かしく感ぜられる。

（昭和十五年十一月三十日）

159　馬と牛と鶏

わたしが覚えては、わたしの村には馬はいなかった。家畜といっては牛ばかりであった。

×

だがむかしは馬も飼っていたものであり、馬具が残っていたのをいまも記憶している。犬もわたしの子供の時代には飼わなかった。農業の上にそれが何らの必要もなかったためであろう。猫は飼っているうちが往々あった。鼠《ねずみ》を捕らせるがためであった。

わたしの老父が少年の頃にはわたしのうちには馬も牛も飼っていたとのことである。馬は何に役立てたか。老父は仔出し《こだ》（＝子を産むこと）が目的だったろうといっている。多くそれは牡馬だったとのことである。しかし馬具が残っておるからやはりものをつけて運んでいたものであろう。馬のいたうちはしかし六、七軒に過ぎなかったようである。

馬ころばしというほのぎが今日でも残っている。馬の血あいということをやったところだという。それから駄場というほのぎもある。駄場は必ずしも馬に限ったわけではないかも知れないがおそらく共同に家畜を牧《ぼく》しつないだところだろう。むかしも今日も一人前の百姓のうちには牛のいないところはない。田を鋤《す》かせるには牛でなくてはならないし、ものを運搬させるにもわたしの子供の頃までは牛が唯一の道具であった。だが、今日は道路が開けてリヤカーがしきりに利用されている。本年の春は特にリヤカー道路などをつくり、ものの運搬はとても便利になった。

大体農家の牛を飼う目的はこれを使用するためではあるが、一面にまた肥料を得るがためでもある。駄屋《だや》肥料というものは農業上どうしてもそれは必要である。藁《わら》や草を牛馬にやり、それを牛馬が踏みたゝくり臥《ふ》しまろび糞尿《ふんにょう》でもって、最も優良な肥料に化してくれる。それがいわゆる有畜農業なるものである。だから牛馬を飼い得ないうちでは今日は山羊《やぎ》を飼ったりもしている。犬や猫を飼ったのではそれは何の役にも立たないのである。何の利益にもならないものを村ではよく犬の糞《くそ》などというのである。

むかしも鶏《にわとり》は大ていのうちに飼っていた。その糞《ふん》もむかしはとてもいゝ農家の肥料であった。玉子よりも寧《むし》ろ鶏糞《けいふん》肥料が養鶏《ようけい》の目的であったかも知れない。それに今日は時計のないうちもなく、時計をもたない者もない位だが、むかしは全く鶏によって時刻が告げられたもので、一番鶏二番鶏といって雄鶏《おんどり》のあげる暁《あかつき》のサイレンで農夫は眼をさましその寝床を蹴ってとび起きたもので、昼間でもまた鶏の告げる時刻で「さあお茶だぞ」といってその野良から仕事をやめて帰ったりした。そうした時代の山村生活を思うとそれはとてものんきであり、また詩的であった。井《い》を掘って飲み、田を耕して食らう。皇帝のお蔭が何ぞやというそうした大平の気もちがたしかにその時代の農村にはたゞよっていたように思う。

(昭和十五年十二月十日)

160 幕末時代の正月風景

わたしの祖父は酒好きであった。毎晩いくら飲んでいたか知らないが晩酌を欠かしたことはなかった。

「わしは算用してみるともう晩酌に六尺一つあけた」

といったのが古希《こき》(=七十歳の称)であったというから、それからなお二十八年も生きのびたのであるから随分祖父のからだには多量に酒がしみ込んでいたであろう。

六尺一本の容量が何石のものか知らないが、酒屋の倉庫に並べてあるあの清酒を醸《かも》す大きな桶《おけ》というものは相当それはでっかい。わたしはあのでっかい桶を見るごとにいつも祖父のことを思い出すのである。

わたしの父も明けてとうとう九十一歳になった。

「わしの九十年もついにめでたく過ぎた。生まれてから九十年間に食べた米を計算してみたところが丁度《ちょうど》二百七十俵になるようだ。二百七十俵の穀《ごく》つぶしこれからまだ何俵食べることであろうか、切符でもらう米を空しくつぶすなどは勿体《もったい》ないのう」

などといっている。

眼はうすく耳もとてもそれは遠くなったが、その頭はとてもしっかりしていてものの勘定になるとわたしなどは足もとにもおっつかない。その記憶もまだ少しも衰えていない。むかし幼かった頃の幕末時代の新年についてそのぽつりぽつりと話したのをこゝに試みに書きとめてみた。

以下老父の話。

――わしがかみしも着《ぎ》を許されて初めての元日、お前のお爺さんと氏神様に参詣《さんけい》したのがたしか慶応四年であった、だからそれが明治元年だ。わしの十六の春であったと思う。

このかみしも着には藩に一貫目《かんめ》（＝三・七五キログラム）の上げ金《きん》（＝献金）をしなければならなかった。その時分は米が一俵四十目《め》であったから一貫目は米二十五俵になるわけであった。

苗字帯刀にはたしか十貫目さし上げねばならなかった。袴《はかま》だけ許されるには五百目差し出したから一俵四十目のときは十二俵あまりになるわけだが、長次兵衛叔父さんのときは三十五匁《もんめ》(1)であったというから十四、五俵のものであったであろう。

×

このかみしも着を許されたときは御家中《ごかちゅう》へ御礼に行かねばならなかった。鴫山《しぎやま》からは九十九《つくも》さんと二人、布喜《ふきの》川《かわ》は浅次、横平《よこひら》は此助、村から四人、庄屋と一緒に五人城下までお正月の礼に行ったことを覚えている。同行者はいずれも壮年者であったが、わし一人が子供であって、かみしもの入った大きな行李《こうり》を背負《せお》うて行くのにすり落ちて困ったのをいまに記憶している。

かみしもを着ると百姓でも短刀だけはさすことができた。わしは子供で何だかきまりがわるく、恥ずかしくて困ったが浅次だの、此助だのいう、少し生意気な方であったように思うが、そのかみしもを着たのがとてもうれしくて躍るように城下の町を歩いて一宮様に参詣したりしてそれが水臭《みずくさ》かったのをいまも忘れることができない。

×

新年というのはむかしもいまもそう大した変わりはない。たゞむかしはいくらか厳格でその儀式や門松その他のしきたりというものがやかましかった。

餅なども沢山搗《つ》いたものであるが砂糖などはまだそんなに今日の如くつかわなかったもので、餡は皆素餡《すあん》で砂糖餡などはなかった。しかし砂糖はないわけではなく、川名津《かわなづ》にも砂糖をひいていたし一般に甘蔗《かんしょ》も作っていたので黒砂糖は相当普及していたわけであるが盛んに使用するようになったのは明治二、三十年以後である。

白砂糖ももちろんあるにはあったのであるが黒砂糖よりも一層それはたしなかった（＝乏しかった）。赤ン坊に乳の代わりにねぶらせるとか病人に薬餌《やくじ》の代わりに与えたりしたぐらいのものであった。

×

新年にはだいはがほめといってめでたいことを節をつけてうたって来たりした。だいはは部落部落でうけ持ちがちゃんときまっていたもので最後のだいはは直という男であった。それは早く死んで御一新後もうそんな役目も何もないわけであるが、後家がずっと何かのときにはよくやって来た。草履《ぞうり》を作って持って来てよくそれを買ってやった。

×

これも[redacted]であったように思うが、奴《やっこ》の人形を踊らせて来た。あがり戸に板を一枚置いてその上に拍子を取って東海道五十三次の歌か何か文句をいって賑《にぎ》やかに踊らせた。
それから春駒《はるこま》というものが来る、西の宮からのお福がやって来る、正月には次々といろんなものがやって来て餅をやったり銭をやったりしなければならなかった。

×

こうした新年の行事でも風俗でもいまはすっかりそれがすたれて了《しま》ったがむかしはとても真面目でそうして儀式的であった。だんだんと世の中が索然《さくぜん》と散文化して来るように思う。

（昭和十六年一月一日）

（1）一匁＝一（文）目＝三・七五グラム、一貫＝一〇〇〇匁＝三・七五キログラム

161　藁《わら》に依存せる村の生活

いまの山村生活をむかしのそれに比較して、とてもその生活が向上したものだと思う。むかしはどんな農家でも秋の収穫を終えて冬になるというと夜業をしないものは殆《ほとん》どなかった。そしてその夜業は藁仕事であった。納屋に束ねて積んである藁をすぐる（＝くしけずる）のがまずその第一着の仕事であった。あたかも角のように五、六本、六、七寸もあったであろうか、尖《とが》った木片の爪が出ているせんばというものに似ている藁すぐり器に藁束をうちつけては藁をきれいにすぐるのである、そうして整理されたその藁はきちんと束ねられて納屋の二階に積まれ、それが冬から春にかけておないに綯《な》われたり、莚《むしろ》に打たれたり、またほごにあまれたりするのであった。

大ていどのうちでも寒い夜の十時頃までもこうして夜業が行われたものである。

×

ひゅーひゅー夜風の吹いたりするせど（＝うらぐち）にカンテラをつけてこうして藁をすぐるということは、それは大ていのことではなかった。だがその時代にはまだ養蚕というものもなく山林の収入も今日の如くにはなく、山村の農家では藁細工によって小遣いを儲けるより外はなかったのである。殊にわたしの村ではおないが唯一のいわざ（＝座ってする仕事）であり縄を綯って取るのが唯一の農家の副収入になっていた。このおないは九十ひろが一紡《つむぐ》になっていて一紡が若干というのであったが、ドレ位の収入にそれがなったものか、どうもその点はわたしにもわからない。どうせ一紡が十八銭とか二十銭とかいうのであったであろう、相当大きな縄であったようで一荷《か》四紡が普通であったが。いまは八紡も背負うというからそれだけ容量も質も低下したものであろう、それを穴井《あない》や川名津《かわなづ》や真網代《まあじろ》の漁業家が買いとってより合わせては漁具にしたものである。

冬の夜は夕飯がすむとその藁を打つ音がよくあちこちに聞こえたものであるが、とにかく藁を少し水にしめし、庭にすえてある石にあてゝ木の槌《つち》でもって打ってこれを柔らかくし囲炉裏《いろり》ばたで火をどんどん燃やしてそのあかりで夜更けるまで又は朝早起きをしては縄を綯うのであった。その頃の山村生活のその勤勉努力――その生活苦を思うときにわたしはつくづく今日の農村というものの生活の楽になったことを感ぜざるを得ない。今日はたまに村に帰っても夜なべなどする者を一向わたしは見かけたことがない。地下足袋《じかたび》があるので草鞋《わらじ》を作る必要もなく、足なか（＝草履《ぞうり》の一種）を作る必要もなく、莚《むしろ》などはもちろんよそから買い入れるし、おないなどもおそらく雨の日などに気まぐれに綯う位のものであろう。

むかしは莚なども必ず自分のうちで打ったものであり、わたしの家などには大きな莚機《むしろばた》が二つもあったように思う。とても念入りに丈夫に美しい新むしろが手うちで毎年補充されたものであったが今日は機械打ちで間に合わせて買ってすますのですぐに破れて了う。ほごなども冬の夜なべの仕事によく作られたものであり、山へ弁当を持って行くのもほご、柿を採ったり栗をとったりするのもほご、また里芋を掘りに行くのもほごであれば諸《いも》をになって帰るのもほごであり、農家には大小いくつのほごがあったかそれは知れないが、それぞれにその用途に従って新旧いろいろなるほごが用意せられていたわけである。それからものをくゝるための細い縄が、沢山綯われてそれが束にして納屋につってあるのをわたしはよく記憶している。おそらく昔は藁を加工してそれでもってすべての用事を辨《べん》じていた（＝処理していた）。だから藁くらい昔の農家にとって重宝なものはなかった。いまも雨天にはたまに着ているであろうと思うが蓑《みの》の如きも藁の加工品の最も進んだものであった。しかし蓑だけは手製では間に合わなかったのであろう歳《とし》の市などでよく仕入れて来たと記憶する。

×

わたしがまたかすかに記憶するところでは、わたしども子供時代には雪隠《せっちん》（＝トイレ）などにまだ今日の如く板戸というもののないうちが相当あって、板戸の代用にこも(2)がつってあったように覚えている。おそらく南国日本の原始的民家の入り口というものがこもだれであったことはまた想像にかたくない。そうした時代の敷ものがむしろであったことはもちろんである。かくの如く考えて来るときに米食日本の国というものの稲に負うところは実に偉大なりといわねばならない。少なくも衣食住にわたって稲の恩恵というものを夥《おびただ》しく受けていたということがつくづく感ぜられるのである。

（昭和十六年一月十日）

（1）漁業者に売る四つ手網に使う縄を「おない」と呼んだ。

（2）あらく織った莚。（『広辞苑』第五版）

162 通貨の価値

わたしの父がお四国をめぐったのは明治十四年であったのであるが、その時代には米が一升たゞの五銭《せん》であったという。だからその時代の十円紙幣は今日の百円紙幣にも当たるわけで、その時分にはめったに十円紙幣などは手にしなかったと父はいっている。たしかにそうだったろうと思う。物価は今日もだんだんに高くなって行く。

土佐路をめぐっているときに茶店にとても大きな大福餅がならべてあった、それに一つ五厘《りん》の札がついていたので馬鹿に安いと思って買って食べてみたらそれは蕎麦餅《そばもち》であったという。

わたしの子供の頃にはまだ二厘まんじゅうがあった、それが何時の間にか五厘になったが、近年はそれも一銭になっていた、今日は一銭なんてまんじゅうはどこにもない、大飛躍で、普通三銭になっている。先日も今治《いまばり》の鶏卵《けいらん》まんじゅうを買って驚いたことだが、まるでそれは空豆ほどしかなかった。

明治時代には小銭が今日の銅貨の役目をしていた。天保一銭が八厘に計算されたのはわたしなどの幼年時代であったから明治二、三十年の頃まで丶ある。二厘銭という小銭があり普通のものよりは大きく縁がごつかった。文久銭というのは一厘五毛《もう》に計算されたこともあった。銅貨の小さい一厘もあったがそれは希に見かけた位、めずらしいのでわたしはおもちゃのようにしてそれを持っていたことがある。実貨（＝本位貨幣）はなかったが当時勘定には何厘何毛まで計算した。

穴井《あない》に次郎吉という元気のいゝ男があった。店というほどのものでもなかったが日用品を商って暮らしていて、豆腐や蒟蒻《こんにゃく》などを売っていたこの次郎吉君、あとでは金貸《かねか》しから酒井銀行に向上、一時は穴井の三井三菱でもあるかの如く威張っていたものだが、それもやがて槿花一朝《きんかいっちょう》(1)の夢と化した、その酒井の老爺の貴廓さんとの間にもち上がったおかしな小銭のエピソードがこゝに一つある。

それが貸した金の催促であったか、それとも何か店のものを買ってその釣り銭をとるためであったか、とにかくれが何銭何厘五毛《もう》になったわけであった。貴廓爺さんは当然それは四捨五入でもって一厘にして何銭何厘になると堅くそう主張したのに対し、次郎吉君は利益のうすいわたしの商売に五毛もあなたに得をとられてなりますものか、それは当然切り捨てゝもらわねばなりませんとそうかたく主張する、やっさもっさで二人とも人一倍向こう意気が強く、一方はえら作(2)の酒井の爺さん、一方は負けん気の次郎吉君と来ているのでどうしてもそれは折り合いがつかない、とうとう次郎吉君が「よし、そんなら五毛負けてくれなければくれないでいゝ、いかにも五毛は旦那の権利だ、立派にいまそれをわたしてあげる」

と、そこにあった一文銭をとって前歯にくわえ、カンとこれを二つにかみ割り、

「さあこれが半文だ持って行かっしゃい」

と放り投げたという話、コレにはさすがの酒井のエラ作親爺も一本まいったそうで

「お前もそうまでしてくれなくてもよかったに」

と、そういったとかいうことである。いかにも半分にかみ割った小銭ではちょっとものにならなかったであろう。

同じこの小銭にもべた銭とか鍋銭とかいって頗《すこぶ》る品質のわるい悪貨があった。それはわたしの子供の時分に世間に通用しなくなって、たんすの引出しの底などによくごろごろしていた。こうした銭貨が主として通用していた時代は随分不便なものであったであろうと思う。わたしの父が村の収入役をやっていた頃はまだ盛んにこれが通用していた時代で、若山《わかやま》や中津川《なかつがわ》の取り立てにはいつも小銭に悩まされたそうである。

×

どうしてまた若山や中津川に特に小銭が多かったのであるかと聞いてみると、この二つの部落は八幡浜《やわたはま》に近いので、毎日こぎといった薪《たきぎ》やまた割木《わりき》を荷わくに背負って売りに行く。それに小づけに葱《ねぎ》や大根や牛蒡《ごぼう》などをも持って行く。そうした金高《かねだか》の小さいものを売るので自然小銭が多く集まる。それを取り立てのときにはそのまゝよく持って来たもののようである（傍点編者）。

それを箱の蓋に針金でもって縦横に恰《あたか》も碁盤の目のようにしいてあった器のなかに入れては、ゆすって計算する。計算も相当それは厄介《やっかい》なものであったが、中津川のような遠いところから町役場までこれを持って帰るのがまた大変でいつも帰りには人夫を傭《やと》ってこれを背負わせて帰ったとよく父は語っている。（昭和十六年一月二十日）

（1）栄華のはかないことを。ムクゲの花にたとえていう。（『広辞苑』第五版）
（2）いばって強気の人。

163 苗字帯刀

苗字帯刀を許されるには相当多額の上《あ》げ金《きん》をしたと聞いていたが老父の話によると、その帯刀は大小を差すことの許しであったようである。百姓町人誰でも一本だけは刀を指してかまわなかったということだ。だから、山田のお薬師さんの四月の縁日などにまいるにも若い者は皆一本だけは脇差《わきざし》を差していたもので、真網代《まあじろ》の若い者が朝早く暗いうちに行くので道々鴫山《しぎやま》や影《かげ》ノ平《ひら》の道路ばたの樹木を切ったり、その枝を切ったり、それで盛んにわるさをしたという話も残っている。

×

わたしの父が十六のときに父親と宇和島城下に遊びに行った。そのときに見事な脇差を一腰《ひとこし》買ってもらった。それを差すと遠路のことで疲れるから差さないで帰るようにいわれたが、どうにもうれしくて差さないでいられないのでとうとう無理に差して帰ったところが果たして途中から左の足が痛くなって非常に困ったという話をしていた。

太閤の刀狩《かたながり》の話もあり、百姓など帯刀を許されない者は脇差も差せなかったものとわたしは実は今日まで想像していたのであるがどうもそれはそうでなかったものゝようだ。

×

国木《くにぎ》に国木与三といって頗《すこぶ》る肝《きも》っ魂《たま》のすわった一人の豪傑がいた。わたしの父が十ばかりのときに一個の壮漢《そうかん》（＝元気盛んな男）であったらしいから明治時代にはもうおそらく老人であったであろうがそう古い話ではない。

どこの峠であったか峠の茶屋で休んでいると、そこに同じく床几《しょうぎ》に腰をかけて休んでいた二人の武士がどうした原因からであったか争いとなり、やがて果たし合いとなってすでに双方太刀を引き抜いて切り合いを始めんとする刹那《せつな》であった。その国木与三がもろ肌ぬいで二人の武士の間に飛び込み、両手でもって二人の鍔《つば》を押さえ

「御両所しばし待たれよ」

というわけでこれを仲裁し、その扱いでもって円満解決、後ではその武士も

「あなたのお蔭で二人の一命は助かった」

と非常によろこんだというエピソードもある。

その国木與三なる者が祖父を訪ねて来たことがあり、そのときそれを父が見たときに

「非常に長い刀をその腰に差していた。とてもそれは元気のいゝ男で、何だか子供心に恐ろしいようにこれを感じた」

と父はいっている。

×

もちろん労働するときには差さなかったであろうが旅行するときとか何かの儀式のときなどでは、町人百姓も金があって刀の買える者は皆一本だけは刀を差したものだという。少なくもそれが幕末時代の農村風俗の一つであったのである。

（昭和十六年一月三十日）

164　土地の話

大むかしは七十軒もあったというがわれらの山村の戸数は次第にほそり、それでもわたしの子供の頃は三十七、八戸であったがいまは二十六戸ばかりになって了《しま》った、これは必ずしもわたしのふる郷ばかりでなくすべての山村が然《しか》りである。

×

だから今日の山村は労力不足に困っている。田も畑も次第に荒れて了う。その反面に山村の面積は馬鹿に増大して来た。むかしは焼け野が原ばかりで山も谷も見渡す限り柴草の原野であったのが今日は植林されすっかり松林である。わたしの村の地味はあまりよくないのであるがその面積の比較的広いことにおいてむかしから隣村部落を圧している。だから今日乃至《ないし》今日以後においてはどうしても植林がその生命線である。おそらくこれからの村は山林に依存するより外には生きる道がないであろう。

×

最近ちさの木谷のほんの一部、それはわたしのうちの六、七代前の話で、その総領娘が本村《ほんむら》なる恩地家に嫁するとき持参金でなく持参地として持って行ったもので水田七反歩、それについている七町歩ばかりの焼け野であるが、いまは植林されて数年前に伐採されその跡の裸山と水田も一緒にそれを谷の清八やんが買っていた。何でもすっかりに千円ほどについているのだというが、それを昨年冬ドクトルN氏に裸山の土地だけを三千六百円に売ったという。残りの水田も三千二百円なら売るといっているそうであり、三、四年前に金につまったときには清八やんすっかりを四千二百円に買ってくれろとある人にいっていたこともあったというのだ。

とにかくそういう風に山というものはだんだんにあがって行く。むかしは殆《ほとん》ど無価値であったものが今日は大変なる価値を持って来た。

わが全部落の山が果たして百町歩あるか二百町歩あるか知らないが、とにかくその耕地面積に比較するとわがふる郷たる殆《ほとん》ど山ばかりといっていゝ位《くらい》に山が広い。今日の時価で計算したらばそれは相当のものであろう。

×

いまから十四、五年前、まだ山というものが今日の如くに価値づけられなかった時代のこと、一村の田畑をあるもの好きが評価したところでは、当時水田が約八町歩、桑園も約七、八町歩、畑が十五町歩ばかりで全体の耕地総面積が三十町歩強であり、

「若《も》し一纏《ひとまと》めにして買う者があるなら二十万円ならすっかり売って了って村中小作人になった方がよほど暮らしがしよく（＝し易く）なる」

とそんなことも冗談にいったということであるが、今日はもちろんもう少し高くなっており二十万円よりはのぼるであろうけれど田畑の方は買手がないので比較的にはそう高くない。農村の機構というものがとにかく次第に変わって行く。わたしの子供の時代にはどしどし部落外に進出、他部落の田畑を買収したり小作したりしていた者が相当多かった。部落内の水田のみでも十一町歩ばかりあった。それがいまから十四、五年前にはもうしろ谷やかわ口その他多量にこれを他部落に売却、八町歩ばかりになっていたのである。今日はおそらくもっと少なくなっているであろう。

（昭和十六年二月十日）

165　五人組

前々回に苗字帯刀のことを書いたが、その後西園寺富水翁のお話では、

「どうも百姓町人が誰でも一本だけは刀が差せたというのは少し違うように思われる。帯刀については宇和島藩

の規定があって、許されないでも誰でも一本は差せたというわけのものであるまい」ということであった。それで老父に重ねて聞いてみたのであるが、「他藩は知らないが、幕末時代の宇和島藩の農村では、大小を差すことは帯刀を許されない者はできなかったけれど、一本だけはどうも構わなかったもののように考えられる。それも小さい刀をかくしてもつというわけではなかった。たとえば国木与三のような男は、銀でテカテカ巻いてある大刀を差してやって来たのを覚えている。若い者は皆差していたのであり、自分はまだ子供であったので、あまり度々は差ゝなかったが、城下に行ったときにお父さんから脇差《わきざし》を買ってもらったことはよく覚えている」
と語っている。

×

だから必ずしも農村における少数者が、帯刀の許可を得て差したわけではないように思われるが、しかし老父のそれも、記憶違いであり、帯刀御免《ごめん》というも百姓町人に限っては一本しかやはり差せなかったもので大小を差したのは武士階級のみに限ったものかどうか文献上の帯刀御免の規定もさることながらまた実際上からほんとに経験した者の話も一面参考の価値があり、なおよくこの問題は研究してみたい。仮に幕末の頃十五、六歳の少年であった者も今日生きていればどうしても九十歳以上である。いま二十年も過去の時代ならば、いくらもそうした老人はあるわけなれど、今日になるとそうした生きた参考資料はなかなかに見つからないのである。

×

これも老父の話であり、もちろんその子供時代のことで、しっかりとは聞いてもよくわからないのであるが今日隣組《となりぐみ》の再組織でよく問題になる五人組制度、それが幕末時代の宇和島藩でも相当普及していたことは事実であり、わたしの部落でもやはり五軒ずつ一くゝりで五人組ができていたということを父はいっている。
だがその当時の五人組がどんな建前で、どんなことをしていたものか、それは子供にはもとよりわかるはずもなくいまは何の記憶もないといっている、ところが当時五人頭といっていたのは、どうも五人組の頭ではなくて、その部落全体の世話役であり、それをわたしの祖父がやっていたと父はいっている。

その五人頭がどうもあとで明治御一新となって締役というものになったように思うとまた父はいっているその締役をわたしの祖父が引き続き勤めていたものゝように老父はいうのである。これもどうも少々理屈からは受け取れない話であり、五人頭ならばやはり五人組の責任者であり、その世話役でなければならぬはずであり、わたしのふる郷部落では五軒ぐゝりでは少なくも七、八組の五人組があったわけで、その七、八組をひっくるめた世話役に祖父が若《も》し当たっていたとすれば、それはどうも五人頭でなくて組頭でなければならぬと理屈上からはそう考えられるのであるが、わたしの父はそうはいわないのである。どうもこうしたむかしのことを穿鑿《せんさく》して行くと甚だそこに隔靴掻痒《かっかそうよう》(1)に構えないものがある。

若し向こう三軒両隣であるならば、自分のうちを加えてそれは六軒であり、五人組という制度に矛盾するではないかという説もあるがわたしの部落でたしかに五軒ずつくゝった五人組が存していたという老父のこの話から五人組はやはり五軒が単位であったということだけはよくわかるように思う。

もちろん農村では向こう三軒両隣という風に相向かい合って農家が建ち並んでいるわけではなく、そうした諺《ことわざ》は大体その意味をなさなかったわけでもある。

(昭和十六年二月二十日)

(1) 靴の外部から足のかゆいところをかくように、はがゆく、もどかしいことをいう。(『広辞苑』第五版)

166　春雨の日に

春雨のふる里、降りみ降らずみ（＝降ったり降らなかったり）、向こう山の半分はもやでかくれて見えない。むかし紅梅が両三株、美しく咲いたあたりに炭焼の竈《かま》が新しくきづかれて、木炭焼く煙が絶えず立ちのぼっている。

今日わたしは久し振りに山荘に帰って来た。この前帰ったときに忘れて置いた小さい手帳が急に必要なことがあってそれを取りにまた一夜泊まりに帰って来た。

×

この雨があがると村ではリヤカー道路の改修を再び始めるといっている。今度は東づけの家なかからケー（＝川名津）越《こし》に向かってつくるのだという。六百円ばかりの補助があり、村の農閑期の余剰労力でこれをやるわけなんだ。

わたしは今日も発動船でケーの港に着き、やがて坂をのぼりかけるとまた雨となり、新道詰めの山小屋で一時間以上も雨やどりして、とうとう小雨にぬれてやっと帰って来たのであったがおそらく蜀《しょく》の桟道《さんどう》(1)といえどこの雨のケー山越の難路にはしかじ（＝に及ばない）と、そうもつくづくと思ったのであった。

こうした山村、漁村をつなぐ小阪路《こさかみち》の改修、よし（＝たとい）車は通じ得なくとも、せめては歩きよくしたいものだとそこはかとなく（＝ただわけもなく）わたしは考えたのであった。

×

エム（＝真網代）村とケー村はわたしのふる郷に近い村で温州《うんしゅう》の産地、ことしは特にみかんの値がよくて、わせで上等品は一箱——六貫目（＝二二・五キログラム）入り——二十円近くもしたという。それでエム村では一万円以上の収穫をあげたみかん成金が五、六名もあったという。これは今日みかんを持って来てくれた人の世間話の一つである。

米穀管理がわが村でも頗《すこぶ》る杓子定規《しゃくしじょうぎ》に行われている。もう少しその杓子定規を常識化することができないものかと、しとしとと降る春雨うち眺めつゝ、のんきにそんなむだ口もたたいてみる。

村で玄米にしたものは、自家用保有米をひき去ってあとはすっかり村の産業組合へひきあげる。それは原則としてもちろんよろしい。

ところがわたしの部落内で田を作らない農家が四、五軒ばかりある。そうした家庭へは一人について若干お米が供給してもらえる。問題はその供給米であるのだが要するにその保有米をひき去って余っただけの玄米を自動車でもって倉庫のあるところ――それは約二里（＝八キロメートル）も隔てゝいる――その倉庫まで集めるのであるが、その産米のうちから予《あらかじ》めその部落の供給米を計算して保管さすなりそれぞれに交付するなりしたらよかりそうなもので、そうすれば供給を受ける者もどんなにそれで便利を得るか知れないのであるのに、村の方ではそうしないで、全部一たんひきあげるだけはひきあげて了《しま》って、その上にさらにそれを供給米として被給者（＝配給を受け取る人の意で使っている）を呼び出して交付するものだからわざわざその倉庫まで被給者はそれを取りに行かねばならないわけなんである。それも半ヶ年分か一ヶ年分を同時に渡してくれるのであるならまた運搬上都合のいゝ点もあるのだが、月々に日を定めてこれを交付するということになっているので、その手数の煩瑣《はんさ》（＝わずらわしさ）、融通のきかない杓子定規、世にも馬鹿馬鹿しいこと沙汰《さた》の限りでそれがあるものらしい。

一人暮らしの者などは毎月五升の供給米だそうで、その五升の玄米をもらうために毎月定期に往復三、四里を実に無意味に歩かねばならない。こうして村の官僚たちは惜しみなく貧しい村の人的資源をいやが上にも無意味に浪費してそうして悦に入っているわけなんである。

何故にかく役にも立たない馬鹿馬鹿しい杓子定規なことをするのであるかというに、そうしなければ村農会や倉庫に関係しているサラーリーマンたちがその事業の成績をあげることができないからだという。

すなわち自動車に積んで村の倉庫までこれを運ぶとそれでもって若干の手数料があがる。従ってそれだけ彼らの事業成績という奴になるんだというのであるが果たしてそうかどうかは知らないが何だか馬鹿馬鹿しい。

×

戦時統制の強化はもちろんわれらが衷心《ちゅうしん》から共鳴するところであり、どしどしこれから強化されてゆかねばならないのであるが、同時にまた一面ではその局に当たる者に誠意があり、真剣であり、常識を持っていなければならない。村のためにまた村人のために働いている自分は一個の忠実なる公僕であるという謙虚な真面目な一つのしっかりした観念がなくては駄目だ。何もかも杓子定規に煩瑣《はんさ》な手続きにばかり没頭、村の衆をやたらに手こずらすことのみが役目ででもあるかの如く考えるのでは駄目だとわたしはいうのである。

杭木インフレで山の立木《たちき》は片っぱしから伐採されて見渡す限りの山はすっかり裸山《はだかやま》となって了うのであるが、それの伐採人夫は多く請負《うけおい》になっていて朝暗いうちから始め夕方うすぐらくなるまで、懸命に働く。それで一日十円位にもなるという。ざっと三倍の収入である。何にしても農村の労力は高くなって了ったものだと思う。

（昭和十六年二月二十八日）

（1）山の切りたった崖《がけ》などに棚のように設けた道。（『広辞苑』第五版）

167　中山と神田

いま中山といっている屋敷名は、むかし村有であった中山から来ている。東づけの上から奥の谷にかけてその一帯がむかしは山林であって、それがむかしは村の共有であったのである。

それを開墾して今日の如き畑にすることとなり個人に売却したものらしく、それが何時の時代であったかははっきりわからないが重蔵だの、武右衛門だのいう人々の時代らしいのでいまから百五十年か二百年前のことであろう。

おそらくその後に中山屋敷もつくられたものなるべく自然それを中山と呼ぶに至ったものならん。いまの中山屋敷は米次郎さんの屋敷を買って一段下へさがったわけ。中山というのは実はもとその旧の屋敷名であったわけである。その東よりの少し上手に椎《しい》の木屋敷があったという。荒吉爺さんのもとのうちである。

×

こうして一時村有の山林がなくなったので、また重蔵爺さんなどがいゝたて再び深山《みやま》に中山をつくることになった。その時代にはもちろん深山は個人もちで、その大部分がそれは焼け山であった。それを重蔵爺さんが自分所有のものは無償で村へこれを寄付するから武右衛門爺さんの土地も同じように寄付しなされといって、よんどころなく武右衛門さんもしぶしぶこれを寄付し、その他を併せて約二十町歩ばかり新しい中山がまたできたのであった。

その深山は老父らが九つか十位まではその儘《まま》中山であったのであるが、それをわたしの祖父などの時代にまた個人個人でわけることになり、縦横に境をつくって分割してわけ取ったのである。それまでは火道切りなどにも村中が出てこれに当たっていたし村有林としてそれは経営されていたのだ。

×

これは村有林のむかし話であるが、明治初年までは氏神様の神田《しんでん》が尾の上のわきに一畝歩《せぶ》(＝約一アール)ばかりとすみとこの前の谷にもう一枚二畝歩ばかりの水田《みずた》があった。それから庵地と称する畑も何畝歩かあった。

それが横平部落と組合で学校を設けることになってその基本金がないために、とうとうこれらの村有地をすっかりぶち売って了《しま》った。それまでは武右衛門さんが世話主で七斗五升ばかりにその神田をあてゝおり神主さん(＝穴井の薬師神)への諸費用に充当(＝〔不足している部分に〕あてて使うこと)していたのであるが、学校の方へこれをすっかりつぎ込んで了ったので、それからは村の有志が犠牲的に奉仕的に神様の守《もり》をすることとなった。最初はわたしのうちで何年かこれに当たり、次には岡の佐平爺さんがやられていた。

×

その後横平の旧役人ケー氏を相手に無役地事件なるものが勃発《ぼっぱつ》（＝事件などが不意に起こること）、良吉、米次郎、九十九、佐平、四氏がこれが原告として区有地取り戻し訴訟を起こしたのであったが、ソレは大洲裁判所の公判で敗訴となった。原告の四氏は大審院までも行くと頑張ったのであったが結局ソレは示談となり、その土地をまず一千円と評価、四分五厘を旧役人某氏、あとの五分五厘を両部落でわけ取ることになり、わたしの部落へは二百五十円ばかり配当され、それがあとには学校の基金にくり入れられたのであった。

最初に神田を売ったのではなお足りないわけで、それで区で何百円かを拠出したわけであったが、それが一時に現金でもって醵出することはできないので、それぞれ区民が分に応じ一種の債務として年々これが利息に支払いそれで学校の経費を賄《まかな》っていたわけであったが、ソレがこの二百五十円でどうも解決されたもののようである。

（昭和十六年三月十日）

168　叔父の村

いのめの坂[(1)]をのぼって年に何回アイの村（＝和泉）へ行ったことであろうぞ。そこにはわたしの叔母のうちもあり、また叔父のうちもあった。その叔母ももう八十いくつであるが、まだかくしやくとして丈夫である。兄弟では一番の末ッ子であった叔父の方がさきに死んで了《しま》った。

×

その叔父のうちは村の一番高いところにあったので眺望はよかったが、水が不自由であり、としをとっては阪道をのぼったりくだったりするのも不便だとしばしば移転問題が起こって、叔父の生前にも一度断然屋敷がえをすることになっていたのであったが、またぞうさだからとうとうやめて了った。

然《しか》るに叔父が死んでみると未亡人の叔母が一人になり大きなはなれ家でたゞ一人でいるのはさびしくもあり用心もわるく、その息子らは皆よそに出ていてちょっと帰って来る見込みもなく

「爺さんが死なれたらわたしは神戸の息子のところに行きます」とよくいっていたその叔母も、いよいよ一人になってみると、やはり生まれてから七十年もずっと住みなれた村をはなれたくはない、結局その娘や孫のいるそばに家を移しその老後を送ることになって、わたしの弟のうちの下へ屋敷をひき隠居を建てゝ移ったのであった。それは昨年の冬であった。

×

わたしの叔父がむかし養子としてこの村へ来たのはたしかわたしの五つか六つのときであった。よくわたしは祖父と春祭りに来たり、また芝居や神楽などに呼ばれて来たものであった。

いのめの坂には山桜が咲いており、さざえが岳(2)の岩間には点々と紫色の岩つゝじ(3)が美しく咲いていた。その竹藪のなかには絶えず鶯《うぐいす》の声が聞こえていたことなどをいまわたしは懐かしく思い起こすのである。

その頃叔父のうちにはとしとった養父がたゞ一人おわしたように覚えているがいつ亡くなられたものかそれは記憶がない。叔父も叔母もほかから入ってその養家をついだのであった。

×

さざえが岳（現、三瓶町和泉地区）頂上から見下ろした中腹の集落（現在）

この叔父のうちに古くから伝っている細井光沢《ほそいこうたく》(4)の書の六曲屏風《びょうぶ》が半双《はんそう》(＝対《つい》をなすものの片方)ある。その片われは他のうちにあるということだがわたしはまだそれを見る機会を得ない。叔父のうちのは四枚は二行書きで、あと二枚が大字に書いてあるが素晴らしいできである。今度行ってわたしは久し振りに展観したのであるが意外にその保存もよくつくづく素晴らしいものだと思った。

何でも先々代あたりが頗《すこぶ》る骨董趣味濃厚なる人であったらしく、こうした山村の農家には不似合いな屏風が伝来されていたり、わたしにはよくわからないが膳椀酒器《ぜんわんしゅき》その他什器《じゅうき》などにも相当のものがあるようで、むかしのもの好きも凝《こ》るとなかなか贅沢《ぜいたく》であったと思わせるものがある。

×

わたしの叔母のうちの座敷のふすまに蘿石山人の落款《らっかん》のある書画が沢山張ってある。おそらくこれは先年死んだ叔父がこの家を建築したときに書いてもらって張ったものと思われる。

聞いてみるとこの蘿石山人というのは、この村の学校に二、三年いた老先生だったという。井上忠太郎という先生で、とてもそれは酒豪だったとのこと。飯にまで酒をぶっかけて食べられていたほどだそうでよほどそれは酒好きであったものらしい。南宇和郡あたりの産でもと神官であったとかいうことである。

学校をよされては書画を売って生活していられたということであるが、書も画も相当のものであり、農家のふすまを飾るには丁度恰好《かっこう》のものと思われる。

わたしの叔母のうちのは淡墨山水の自画賛《じがさん》(＝自画自賛)と古人の詩が書いてあるが庚戌《かのえいぬ》初秋とあるから明治四十三年の八、九月に書かれたものらしい。

×

あたかも薬研《やげん》のような渓谷の村、いかにむかし落人のかくれた村といってもこうした険阻《けんそ》(＝けわしい)な渓谷によくも住みついたものだと思われるほどであるが、しかし住めば都でやはりこの村に産まれ、この村に住んでいる人たちにはここほどこゝちよいところはないであろう。

それでもだんだんにその戸数が減じ、いまはわたしの子供の頃の半数もないほどであり、あそこにもこゝにも家があったのであるがと数えてみると十余軒も点々と古家屋敷のみ残っている。

なかには梅の古木のみ残ってさびし気に花が咲いていていたり、水仙が両三株、菜の花とまじってふくいくと香気を放っていたりするのを見ると何となく一種の感傷にそゝられたりもする。

むかしの老人は何時しか地下に眠り、その頃若人なりし人々いまは皆白髪の老人となってつぎつぎにこれに代わっている。春夏秋冬の去来、人生老若の代謝《たいしゃ》、故園そのもの、老い行くさまを見るときに何人かまたそこに無限の感慨感傷なからんやは——。

（昭和十六年三月二十日）

（1）鴫山から和泉に行く途中にある急峻な坂道。現在はなく、別に農道がある。
（2）和泉にある、高さ百数十メートルの岩石峰。
（3）三葉ツツジ。
（4）江戸中期の儒学者・書家。父は掛川藩士。江戸に出て程朱学を修め、王陽明の説をとり、文徴明の書法を学ぶ。柳沢吉保・水戸家・幕府に仕え、天皇陵の修築に貢献。（『広辞苑』第五版）

169　学校の位置

いずこも同じ学校の位置問題ではむかしからよくもめたもので、わたしの村でも相当それはやかましい問題であった。たしか清水貞紀氏の村長時代であった。かねて清水村長はその居村の学校位置を有利にみちびきたい下心もあり、でき得るだけ円満にかつ布喜川《ふきのかわ》側の気にさわらないようにうまく片づけたいとそう考えていた。

かくてその原案の位置はオリオの城の台(1)ということになっていたのである。それで最後に三部落の有志を招集、郡役所からも中村その他数氏これに臨みいよいよ最後の協議となったのであったが、わたしの部落の代表はわたしの父と良吉おじとしもなかの半やん(=半次郎)と三人であった。その知謀弁力においてはおそらく当時村内に良吉おじの右に出ずる者はなかったが、惜しいかな全くうぶの百姓であり、目に一丁字《いっていじ》ない仁《ひと》(=文盲の人)であって、特に官尊民卑《かんそんみんぴ》のなおひどかった時代ではあり殊《こと》に郡役所のお役人などがいるところには初めて臨んだことでもあり、従って場なれないために結局その矢表《やおもて》にはわたしの父が一人立たざるを得なかったのであったがもちろん父の背後には良吉おじがおり、ガッチリとスクラムを組んで戦ったことは間違いない。

×

ところがその原案の城の台たるやずっと布喜川部落に入りこんでその地内になり、わたしの部落や横平部落からこれに通学することになると、大きな坂を一つ降《くだ》って、ほとんどその麓《ふもと》近くにまで行かねばならぬことになる。布喜川側はもとよりこれに毫末《ごうまつ》も異議はないのであるがその反対のはしに位置を占めているわたしの部落などはとうていこれを承諾し得ない事情にあり、やゝその中央に位置を占めている横平部落もなろうことならもっとこちらに引きつけたい、そうして自分の地域内に学校を持って来たい、よし口に出さないまでに内心それを要求していたことは無論でありそこで二つの部落は自然とその目的において一致し、またその行動において知らず相一致することにもなっていた。

然るにその人口戸数の上からこれをいうと布喜川部落は横平鳴山の両部落を合わせたものよりもずっと大きく、従ってそうした内容――実力でもって当然

旧布喜川小学校記念碑

学校の位置はこれを自己の部落内に引っぱりつけ得るとまた考えていた。

かくて双方互いに我田引水の主張をしきりにくり返していたわけであるが、それでは結局はてしがないので中村郡属が最後に

「何と曰《い》っても布喜川部落はその村が大きい。従ってその生徒の数も多い、敷地寄付その他経費の負担上からいってもまず小さい部落の方がこの場合一歩これをゆずってもらうのがわれわれの希望するところだ」

とかねてのそれは腹案でいよいよ最後の止めをささんとしたときに、父が

「それではこの学校位置の問題は敷地や工費の負担の多寡《たか》でもってきめられるわけであるか。そういうわけであるならば、われわれの部落は小部落ではあるが、そうした経費に対しては布喜川部落以上にこれを負担することを何ら辞する者でないからわれわれの希望通りのところにその位置を決定させてもらいたい」

とそう強くいゝ張ったためにこの最後の中村郡属の失言がとうとう禍《わざわい》してどうにも取り直すことができず、結局原案の城の台はオジャンとなりついにオリオ坂の峠までその位置を引っぱり上げ今日の横平部落地内にこれを決定することになったのであった。

×

「金はいくらでも出す、こちらの好きなところにその位置をきめさせろ」

というのは父としては随分大胆に啖呵《たんか》を切ったものであるがそういったところで結局小部落のいゝ分通りにそれが任されるものでもないのでついにはまた多数の横暴をうち破り得ることにもなったものであろう。これが村でのやかましい学校位置問題の一つであったが、それも春秋すでに三十何年前の話である。（昭和十六年三月三十日）

（1）県道二六号の横平トンネルの上方の山の中腹にあり、昔は砦《とりで》があったといわれている。現在は一帯がミカン山となっている。

【参考】布喜川小学校の沿革

『双岩村誌』（抜き書き）

明治八年　（一八七五）□月　布喜川小学校創立。

同　十四年（一八八一）□月　博愛小学校創立（横平鴨山共立）。

同　二十年（一八八七）九月　布喜川小学校を布喜川簡易小学校に、博愛小学校を鴨山簡易小学校に改む。

同二十一年（一八八八）四月　鴨山簡易小学校を廃止。

同二十三年（一八九〇）四月　布喜川簡易小学校を双岩尋常小学校第二分教場に改む。

同二十五年（一八九二）九月　右分教場を布喜川尋常小学校と改称。

同四十一年（一九〇八）四月　学制改革の結果尋常科六年まで設置の筈なるも校舎狭溢《きょうあい》のため五・六学年児童は双岩尋常高等小学校に依嘱す。

布喜川尋常小学校長　山本清眞　代用教員　竹内マナキ
　生徒総数　七〇名
尋常科 第一年生男　十二名、女　十名、第二年生男　八名、女　九名
　第三年生男　十二名、女　七名、第四年生男　三名、女　九名

校長の山本清眞は当時この地域では知らぬ者のないほどすぐれた教育者であったようである。鴨山の井上クニエ（明治二十二年生まれ）が次のよ

双岩村立布喜川小学校１、２年生記念写真

うに述べている。

「明治二十九年横平学校へ入学した。私より前に入った人たちは割合少なかったがこの年から義務教育ということがやかましくいわれ年上の人たちが沢山入学した。その数は三十人程だったと思う。先生は山本清眞という若山の方であった。別に学歴などなかった方だったが実に偉くそして良い先生であった。明治三十二年には校長になられた。随分長く横平学校に勤められた。私の息子の寿も先生の教えを受けた。横平学校の校庭には先生の遺徳を偲んで記念碑が卒業生の醵金で建てられた。廃校になった今でもその記念碑は残っている。」

（菊池武美編『鳴山物語』）

170 お庄屋征伐の結末

むかしは村に庄屋というものがあった。その下に一般から役人と呼ばれていた横目《よこめ》、組頭《くみがしら》などというものがあり、それからまた金方年行司《かねかたねんぎょうじ》、米方《こめかた》年行司などというものもあった。お庄屋さんはいわば村のお殿様みたようなものでなかなか威張ったものであった。

一般に庄屋家督と呼ばれていた租税のかゝらない無役地《むやくち》が必ず何町かあり、その上に庄屋個人所有の田畑や山林があり、その収入また相当のものであった。今日の役人が手盛りでもっていろいろの役徳《やくとく》（＝公職に就いているために得られる給料以外の種々の収入）を作っている如く、むかしのお庄屋さんもなかなかそこに抜け目はなかった。

×

庄屋には小走りというものが置かれていた。その給料は村費から支出していたが終日ほとんどそれは庄屋の仕事をしていた。月に二回か三回

「オーイ賦金《ふきん》（＝割り当ての金）を持って来いよー」

というあんばいに村中に触《ふ》れをする位のものであった。大てい本村《ほんむら》では馬ころばしの少し高いあの駄場に立ってそういっておらび（＝叫び）、ワイ（＝横平）ではかいまりの下、エス（＝鴫山）では岡の鼻からそういって触れた（＝広く知らせた）ものだ。それこそ一走三歩役もかゝりはしなかった。あとはずっと庄屋の仕事をしていた。その小走りの給料が米十二俵で村では最高のおとこしであった（傍点編者）。

×

その時代の庄屋の旦那は郡中から養子に来た人で、なかなかえら作であったので、本村《ほんむら》の者は皆よく思っていなかった。庄屋騒動のときに、その百姓の反感が爆発した。その頭取は百と忠という男であった。忠蔵というのはなかなかのくぢくり（＝不平や文句の多い人）であった。まず庵に集まって大きな藁縄《わらなわ》を綯《な》ってそれでもって庄屋の家を巻きこかす（＝倒す）という計画であった。

×

それからいよいよ勢揃《せいぞろ》いして一同中倉のところに行ってみると、丁度四月の麦刈りの頃で、麦をこいでそれをそこに干していた。その干してある庄屋の麦が村もちの莚《むしろ》であったというので口々にその不都合を鳴らしつゝ、その麦のいがのついた莚にわざわざいがをふりかけ、それを庄屋の屋敷にもち込んで、そのいがの荒莚の上に庄屋を座らせて盛んにその不都合を詰《なじ》ったということである。

×

それからだんだんと百姓一揆は村々をせって結局かやの茅川《かやがわ》に集合し、たゞわいわいと無意味に騒いでいたものであるが、結局宇和島藩から藩兵の一隊がやって来てわけもなくこれを取り鎮《しず》め、根が烏合《うごう》の百姓共のこと忽《たちま》ち蜘蛛の子が逃げ散るように命からがら多くの者は逃げ散って了《しま》い、あとで頭取分はふん縛られたが、村ではとうやの栄二郎という男が金をもらって一人でその罪を背負いこみ何ヶ月か宇和島の牢屋にぶち込まれて刑期満ちてやっと帰って来るには来たがすっかりその健康を害《そこな》いそれから何年も生きていないでついに死んで了った。

（昭和十六年四月十日）

171　田園まさに荒れんとす

昭和十六年四月四日の植樹デーにわたしは住宅付近の荒れた土地へ桐苗《きりなえ》を五十本植樹させた。荒れた一部の水田へは老父は松や桧《ひのき》を植えつけていたのであるが植えたシーズンがわるかったのであろう、三分の二ほどは枯れて了《しま》った。その一部へも試みに間植してみろといってやって置いた。成績がよかったら全部桐林にして了ってもよろしい。そういったらば老父もいかにもそれがよからうといっていた。

×

国家は頻《しき》りに食料増産だの、荒地開拓だのといっているのであるが、わたしの部落などでは、芋《いも》畑も水田もこうして皆荒廃地になって了い、ただでも御免被《ごめんこうむ》るといって誰も耕作してはくれないのである。これで果たしていゝものかどうか、わたしにはさっぱりそれがわからない。

今日は増えるのは役人と工場労働者であり、儲《もう》かるのは軍需工業家や園芸家や漁業者や日傭《ひよう》稼ぎなどである。

村の若い者はどんどん鉱山や工場に行って、村に残って農業をやる者など一人もない。小作地などは皆荒れるが儘《まま》である。荒廃させて置くよりは杉桧か桐苗でも植えるのがまだいゝとわたしは思いついたわけである。

×

これはおそらくわたしの部落のみの現象ではあるまいと思う。こうした傾向が若し全国にわたってあるとしたらわが日本の食糧の自給自足なんて全くそれは春の夜の夢である。

その結果はやがて日本もイギリスと同じことになる。今日イギリスではその本土で収穫されるものでは需要の二十五パーセントしか充《み》たされないのである。即《すなわ》ち一年に対しては三ヶ月しかその国民の命がつなげず、一ヶ月に対しては一週間の食糧しかないのである。

何といっても人間食べるものがなくなったほど心細いことはあるまい。日本が若《も》しイギリスと同じ運命に陥ったとしたらば果たして何《ど》うであるか。

×

イギリスだって十八世紀のエリザベス時代までは立派に本土は自給自足していたのである。イギリスが今日の如くになって来たのは工業立国で大繁栄を呈《てい》して来てから後の話である。

丁度《ちょうど》いま日本がイギリスの辿《たど》った同じ運命をたどりつゝあるのだ。外米に依存しなければならなくなったのは御一新後の現象なんだ。わたしの部落などでもおそらく二、三十パーセントは水田や畑が荒廃して山林になっているだろう。

×

わたしの部落は純然たる山村で平地なんて一町歩もありはしない。皆山田ばかりなんだ。山石《やまいし》でもって石垣を積みあげて雛段《ひなだん》のような山田が谷間谷間に作られている。

その努力、これに払われた労力というものはとてもそれは莫大なものであり、わたしはこうした自分の水田を見回るときに、わが祖先の涙ぐましい、はかり知られないその偉大なる努力を思うと自然にそのわたしの頭がさがる。

いかに時代が時代だといっても、この父祖幾代の努力の結晶である水田をぶっつぶして杉や扁柏《へんぱく》（＝桧《ひのき》の漢名）の植林にするには全くそれは忍びない。

×

わたしの祖父が築いたしだおの大池などは、今日見てもよくもこの大工事がやれたと思われる位である。しかもその大池の水がかりの水田がおそらく一町にも足りないであろう。その努力と収益を対照して考えると全くそれは馬鹿馬鹿しい位であるが、しかしそこにわたしは昔人《びと》の堅実さというものがあり、また偉いところがあるのだと思う。

どうもむかしの人間たるやすべての採算を超越し、すべての富を超越して、金銭以上のもの、金銭を超えたところのものをつかんでいたようにどうもわたしには感ぜられる。

この大池を築いただけの資財——資源をそっくり金銭にして祖父が若《も》し残して置いてくれたらその子孫のわれわれは偉いものだがなど、ツイそんな浅はかな間違ったことを考えることもないではないが、よく考えてみるとやはり祖父は偉かったと思う。

もともと金銭なんてものは空虚極まるものであってそれはほんとの富でも何でもないのであり、満々と灌漑《かんがい》水をたゝえて来る夏も来る夏もその力でもって水稲を養い、無限に産米を生産するその聖なる尊い力にこれをくらぶべくもないのである。

×

かくつくづく考え来たるときに、その日雇《ひやと》い労働の賃がよいからといってすっかりその小作地を返して了ったり、また工場にあこがれて若人が皆出稼ぎに行って了ったりして、わが部落の耕作がどんどん荒廃して行くということは、何といってもわが祖先に対しすまないわけであり、またわが国家の食糧政策の前途にとっても甚《はなは》だそれは憂《うれ》うべきことであると思う。

陶淵明《とうえんめい》はその帰去来《ききょらい》の辞に「田園まさに荒れんとす」といっているがほんとにその通りだ。いまやわが田園はまさに荒れんとしているのである。詩をつくるよりも田を作れと古人もそういったではないか、断じてペンを投じて鍬《くわ》をとろう、と幾度わたしはそう考えたことであろうぞ。

（昭和十六年四月二十日）

172　苦汁菜飯《くじゅうなめし》

新緑になるとよく思い出すのであるが、山に行くと苦汁菜（＝くさ木）という灌木《かんぼく》に美しい新芽が出る。その柔らかい新芽――若葉を摘《つ》んで来て、それをよく祖母が佃煮《つくだに》にしたり、苦汁菜飯に作ったりして食べさせてくれた。たしかにそれはわがふる郷の初夏の景物《けいぶつ》の一つであった。苦汁菜と名に負うように少しそれは苦いのであるがしかし大変おいしいものである。ときどき妹たちが煮て送ってくれる。わたしには何よりもこれが好物である。

×

またあまし（＝ししとう）とわたしのふる郷でいっている、その形や色は唐辛子そのまゝであるが、しかし唐辛子ほどに辛くない、そのあましの葉がわたしには何ものよりも好物だが、たゞ困ったことにそれを食べるときっとわたしの脳をわるくし、不思議に頭痛を病む。それでもわたしは少しくらいはといっては食べる。そしてだんだんに少しは少しはと誘惑されつゝ、ついに沢山食べる。やがて頭痛がしてノーシンを飲んだり、うなったりせねばならず大変なことになって来る。それでもやはり〝禁あまし〟を断行し得ず、自分ながら自分の意志の弱いのに愛憎が尽きるのである。酒のみの禁酒の気もちがわたしにもよくわかる。

×

一面初夏の清楚なシーズンがわたしは非常に好きだけれど、また一面こういう点で初夏はわたしに一つの鬼門でもある。松山で清水豆といっている、あの未熟の空豆がわたしも好きなんだが、やはりあれを食べるとわたしは秘結《ひけつ》（＝便秘）してきっと頭痛がする。それから筍《たけのこ》も好きだけれど少しよけいに食べると、やはり同じような中毒現象を呈して来る。

あまり好きでないものは少々食べ過ぎても何でもないのに、こうした大好物がわたしにすべて毒なんだから全くそれは因果である。

先日ラジオで大ていの雑草は食べられるように放送されたからとて数日前家内がしきりに雑草を煮ていたが、やはり駄目ですわといってついに食膳にはのぼらなかった。牛馬や鶏と同じような生活をわれわれがするためには、もっとものに行き詰まって来なければ駄目であろう。乏しいながら砂糖をつかったり、味の素をつかったりしている間は、まだまだ雑草は食べられない。

×

ずいぶん松山では昨今野菜も高くなった。蕗《ふき》だの、山椒《さんしょう》だのいうものも店の売り物となるととてもそれは貴重である。ふる郷に帰って山に行けば山椒などそれはもういくらでもある。香気《こうき》のいいのが自然に存している。先日も蕗の葉につゝんだ木の芽を一ヶ三銭で買って来たのに、眼に入れても痛くないほどの小さい芽がタッタ三つ、これではどうにも仕方がないとまたわざわざ出かけて買い足しやっとその用を弁じた。ものの需要供給も、こうしたことを考えると全くそれは不思議なものである。

×

今日わたしのふる郷の人々が惜しみなく大自然のふところに生きている。それと同じような規模の生活をそのまま市街地でなすであろうならば、おそらくその収入が十倍あっても足りないであろう。これからだんだんとわれわれ国民の生活が戦時経済化して来るに従って、大自然を直接その生活資源にする農村というもののありがたさがけだし次第にはっきりして来るであろう。

（昭和十六年四月三十日）

173　大樹

わがふる郷でいま一番の老大木は供養場《くようば》の大松(1)であろうが、その樹齢少なくも三百年を算すると思われる。その幹根すっかり肥松《こえまつ》（＝幹や枝の太い松）となり、数十年前これに点火せる馬鹿者があって、そのためにいま一部炭化し大洞窟を作っている。それでも点《つ》いた火をよく消しとめたものである。

むかしは獅子高森《ししたかもり》の山腹に山の神の老松《ろうしょう》があったということでありこれが村一番の高齢樹だったというがわたしの子供時代にはもう枯れたものか、そんな記憶はない。

わたしの家の西の崖ッぱなに大榎樹《おおえのき》があって、夏は非常に涼しくよい風が吹いていたというが、これもわたしには記憶がない。

×

かわのうえの崖に大きな樟《くすのき》のかぶが残っていた。夏はそれを掘って来ては削って蚊くすべにしたものであるが、これはとても大樹であったもの丶ように思われた。おそらくわたしの部落が昔開かれたときの処女林に鬱然《うつぜん》と天に聳《そび》えていたものに違いない。

わたしの子供の頃には東の方へ屋敷から出たところなど雑草の傾斜地で、しゅろや櫨樹《ろじゅ》や楮《こうぞ》などが植わっていた。いまは祖父が石がけをして菜園畑に開いて了《しま》っている。

そら（＝土地の名）もいまの山につゞいて椎林《しいばやし》があり竹薮《たけやぶ》があった。その上が広い櫨林《はぜばやし》であった。

鎮守の杜《もり》なども昔は大自然の姿をとゞめており今日の如くに俗悪な石垣でもって段など築いてはいなかった。わたしの知っているよりももっとむかしは、松桧《しょうかい》樹がその麓《ふもと》に森々《しんしん》として聳えており、とてもそれは神々《こうごう》しい杜の姿を持っていたと伝えて

かつての供養場のあたり

いる。

われわれの一家でも不肖な子供があとをつぐと、由緒ある屋敷も庭樹もめちゃめちゃにして了うものであるが、村落もまた同じことで、心なき時代の村民が鎮守の杜や名木名物をよく台なしにするものである。

かわのうえの上のくろがり場に大きく高い桜樹《おうじゅ》が一本聳えていた。いつ切られたかよほどむかしにその姿を見失った。みどりの松林や竹薮《たけやぶ》のなかに老桜が白雲の如くらんまんと咲きほこっているのはとても美しいものである（傍点編者）。

（昭和十六年五月十日）

（1）編者が少年時代にはまだ供養《くよう》場の松は元気であった。鴫山から穴井に行く道の傍《かたわ》らにどっしりと生えていた。もうその頃は供養場で何か催し物がなされるようなことはなく、広場も狭いものだった。したがってこの松も特に注目されるようなこともなかった。聞くところによると、昭和五十年代初頭に松食い虫の被害にあい伐採されたとのことである。

【参考】供養場　鴫山

海の眺《なが》め、山の眺め、ともにおもしろし、双岩八景の一つ、曰《いわ》く供養の夕照《せきしょう》。

『双岩村誌』（一八七頁）

供養場からの眺望。穴井方面

174　樟樹《しょうじゅ》

わたしのふる郷に樟樹というものは殆《ほとん》どない。かつてわたしの子供の頃にはかわのうえのそらに大樟樹の大きな根が残っており、それを掘って削っては蚊いぶしにした。それももう跡形もなくなって了《しま》った。シダオの山に自然に生えたのが一本ある。もう百年くらいにもなるであろう。それとオオバタケに十数株、いまは亡き弟が何かの記念に植えたのがある。おそらく村ではこれらが唯一の樟樹であろう。

×

最近三瓶《みかめ》町に樟脳《しょうのう》工場が設けられたそうだ。それ（＝樟樹）を売却してくれるようにといって来た。その値段は雑木なみでトテもそれはやすいというのである。

しかし一たい近傍《きんぼう》にそう沢山樟樹があるようにも思われない三瓶町へなぜそんな国策工場ができたのかそれはわからぬが、その持ち主がこれを売らないといったところでどうしてもこれを買おうと思ったら工場は強制的にでもそれが買えるというのである。もちろん今日の時局として国家にそれが必要なものであればそれも当然なことであり、いずれの所有者もこれに異議はないはずである。記念に保存して置きたい樹までも結局切り取られて了うわけである。

経済統制の強化はわれわれのつねづね希望しているところであり、いかに統制は強化されてもそれはよろしいが、その強化の重圧はまんべんなくすべての方面に加わらなければ結局その威力を十分に発揮することができないと思う。

（昭和十六年五月二十日）

175 コレクター

書画骨董というやつ、東洋趣味の一つであり、コレクト・マニヤとしては若干それは高尚な方であろうが、それでもその収集癖《へき》がだんだんにこう進んで来ると、何だか第三者からは気違いじみて見え、何でまたソンナに我楽多《がらくた》を収集せねばならないのか、それも自分で見て結構なものであり、これに自然と引きつけられる、これと相対していると、とにかく気もちがよいと感ずるので、これを購入して自分のものとなし朝夕それを眺めてそのつれづれのともとなす、という程度のものならばそこにまたこれを購入、収集の理由もあるというものであるが、自分でもってその書いてある文字がろくに読めるでもなく、またその絵の真贋《しんがん》、善悪などもわかりもせねば従って、いわゆる書画の鑑定を職業にして飯を食っている、いわば田舎まわりの鑑定行商人にこれが、鑑定を頼んだり折り紙をつけてもらったりしてせっせと我楽多書画のコレクションをなす、そうした書画のコレクターが大ていどの村にも一人や二人はあるものだ、が考えてみると何だかおかしなことだ。

わたしのファーザー（＝father 父）などもたしかにその一人で、若いときから盲《めくら》の垣《かき》のぞき、随分《ずいぶん》根気よくこうした我楽多を集めたり散じたりして何だかそれでその一生を了《おわ》った、否《いな》了るであろうとすら感ぜられるほどだが、それもしかしこうした方面には縁の遠い山村のこと、その手に入ってコレクトされたと申したところで、それはすべて山家《やまが》育ち、近郷《きんごう》無名の歌人、俳人、書家、画家等々か、それでなくば押しなべて偽筆《ぎひつ》疑いなき狩野探幽《かのうたんゆう》(1)か、よくも大胆不敵に落款《らっかん》を入れたものだと思われるほどのドコかの心臓の太い円山応挙《まるやまおうきょ》(2)先生等々であるが、それでもわたしの学生時代にはわが郷土の懐かしい思い出の人々の筆跡が随分よく克明にコレクトされていたようにも思っていた。それがいつの間にやらまた散逸《さんいつ》――おそらくばそれの多くは自称探幽や応挙に化けたものであろう。――どうもいまはそうしたものは案外寥々《りょうりょう》である（＝数が少ない）。

×

きのうもわたしは山荘に帰って来て、山雨のつれづれにファーザーのコレクションの一部——それはわたしがいろんな機会に人から贈られたものや自然に手に入ったものをそのおもちゃにと送った書画、それがそれぞれに表装されているのを取り出してみるに、相当それも夥《おびただ》しくありこんなものもあったろうかとよく考えてみると、いずれも皆それにはわたしの何かの思い出が添うており、何だか一種のそこに淡い懐かし味すら感ずるのであった。

あすは老父もまた一緒に松山に行くとて、その唯一のおもちゃである書画の一部もまた携えて行くという、わたしの懐かしい思い出の添う書画もこれをより出して荷作りしたりする。

×

然るに老父の姻戚《いんせき》にYという漁業家があり、近年めきめきと網で儲《もう》けてついに巨万の富を作り、なお大いに作らんとしつゝあるがこの田紳《でんしん》氏（＝田舎の紳士）また御多分に洩《も》れず書画の道楽に感染、その儲けの何百分の一かをデモ竹田、デモ直入等々の軸物《じくもの》収集に浪費しつゝあるが、その病みつきが果たして何時頃からかということはちょっと判明しない。とにかくすでに二、三万円かはコレクトしたものゝようである。最近も類をもって仲よしの老父への手土産に書画一幅、いかにもその表装も立派なものであり、その落款もたしかに雅邦《がほう》(3)とあり、湖上の廊閣漁舟《ろうかくぎょしゅう》を雅邦をまねて描いていることはいるけれどよくよく見るとその捺《お》せる朱印がまがいもなく毛筆で描写したもの、これにはサスガのわたしも全くよういわんわであった。

大体まず、わがふる郷の風雅人の程度といえば、要するにこの程度なんであり、おそらくその二、三万円のコレクションの十中の八、九まではこの雅邦式のものであろう。

（昭和十六年五月三十日）

（1）江戸初期の画家。鍛冶橋狩野の祖。孝信の子。永徳の孫。名は守信。のち探幽斎と号す。幅広い画技を有し、幕府のご用絵師として、一門の繁栄を拓いた。（『広辞苑』第五版）

（2）江戸中期の画家。円山派の祖。通称、主水《もんど》。丹波の人。狩野派の石田幽汀に学んだが、外来の写実画法の影響を受け、精細な自然観察にもとづく新画風をひらき、山水・花鳥・人物など多方面に活動、写生画の機運を興し、日本画の近代化に貢献した。（『広辞苑』第五版）

（3）橋本雅邦＝（一八三五〜一九〇八）日本画家。明治画壇の巨匠。名は長郷。江戸に生まれ、狩野勝川院雅信に学び、勝園雅邦《ただくに》と号す。東京美術学校教授として横山大観、下村観山、菱田春草らを指導。（『広辞苑』第五版）

176 迷信

御幣《ごへい》かつぎ(1)をごだという。日がよいだのわるいだの、方角がどうとかこうとかいうのはすべてそれは迷信である。大安だの、友引だの全くそれは馬鹿気切っている。どう考えても理屈に合わない。迷信はやはり迷信であるが、その迷信のからをどうしても脱し切れない。それがわれわれ人類の心的生活の一大矛盾である。

×

わたしの少年の頃、わたしのうちに大雑書《だいざつしょ》と称する今日のエンサイクロペディア（＝encyclopedia 百科事典）が一冊あった。何かというとそれを引っ張り出して、ことしは金神様《こんじん》がどの方角に当たっているだの、都天《とてん》（＝凶方位の一つ）がどこの方角だなどといって祖父が開発をしたり、家の改築をしたりするのに必ずまずこの大雑書を参考にしていた。

不成就日《ふじょうじゅ》だの、うんこう日《にち》だのいうことにももちろん大いに敬意を払っていた。考えてみると馬鹿馬鹿しいことだが、すべてが無反省で他力本願で、保守的な山村の生活にはこれが寧《むし》ろ当然なんであり、迷信即信仰なんである。

×

だが、わたしには日の善悪だの、方角のよしあしだのということが、どう考えても馬鹿馬鹿しくて仕方がない。それだのにわたしの周囲、否《いな》今日の日本人の多く、殊《こと》にインテリ階級と自任する多くの人々のなかに依然としてコンな迷信の奴隷になっている者が非常に多い。わたしには何だかそれが不思議に感ぜられて仕方がないのである。

最近内務省がこうした迷信の打破に乗り出し、陰暦の中段だの、高島易断の印刷物だの、そうした迷信の本源に一大鉄槌《てっつい》を下さんとしているのはこれは非常にいゝことだとわたしは思う。こうした迷信はひとりわが日本のみではない、西洋人だってもちろんそれは五十歩百歩で、たとえばクリスチャン（＝Christian　キリスト教徒）でも金曜日が悪日だとか、十三の数が凶だとか、いろんな迷信、意味のない信仰を随分《ずいぶん》持っている。

これは要するに人類共通の馬鹿馬鹿しい心的生活、悲しむべき神経質なんであるがそれが無意味なことであり、間違ったことであることはいくら普遍的な事実であってもやはりそれは間違いであり無意味で馬鹿馬鹿しいことであるんである。

×

嫁とり婿とりにいゝ日だとか、友引《ともびき》の日には葬式を出さないとかうんこう日にはお灸をすえないとか、そんなことをよく子供のときからわたしは耳にしていた。殊《こと》におかしいのは六三よけということが行われていたことである。その年齢によってことしは肩に六三が当たっているとか、足に当たっているとか腹に当たっておるとかいって、指を折ってそれがどこに当たっているかを計算して、腹が痛かったり、頭痛がしたりすると、コレはてっきり六三のためだと称して、六三よけのまじないをしたりしたことであった。どうも迷信というものもこゝまで来ると全くもって滑稽《こっけい》であり、また大いに愛嬌《あいきょう》がある。

（昭和十六年六月十日）

（1）（御幣をかついで不吉をはらう意味から）縁起を気にしたり迷信のためにつまらないことを忌みきらったりすること。またその人。（『広辞苑』第五版）

177　むかしの隣組

いま頻《しき》りに隣組だのまた常会だのというものが奨励されて、むかしの五人組の制度、隣保《りんぽ》精神が復活されつゝある。わたしの幼いときの記憶にいま残っているのは念仏講《こう》、出雲《いずも》講、お伊勢講、山の神講、金比羅講、それから観音講の六講などである。

わたしの父は嘉永四（一八五一）年の生まれだが、その少年時代には念仏講は毎月催されていたといっているから御一新前までは毎月十六日の夜に集まっていたものらしい。その以前はもっと度々催されたものだという。どのお講でも集まれば御馳走があるのであるが、ずっとむかしの念仏講は度々の会合であり御馳走はなかった。おちらし（＝大麦を焙煎して挽いた粉）——八袋ぐらいを出していたという。

明治十二、三年頃に至ってあまりお講がおゝ過ぎる、これを整理しないと、第一その浪費にも堪えられないし暇つぶしであるというので、正月七日に山の神講、三月八日に出雲講、六月十一日にお伊勢講、十月十日に金比羅講、十一月十六日に念仏講ということになった。

その御馳走もあえものかぼっかけ汁くらいで無塩《ぶえん》（＝新鮮な魚）などはつかわないことになった。その以前には念仏講なども大きな皿に一杯盛り切りの時代もあった。念仏講用の大皿が用意されていたということである。

無尽《むじん》（＝頼母子講）などでも六升の飯を平らげたというのであるから、一人当たり五合食ったわけであり、念仏講なども暮らしのよいうちではうんと腹一杯食べるので御馳走がおいしいと米びつをからにしてよく主婦を狼狽《ろうばい》させたものだという。貧しいうちが講元のときはもちろん多少遠慮したものである。

山の神講のときは、むかしはお茶(1)から休んで山の神様に参詣して御馳走になったといっている。山の神様というのは獅子高森の金比羅さんのしたの山腹にあったという。

酒も一升投げ出しの時代もありまた飲み放題という時代もあった。いまは酒好きが多いので相当飲んでいる様子である。

×

どのお講ももとより信心がもとになっており、念仏講ならば念仏を唱えるし、出雲講ならば出雲様を祭ったこともちろんであるが、やはり集まってからいろいろと世間話、相談もすれば頼みごともする、要するにそれが隣組の常会であったのである。

（昭和十六年六月二十日）

（1）昔はこの村は四食であり、朝食、昼食、お茶、夕食であった。

【参考】お講　『双岩村誌』（一六三〜一六四頁）

お講には念仏講、お伊勢講、金比羅講、出雲講、観音講、阿弥陀講、地蔵講等あり、部落に依つて多少の相違ありしも、多くは夜る講宿に相会して念仏講には念仏を合唱し、金比羅講には金比羅大権現を礼拝し、酒を呑み、飯を食ふて雑談に耽《ふけ》るに過ぎず、観音講以下は一つに之れを女お講と称し、一年一回若《も》しくば二回、一村の主婦達が相集つて寺院に催ほす一種の懇親会なりしが、近来はその名称を婦人会と改めその内容をも大いに改善するに至れり、お籠《こも》りには稲祈祷《ぎとう》のお籠り、風よけのお籠り、その他虫送り、雨乞ひ、悪病よけ、願《がん》ほどき等種々のお籠りあり、鎮守社又は寺院に集合して神仏に之れを祈るを例とせり

178　むかしなまり

われわれ郷土に帰って郷土の言葉を聴くほど懐かしいことはないが、その郷土の言葉もだんだんになくなって行き、一面からこれをいうと新しい一つの標準語に統一されて行く。たしかにそれは話し言葉の進化であり、また発展であるのであるが郷土語そのものからいうときは、いわゆる特種性の喪失であり、個性を亡くしたことになるのである。

　だから今日われわれ山に帰って行ってもむかしのような純粋な村なまりをとうてい聞くことはできない。殊《こと》に甚《はなは》だしく変化したと思われるのは多くの処女たちの言葉、また押しなべての女性たちの言葉である。要するに彼女たちの多くは小学校を卒業すると遠く神戸に行ったり大阪に行ったり大てい工場や商店に入って働いて来る。かくてその間にすっかり村なまりを洗い落として了《しま》う。

　それからいま一つはよく『主婦の友』や『婦人倶楽部』そうした種類の婦人雑誌を読む。殊《こと》に近来最も広く読まれているのは『家の光』(1)である。こうした雑誌の文章は大てい言文一致《げんぶんいっち》でそれもほとんど皆標準語に書かれているこうした読み物から受ける偉大な感化の一つはたしかにわたしは彼女たちの話し言葉だと思う。彼女たちは江戸ッ子まがいの用語は大ていこの雑誌や新聞から仕入れているようにも思われる。

×

　だからいまわれわれ郷里に帰っても懐かしいむかしの村なまりをだんだんに聞くことができなくなったのである。われわれ自身としても多年他郷に住まっている間にはすっかりそうしたなまりの多くを忘れて了っている。たゞたまに思い出したり知らず知らずまた村言葉をむき出しに使ったりもする。一度村に帰ってその雰囲気にいると不思議に村なまりを復活し、知らぬ間にむかしのまゝのアクセント昔ながらの話ぶりになるものだが、それも右にいったようなわけで村に村なまりがうすれて行くのであるから多年他郷を漂泊忘れがちのわれわれにとって一層それのおるすになり疎遠となるのはもちろんそれは止むを得ないことである。

たゞ年とった叔父や叔母などと話していると、そこには若干懐かしいなまりがその儘《まま》に保存されていて、そうだあゝいう言葉がたしかむかしは用いられていたなと思うことがよくあるのである。

×

いまこうしたむかしなまりを試みに思い出してみたいと思ってもなかなかそれは宙には思い出せない。たとえば農業用語のなかでもいろいろの言葉があったと思う。どんな文字をあてはめてよいか、どんな語原からそれが来ているかわからないような言葉が随分《ずいぶん》そのなかにはあったように思う。

水田の施肥《せひ》としてわたしの子供の頃は皆、草を盛んに刈ってこれを入れたものであるが今日は養蚕に重きを置く結果金肥《きんぴ》（＝化学肥料）を多く使用してそうした柴草《しばくさ》を刈ることはほとんどいまはなくなっている。

わたしのうちなどでは特にこの田にやる肥料草《ひりょうぐさ》をたてゝいる広い専用草場がところどころに作られていた。それを一般にくろがり場と呼んでいたが、くろがりというのはどうしたことを意味するのであるか、とにかく誰でも行って刈ることのできない特定の刈草《かりくさ》でありまた特定の草刈場であったのであり、自然に山野に生えている刈草または柴草《しばくさ》は決してくろがりとはいわなかった。くろがりというのは特定の家に所有権が属していて誰でもがこれを刈ってはいけないところであったのである。

それからぬわとことという言葉がある。山田にそって三坪か四坪の平地がありせんばを立てゝ稲を扱ったり籾《もみ》を俵にしたりするところをどこでもぬわとこといったようにわたしは記憶する。庭床という言葉のなまりかも知れない。

それからまた坂路《さかみち》をむかしはさことといっていたのではないかと思われる。いま、やまんさことというほのぎのところがある。それは山の坂を意味するらしい。おうさことという坂路もある。大坂の意味であろう。たゞさこと呼んでいる屋敷名もある。どうもやはりこれも坂から来ているようである。

いもじり、しゃえんじりなどという言葉もある。このじりは苗圃《びょうほ》もしくは耕作地を意味するもの丶ようであり、隣村穴井《あない》には稗尻という屋敷名もある。芋を植える畑が芋じり、野菜すなわち菜園の土地がしゃえんじり、稗《ひえ》を栽培したところすなわちひいじりであったように思われるが、じりというのは果たしてどんな語原から来ているかわたしにはなお未考である。

苗代の神様を祭って田のすみに柴の枝を立てお守りをたて小石を一つ置く。これを石神様ともいうが、またおさんべい様ともいう。おさんべい様は田植えのとき三枚目のあごのあぜに同じように栗の枝を三本立て丶苗を三株植えて田の神様を祭る、それだともまたわたしは聞いている（傍点編者）。

（昭和十六年六月三十日）

（1）一九二五年五月に創刊された。〝協同のこころ〟を家庭ではぐくむという目的で作られた月刊総合家庭雑誌。農協を通じて配布する形態を取って農村部を中心に部数を伸ばした。

179 村なまり

牡牛《おうし》をこつついまたはこつといい、牝牛《めすうし》をかとうじといったように思う、犢《こうし》はべいのこである。この牛を使うのに手綱をしゃくってオールケというと牛が左の方へ行く、そのま丶引っ張ると左側に向く、これも農業語の一つである。

むくちというのは田ごやしの柴草《しばくさ》を水田一面に散布してそれを鋤《す》き込むことをいうのである、無論《むろん》牛を使って行うのである。

あらじろというのはむくちの前に水を溜《た》めて田を鋤き返すのをいうのである。しろがきはむくちのあとで平かにかなこでかきならすのをいう。

それに苗とり苗運び、こうしたことが田植え前に行われる農作行事である。

×

ダブルシー（＝トイレ）をせんちといっている、雪隠《せっちん》の略であろう。いろはがるたに〝せんちでまんじゅう食う〟とあるから広く使われている口語のようにも思われる。

戸棚をとなだ、庭をぬわ、指をいび、そんな田舎なまりはいくらでもあって問題にはならないが、湧出する泉をせいた、井戸水を一般に汲《くみ》がはといっている、井戸は深く竪《たて》に掘られたものをいゝ、釣瓶《つるべ》で汲むのをつりいまたは釣井戸といっていた。

×

むかしから年中行事というものは実によく考えられていて、歳末には必ず煤掃《すすは》きが行われるし、春夏秋冬の祭礼には家の内外を必ずきれいに掃除するので自然に田園の清潔法が実施されるわけ。夏七月七日の七夕の朝はわたしの村では必ず共同井戸の井戸替えをやる。それですっかり汲《くみ》がはがきれいになり、その気もちも何となく涼しく、さっぱりとしたすがすがしい気分でもって盛夏を迎えたものであった。

すっかりその周囲、底のすみずみまできれいに掃除して、こんこんと湧き出て来る清泉（＝しみず）でやがてそれが一ぱいになる、それは実に涼しいいゝ気もちのものである。

それの掃除ができると神酒や塩花《しおばな》（＝清めの塩）をまいて水神《すいじん》様を祭る。かくて澄み切った水面がだんだん上にあがって来ると、ソコに水すましが何匹かピョンピョンと飛び出して来る、ソレを村では水神様といっていた。

水神様は昆虫みずすましの別名なんである。池をゆけとなまったり、蛇をながといったり、くちなほといったり、そうした郷土語を申せばいくらもある。もちろんくちなほは朽縄の転訛《てんか》でくちなほは古語の一つに違いない。

雷《らい》をわれわれはかみなりという、なるかみというのが或いはほんとうかも知れない。


（昭和十六年七月十日）

180

麦たたき

わたしは小学校を卒業して一年ばかり祖父の下で農作に従った。といっても真似事《まねごと》にそれは過ぎなかったのであるが、それでも面白くやれた仕事とあまり好きでない仕事とがあった。

いまその記憶を呼び起こしてみると、一番わたしが苦しかったと思ったのは麦たたきであった。どうにも麦のいがをかぶって働いたのは楽でなかった。その頃の麦たたきというのは、唐竿《からさお》というものがあって、それでもってせんばでこぎ落とされた麦の穂の麦粒《むぎつぶ》をたたき落として玄麦《げんばく》を得るのであった。

×

麦を扱《こ》く（＝物の間にはさんで、むしるように落とすこと）せんばは稲《いね》扱きのそれとは別であったと思う。それで扱き落とした穂はかまぎ（1）に入れて積んであり、天気のよい日に庭一面に莚《むしろ》を敷いてこれを天日に干し乾燥したのを一つに集めてたゝき落とし調製するのであった。

だから必ず夏のかんかん照る日にそれは行われるわけであり、麦のいがゞ汗の流れる肌にくっつく気もちは全くたえられないものであった。もちろん本気になって働いたわけではなかったが麦たたきだけは閉口した。唐竿《からざお》というものもいまはもう見ることもできなくなったが、三尺ぐらいの長さの竹を四、五本——どうもそれは割った竹であったと思う——たばねて、それに竹の柄をとりつけくるりくるり回転するようになっており、それをぶっつけて麦粒をたたき落とすのであった。なかには竹のたばねたものの代わりに木の丸太でできたものもあった。

×

こうした麦たたきの調製工作もいまは動力による麦摺《むぎすり》機械でもって一村共同に行われるようになっており、その麦摺を請け合って部落から部落を巡回する者があり、大ていニ日か三日でもって全部落の麦を調整して了《しま》う。

鴫山《しぎやま》、横平《よこひら》、布喜川《ふきのかわ》、谷、和泉《いずみ》という風に部落から部落をまわって機械的に麦たたきが行われるわけで、わたしの子供時代の麦たたき風景などはいまはすっかり見られなくなって了ったわけである。

（1）莚を二つ折りにして両側を細い縄で編んだ袋。甘藷などいろいろな農産物を入れるのに使った。

181　散文化する世の中

ふる郷をいま回想してしみじみと懐かしく思うのは、やはり子供時代の思い出である。殊《こと》にお正月だの、お節句だの、七夕だの、お盆だの、お祭りだの、そうした過去の村の年中行事をわたしは一入《ひとしお》懐かしく思う。かつても書いたように穴井《あない》芝居、山田薬師、八幡浜《やわたはま》の歳《とし》の市《いち》、谷の大峠《おおと》祭り、津布理《つぶり》の金比羅さんなど、そうした特殊なこともつぎつぎにまた懐かしく思い出される。

×

殊に谷の大峠祭りは、わたしの母の出里の春祭りであり、その日には吉例《きちれい》によって必ず相撲が催された。近郷近在のわれと思わん素人力士たちが夥《おびただ》しく馳《は》せ集まったもので、三番げし、五番げし、勝力士には梵天《ぼんてん》が与えられ、かみしもつけた行司姿もいといとゆかしく感ぜられた。

ふる町の虎やまんじゅうだの、その他こうした賑《にぎ》わいのところへはきっと出かけて来たおもちゃ、肉桂酒《にっけいしゅ》、駄菓子、あまざけ、そうした露天が軒をつらね、なかには直径四、五尺もある大きなから傘をひろげて日覆《ひおお》いに代えていたものもあった。

×

かんなくずを巻いて作った大小さまざまの笛、それは赤や青で美しく彩色されていた。それを買ってもらってピーピー吹き鳴らす子供、狐やお福や鼻高の面を大事そうにかゝえている子供、肉桂をかじっているものもあれば緋《ひ》の紐のついた肉桂酒のびんを吸うているものもある。社殿にうち鳴らす太鼓の響きや拍手に和して、相撲のどよめきや賽客《さいきゃく》（＝神社仏閣の参詣人）のざわめく騒音がそこに一種のお祭り気分の雰囲気を作り、平素さびしい峠がすっかり陽気な春のお祭りの神域と化すのであった。

×

こうした一種詩的な郷土情調《じょうちょう》がどればかりわれわれ子供の純情に培《つちか》い、その情操をはぐくみ育ててくれたか知れない。

こうした村の子供の世界その美しい過去をもつわれわれ、それは少なくもそのことだけにおいて非常にわたしは幸福であり仕合わせであったと思う。

だが、こうした懐かしい過去の子供の夢、詩的なその世界はそれがうち破られ、うちこわされるときがやがてやって来た。なべて世は散文化し、その詩と夢とはすっかりそれは過去のものとなって了《しま》った。

×

この大峠祭りといえるは無格社青鷺《あおさぎ》神社と称し奉《たてまつ》り、須佐嗚命《すさのおのみこと》を齋《いつ》ぎ祀《まつ》り（＝あがめまつり）、疱瘡《ほうそう》の神様として世にひろく知られていたのであったが。明治何年であったか兎《と》にかく内務省の神社合併命令の大嵐でもって、その基本金を積み立てることができないために谷部落の鎮守にこれを合併、たしかその鎮守が一宮神社か何かであったので、それをいまは宮鷺神社とか何とかいっていると思う。

どうもわれわれはこうしたお役人の小刀細工、無理解なものの統制という奴が甚《はなは》だそれはいけないと思う。これがためにひとり村の子供の夢と詩の世界をぶち壊したばかりではない、わが国民の愛郷土愛国家の思想をもまただんだんにそれがぶち壊して行った。

いまになってたゞ徒《いたずら》に空疎《くうそ》な日本精神だの何だの叫んでみたってそれが何になるであろうか。それがためにいまはすっかり大峠祭りというものはすたれて了った、昔のおもかげはどこにもそれは残ってはいないのである。

いま頻《しき》りに郷土教育だの日本精神だのといっているけれど、一たい何がその郷土教育、日本精神なるものを意味するのであるか、これをいう人に果たしてほんとうに日本精神があるであろうか。

（昭和十六年七月三十日）

182　わが鴫山のお姫様の墓について

――西園寺翁のお話から――先日も翁は川名津《かわなづ》の白石《しらいし》に行かれたそうで、そこでもお姫様の遺跡が現存しており、その村人の話ではお姫様の霊が鴫山《しぎやま》の方からこゝへ帰って来たいと申されるので、鴫山に行ってお姫様がむかし写経された法華経の石を持って帰って来たといっていたそうだ。そこは現に小区域を画《かく》して無税地になっておるといっていたので行ってみたいと思ったが折あしく雨が降り出して現地を親しく見ることはできなかったが兎《と》に角《かく》そうした古い伝説が彼の地に存しているということはたしかであり非常に面白く感じたと申されていた。

いかにも最近わたしが帰省したときにもそうした話があり、何でも白石から何人かがやって来てあの白石の浜のお姫様の墓を修復したから写経石を一つ持って帰りたいと頼んで来たのであるが、鴫山の方ではそれは困るといって謝絶したのであったという。するとその白石の何とかいう男は勝手に墓に行ってその写経石をいくつか盗んで帰ったという噂をしていたから、どうもこの翁のお話とその点一致するように思われる。

×

西園寺翁も実はいわれていたことだが、あの写経石は鴫山のお姫様の墓でももうそれの明瞭に読み得られるのは三つか四つかしか残ってはいない。かつてわたしが写し取って研究したものにははっきりと法華経が書かれていた。あれがもしこうして他村に盗み去られるとすればいまのうちにこれを永久に保存する方法を講じて置く必要があるように思う。

たしかこれと同じ写経石が谷の向土居の何法師《なんほうし》の墓にもあったとわたしは記憶する。また影平《かげひら》のある古い五輪塔にもあったように伝えられている。文字は消えてなくなっているがこうした写経石と思われるものはわたしの村の付近にいくらもそれはあったと思う。

たゞ明瞭にその文字の残っているものが比較的少ないだけである。わたしの父の子供の頃はまだいまの墓所には移されないでしもなかというほのぎの元の位置にあり、朱で書いたものも沢山あったと父はいっている（傍点編者）。

×

尚《なお》この癩姫《らいひめ》伝説はわが県下に他郡にも数ケ所あり、越智《おち》郡菊間《きくま》町ではうつろ船に乗せられて漂着せる癩病に悩む姫が黄金を沢山持っているのを見て悪心を起こした漁人《ぎょじん》がこれを殺してこれを奪い取り、その後だんだんその祟《たた》りに会っていまはほこらを建てゝこれを祀っているといゝ、北宇和郡の日振島《ひぶりじま》でも漂着した箱の蓋を開けると癩病の姫が現れ、しきりに島にのぼりたいと頼んだが村人は厄介がって再びこれを釘づけにして押し流してそれはそのまゝ行衛《ゆくえ》不明になったという伝説も残っているそうである。

だからわが鳴山の癩姫伝説――京都の公家の姫君がうつろ船に乗せられ流されたもうたのが白石の浜に漂着され、そこにものを奪われ冷遇されて、ついに鳴山にまでたどりつきそこに住まわれ、その天寿を了《お》えられたという伝説もあながちそれは荒唐《こうとう》無稽《むけい》の話とのみも思われないのである。

×

西園寺翁のお話では、最初この写経石は水成岩《すいせいがん》の扁平《へんぺい》な河石に法華経を彫刻していた。それは多く鎌倉時代のものと思われるが、後にはだんだんそれが墨で書く様になって来た。おそらくそれは足利時代から戦国時代の頃かと思われる。後《のち》徳川時代になると一字一石塔となり、法華経その他の文句を一字ずつ一つの小石に写してこれを一緒に埋めるようになったものだというのである。だからおそらくこの癩姫伝説は戦国時代のことであろうと思われる。

（昭和十六年八月十日）

183 半造さん

わたしの少年の頃、よく襖《ふすま》を張りかえたり書画を表装したりするのを頼んだ老人に半造さんという方があった。津布理《つぶり》の町に住んでいられた。祖父などが半造さん、半造さんというのでわたしは、経師屋《きょうじや》（＝表具屋）さんを半造さんというのだとばかり思っていた。それくらいわたしが子供のことであったからもう五十年以上も前のことである。いつ死なれたということももちろんわたしは知らない。好人物で随分《ずいぶん》話し好きの老人であったように記憶する。

×

その本職は無論表具師だったが墨絵がなかなか上手であった。大きな幅一杯に墨絵の龍を書かれたのがわたしのうちにも一幅あった。おそらくいまもあるであろう。どうも特に龍がお得意のようであったかと思われる。その落款はどうも玉潤とあったように思う。おそらくそれが雅号であったであろうが、苗字は何といわれたかわたしは知らない。宇和島藩士だと聞いている。

×

襖へ小切れを貼りつゝ、適当な小切れが見つからないと自分で即座に四君子《しくんし》(1)などを書いてペタペタ貼られたのをわたしは記憶している。その貼られたのが相当ながく残っていたので半造翁の墨絵にはわたしは非常にいまも親しみを感じている。田舎絵師としても半造翁は相当のものだとわたしは考えるのであるが、一向その詳しい履歴がわたしにはわからない。（昭和十六年八月二十日）

（1）（その高潔なうつくしさを君子にたとえていう）中国・日本の絵画で梅・菊・蘭・竹の総称。（『広辞苑』第五版）

184　晩年の祖父

わたしの祖父は大正九（一九二〇）年二月十七日に九十八歳で死亡したが、文政（一八二三）六年の生まれであり、仁孝《にんこう》天皇(1)の七年、家斉《いえなり》将軍(2)の時代で、シーボルトが長崎に来た年であり太田南畝《おおたなんぽ》(3)の蜀山人《しょくさんじん》が没した年である。随分《ずいぶん》長生きしたものだと思う。

（祖父は）九つのときに父と死にわかれた。それから一生後家で三人の子供を育《はぐく》んだその生母 ― わたしにとっては曾祖母に当たる ― もわたしが二つのとき、九十二歳でもって死んだ。その白髪の婆さんの姿がどうしてもわたしのまぶたにいまに残っている。そんなことがあるものかそれは何か他の婆さんの記憶の錯覚だろうというものもあり、わたしもそれはそうかも知れないとは思うが、やっぱりどうもほんとうにその白髪のお婆さんをわたしは記憶しているように思う。

それで、わたしの祖父は九つのときにその父を失ってそれからずっとその母を助けて一生懸命百姓をやって二人の弟を成人させこれを分家させるなどなかなかそれは努力奮闘の一生を送ったものであり、その詳しい一代記をわたしはいつか書いてみたいと思っているが、その子供は男四人、女二人で、いまもわたしの父と叔母二人は矍鑠《かくしゃく》としてとても元気である。

むかしの人間は早熟であったものであろうか、軍物語《いくさものがたり》などを読んで見ても、いまならばまだ国民学校に通っている年輩でもってもう若武者として天晴《あっぱ》れ出陣したりしている。わたしの祖父なども九つでもって孤児となり、まだとても実際には一人前の仕事はできなかったけれど、村の夫役《ぶやく》などにも出るし人々の同情でもって一人前としてつねに取り扱われていたとよく語っていた。

×

祖父の晩年というのも随分それは長いことであり、少なくも九十四、五歳までは立派におとこしをつかって自分も農業に従っていた。

それでも最晩年の四、五年に至っては相当それはぼれて（＝心身の働きがにぶる状態）いた。自分のうちもよそのうちも自然見さかいがつかなくなり、よその菜園に立ち入って間違った手入れをしたり、まだ熟しもしない柿やみかんをもいで近所となりへくばったりなどという笑話がいまに残っている。

七十三つ児《みご》（＝年をとると、再び幼児のようになること）ということがあり、九十幾つというのだからまるでもうそれは赤ン坊に返っていたわけであり、刃物をもたすとあぶないというので、うちではかくしてこれを持たせないと勝手に隣家に行っては持ち出して、自分のうちの果樹もよそのもめちゃめちゃに剪定《せんてい》したりして随分それは困ったいたずらもしたものであった。

それでもなかなかそれは元気であり全く死ぬるまで労働し通した。おそらくわたしの祖父の一代ほど労働で終始したものはそう多くはあるまい。その労働量においては少なくもわたしはわたしのふる郷のレコード保持者だとそう信じている。

（昭和十六年九月十日）

（1）江戸後期の天皇（在位一八一七〜一八四六年）。光格天皇の第四皇子。名は恵仁《あやひと》。学習所（のち学習院）設立に着手。

（『広辞苑』第五版）

（2）徳川第十一代将軍（在職一七八七〜一八三七年）一橋治斉の子。松平定信を老中に任じて寛政の改革を行ったが、定信失脚後は文化・文政時代を現出。（『広辞苑』第五版）

（3）江戸後期の狂歌師・戯作者。幕臣。名は覃《たん》。別号、蜀山人・四方赤良《よものあからよ》、寝惚《ねぼけ》先生。（『広辞苑』第五版）

185　孤独なる盂蘭盆会《うらぼんえ》

魂《たま》祭る孤独の盆の寂しさをつくづくと味わいつゝ、わたしはこの筆を執《と》る。わたしの父はどうしてもふる郷に帰って昔ながらの盆の墓参りや魂祭りをせねばならないといってさっさと帰って行った。上京した妻もまだもどって来ない。お盆には帰るといっていたけれどついに帰れなかったと見える。もう三、四十日ぼつ然《ぜん》として一人ぼっちの留守番だ。

でも、毎日何かしらん用事があって、戸に錠《じょう》をおろしては出て行く。相すまぬことだが留守によく訪ねて来る方があってすかを食《く》わす。空谷《くうこく》の跫音《きょうおん》(1)とでもいうべきか、訪客《ほうきゃく》と、郵便がこうした孤独生活の唯一の慰めであり、そのあいまあいまに読書と原稿と、それから飯を炊《た》くことを毎日の日課にして何時《いつ》の間にかわたしの夏は過ぎて了《しま》った。

×

いつだったか、お盆に帰省した夏、父から精霊棚《しょうりょうだな》というものをいかにして祭るべきであるか、そのしきたりや作法についていろいろといゝ聞かされたのであったが、そうしたことに無頓着なわたしにはどうもあまりよくそれは飲み込めなかった。

まず精霊棚を組み立て、そのうしろにおしめを張りこれに七如来やお釈迦様やお大師様の画像を吊り、先祖代々の位牌《いはい》を安置し、大きな鉢に里芋の葉を敷いて——ほんとは蓮の葉を敷くべきであろうがわたしの村にはむかしから蓮はなかった——たしか茄子《なす》をこまかく切ったのなどがそれに盛られていたと思う。

そのはたに水をたゝえた小鉢が供えてあり、そう萩《はぎ》と称する草花をかるくその水へ侵してはこれをばらばらと散水したことだけをわたしは記憶している。それが何でも水祭りというものだそうな。

たしか墓参りして仏たちを迎えるのは十三日の夕べでその途中迎え火を焚くわけであり、むかしは百八丁と称して苧《お》がら——麻木をたばねて割竹をその柄にしたもの——を百八個も作って途上を明かるくしたというから随《ずい》分《ぶん》それは壮観であったであろうが、わたしどもが知って後は百はこれを節約、たゞの八丁で、迎えるときに四丁送るときに四丁、墓前においてあかあかとこれを焚くことになっていた。

×

送り火を焚いてこれを送るのは十五日の晩であったから、仏たちは十三日の宵から十五日の夕べにかけて滞在されたわけであり、その間朝夕それぞれに年々きまった御馳走があり——、団子だの、おこわだの、何だのと随分いろいろな季節の御馳走があった——これを供えて厳かに祭られたものであった。

われわれ旅にいてはもちろんそうした仰山《ぎょうさん》な魂まつりなどするわけには行かない。ほんの形ばかりの迎え火送り火を焚き、仏壇をやゝ荘厳《そうごん》に飾ってお料供《りょうぐ》を供え、和尚様を聘《へい》して棚経《たなぎょう》(2)をよんでもらうに実はとどまるのであるが、それすらもほとんど毎年何もかも妻がやって了うので、わたしは全くうわの空にいたわけであり、これについて何の知識も経験ももとより持っていなかったのである。

ところがことし盆までに帰って来るはずのその妻はついに帰らず、いよいよ盆の今日となってからわたしははたと困って了った。

どうして仏壇を荘厳にすべきであるか、どうしてお料供をこしらえるべきであるか、ほとほとこれには当惑した。

いかにも毎日飯だけは炊《た》く。すっかり飯を炊くことだけは板についても来てもはや何の苦労も知らないのであるが、自分以外の人様にもまた仏様にも、飯以外はとてもそれはわたしには作れない。さすがに食事に無頓着なわたしもこれにはすっかりまいって了った。

そこでいろいろと一両日少なからず懊悩《おうのう》苦慮《くりょ》（＝気をもんで苦しむ）した結果、

（すっかり新体制でもってお料理も何もかもやめて了って、果物と菓子だけにしては）

とも思ってみたり、

（ふる郷でもってお前たちのお祖父さんがわざわざお帰りになって盂蘭盆会を営んでござる。まあことしは勘弁してその方へ行ってもらおうか）

と、そうも思ったりもしたのであったけれど、しかし一年にたゞ一度の折角《せっかく》の仏たちの里帰りだというのに、何だかそんな不人情なこともいえないような気もしたりして、わたしは結局一生懸命にあらん限りの材料を買いとゝのえてお料供の御馳走を作ることにした。

要するにわたしはとつおいつ（＝あれやこれやと）、食べたその記憶をいろいろと呼び起こし初めての精進料理をどうやらこうやらわたし一流にやっつけたのであった。

そうしてわたしは一人つく然(3)として仏壇の前に座し生死一如、(4)煩悩即菩提《ぼんのうそくぼだい》、(5)三つの若き幼き魂の、そのさゝやかな位牌にやどる精霊たちのひそひそと

「何とまア父さんらしいお料供だな」

「でも父さんとしちゃ空前絶後だから」

「その代わりに来年は母さんがうんと御馳走してくれるさ」

とやゝ満足気に彼らのさゝやき返すのを聞いたような気がしたのであった。

つくづくと惟《おも》えばわたしの第三女の行年《ぎょうねん》四つで亡くなってからもう二十有三年にもなり、その後嫡男が二十三歳で亡くなってからでもやがて七年になる。末女を行年十七歳で失ったのは実にその翌年であった。

かくしてわたしの人生というものは次第にたそがれ行き、だんだんにこれにわびしさと寂しさをひしと加えて行くのであった。

幼き頃のわがふる郷の懐かしくもほがらかなりし盂蘭盆会の明るいまどかなりしその光景にくらべて何というまたことしの盆の孤独なるその寂しさ、わびしさであることぞ。


（昭和十六年九月二十日）

（1）［荘子（徐無鬼）「逃空谷者、聞人之足音跫然而喜矣」］空谷に聞こえる人の足音。転じて、寂しく暮らしているときに受ける人の訪れ。（『広辞苑』第五版）
（2）盂蘭盆会に精霊棚の前で僧が読むこと。（『広辞苑』第五版）
（3）何事もせずにぼんやりしているさま。（『広辞苑』第五版）
（4）仏教で、「生」と「死」を別のものとして分けてとらえず、生死の差別を超えること、つまり、生があるから死があると考えること。
（5）相反する煩悩と菩提（悟り）とが、究極においては一つであること。煩悩と菩提の二元対立的な考えを超越すること。大乗仏教で説く。（『広辞苑』第五版）

186 おまん法事

青木昆陽《こんよう》が『蕃薯考《ばんしょこう》』を著したのは享保年間（一七一六～一七三六年）で、その頃にはもう甘諸《かんしょ》は相当全国に普及していたものと思う。今治藩《いまばり》の如きは戸島為信によって元禄時代（一六八八～一七〇七年）にすでに栽培されており、いも地蔵の下見吉十郎《あさみ》が薩摩から種子を持って帰ったのは正徳元（一七一一）年である。島根県のいも代官の伝説では享保十七（一七三二）年頃に幕府の直轄大森の代官井戸正明《いどまさあきら》が幕府に願い出て百斤の甘藷種子を得てこれをその地方に普及したとある。

わたしのふる郷に甘藷が伝来したのは果たして何時の頃か。宇和島藩などは比較的早かったではないかと思う。わたしの祖母がときどき思い出を語っていたが、祖母の実父は一人息子であり非常にその両親に可愛がられ、白米を布袋に入れて家族の食べる麦飯と一緒に炊《た》いて特に白御飯を食べさせられたり、大きな桶に籾《もみ》ぬかをつめてそれに甘藷を貯えて置きそれを特にふかして食べさせてもらったということをよくわたしの祖母に話していたといっていた。

そのわたしの祖母の実父の子供時代が果たしていつの時代であったかということを調べたらほゞ見当はつくと思うがわたしはまだ調べていない。

然《しか》るにわたしのふる郷には新甘藷ができるとそれでもって甘藷餅《もち》をついておまん法事というものを営む。いまでもおそらく年中行事としてやっていることと思うがわたしの子供のときは必ずその甘藷餅《いももち》をおまんさんという甘藷伝来の功労者――犠牲者――に供えて祭っていた。

その伝説はやはり琉球から甘藷種子をぬすんで来てそのためについにその一命を失ったというのであり、こうした伝説が果たして旧宇和島藩のいまどの方面に限って残っているか、わたしはいつか調べてみたいと思っているがまだそのまゝにしている。

いずれにしても甘藷というものが伝来し、これによって米麦のみのらざる場合にどんなに飢饉《ききん》を救ったか知れないということだけは十分想像される。

わたしの村などでもわたしの子供の頃は百姓の食糧は少なくも半分以上甘藷に依存していた。年中甘藷で腹をこしらえて働いていた。若《も》し甘藷というものがなかったならば農村は非常に困ったに違いない。社日《しゃにち》（＝春分と秋分に最も近い、その前後の戊《つちのえ》の日）から大てい新いもを掘り初めて、それからずっと日々の食べ量を掘り、稲の取り込みがすんでからいも掘りが始まりそれを収穫して床下に大きく作られている地下の穴庫《あなぐら》にこれを貯蔵し翌年種子いもを伏せるまでそれを食いつゞけるのであった。

種子いもを伏せて、それに芽が出て、それが蔓《つる》になったのを栽培するのであるがその蔓を採った種子いもがやはりふるせいもと呼んで食料になった。その皮をむいで大きな鍋に煮てそのまゝつきとかしてすくって食べるのであったがやはりそれが美味であった。

それから切干《きりぼし》を粉にしてねって食べたり、その粉でいも団子を作って食べたり、干菓子山《ひがしやま》にしてはざし（＝合間に食べるもの）にしたり、いも餡《あん》にしたり、いもの用途は千変万化《せんぺんばんか》なかなかそれは多趣多様であった。

（昭和十六年九月三十日）

187　ふる郷の味覚

農村もだんだんにモダン化して、一面においてたしかに農村文化の向上といえるであろうけれど、果たしてそれに正比例して村の生活が幸福化して行くかどうかそれはわれわれに取っては一つの疑問である。

不自由でも、貧しくてもいかにその生活程度が低くても幸福は自らそのなかにある。要するに人間の幸福は主観的のものであり、決してそれは客観的な、外から測るべき存在ではない。

たとえばわれわれがものを食ってうまいと感ずるとする。そのうまさは必ずしもそれは客観的存在ではない。むかしうまかったと思って、それと同じものをいま食ってみる。一向それがそれほどに美味でない。われわれの主観の変化である。

わたしは甘味を外にしては食べるものなど全くどうでもよく、極めて無頓着であるが、それでも子供のときのふる郷における味覚の記憶というものは若干なお残っている。

×

いまでも大体そうであるが、大宴会の御馳走、大盤振る舞いのお料理は別であるが家庭での軽便なところでは夏でも冬でもまず素麺《そうめん》、それに必ず玉子と椎茸《しいたけ》が入っていた。もちろん冷やし素麺には玉子はなく、椎茸と鰹節《かつおぶし》でだしを取ったのをぶっかけて食べた。

それからさつま――鮮魚を焼いて骨も一緒にすり鉢でもって味噌と一緒にすりつぶし、それを冷水でうすめこんにゃくだの、ちんぴなどの薬味を加えて飯にかけて食べる、これも頗《すこぶ》る美味であった。

冬はぎょはん――小芋、牛蒡《ごぼう》、豆腐、こんにゃく、何でもきざんで焼魚とともにぼっかけ汁に作ったものであり、もちろん飯にかけて食うのであった。

以上の三つはわがふる郷における即席料理の最もチピカル（＝typical　典型的な）なものであった。

もとよりお祭りとかお節句とかいう場合にはお鮨ができたり餅ができたり団子ができたり、おこわが蒸されたりしたがこれは平素の御馳走という部類ではなかった。

しかし餅や団子の軽便なものはよく平素でも三日にあげず作られていたが、それは大てい雑穀の餅でなければ甘藷《いも》団子であり、そのなかには甘藷《いも》の餡《あん》が入っていた。

冬寒い日にはつる粥というものがよく作られた。蕎麦《そば》粉をうんとまぜた野菜汁のようなものであった。それは醤油で味をつけたものであるが、味噌汁でもつて大根だの、人参だの牛蒡だのをこま切りにして煮つめたものをばこくしょといっていた。どちらもからだがあたゝまるといってよく祖母が寒い日に作ってくれた。

しょいのみというものも冬のシーズンの極めてよい甘藷のおさい（＝おかず）であった。醤油糟《かす》を小さい雪平《ゆきひら》（＝「雪平なべ」の略）でぐつぐつ煮てこれにはらんぼ[1]だの塩からだの、しょうがだのでもって味をつけるのでとてもおいしいものであった。これは何といったかちょっと名を忘れたが、たしかその材料は塩からだったろうと思うがとにかく味のついた小魚と米糖《こめぬか》をぐつぐつ一緒に煮たものが又非常においしい副食物であった。
こうした粗野な、素朴な原始的なむかしの田舎料理にわたしは案外各種のビタンミンが豊富であり、おそらくそのカロリーもうんと高くはないかと思う（傍点編者）。

（昭和十六年十月十日）

（1）宇和海に生息する「ほたるじゃこ」と呼ばれるスズキ科の小さな魚の地方名。

188　農村生活

世の中というものは行き詰まってからもののほんとうの真価が現れて来る。
かつては綿入《めんい》り俳句などといって、ものゝ粗末なことの代名詞につねに木綿という言葉が使われたものであるが、それが今日はスッカリその意味を解消して、純綿《じゅんめん》といえばとても素的《すてき》なものゝ存在を意味するようになった。

×

たとえば農村生活という言葉は、非文化生活を意味せぬまでも、極めて低い文化生活を意味したのであったが、それが今日はどうしてどうして農村生活はうんと実質的に向上し、都市の生活文化を一部蹴落《けお》とした形である。
丁度それが〝綿入り〟の冷笑語からして一躍〝純綿〟の羨望語《せんぼうご》――崇拝語に進化したのに何だかどうも似通っている。

×

わたしは久し振りにわたしのふる郷の山荘に帰って来て、農村生活というものゝ豊かさとそうしてそのうるおいをしみじみとわたしの心に銘じた。そうして動《やや》もすればひからび行く今日のわびしいわが市街生活文化のみじめさをつくづくとわたしは思い返さざるを得なかった。

要するに今日のわが農村の強みはものをもつもの丶強みであり、またものを産むものの強みでもある。また言葉をかえていうならばものを計算する指数でなくて実数そのものであり、ものそれ自らであるということである。すなわちそれは金でなくてものであるということにもなるのである。さらに言葉をかえてこれをいうならば、それが実用的であるということにもまたなるのである。

それは要するに、農村文化は空なる文化でなくて実生活文化であり、遊戯的文化でなくて生きるための文化であり、言《こと》あげする文化でなくて実行する文化であるということである。

いかに生きる文化、実生活文化に役立つところのものが今日その真価を最高度に発揮しつ丶あるかは、わたしが丁度帰った日であった、わたしの一人の妹が町に綿《わた》を買いにやってつくづく驚いていたことであった。その買われて来た木綿わたはもちろん純綿でなかったことは明らかであるが、それにも拘《かかわ》らずその価格はむかしの幾十倍にもなっており、若《も》しふとん一重《ひとかさね》を作らんと欲するならばおそらく百円以上もか丶るであろうとのことであった。

かくの如くかつていと低く評価されていた木綿がいまや一躍かくて高く尊きその予想もされざりし価値をキャッチせる如くにわが農村もまた実質的に今日うんと高くまた価値づけられ、価値づけられんとしているようにわたしはそう感じたのであった。

（昭和十六年十月二十日）

双岩村分裂記

一

わたしの住んでいる鴫山《しぎやま》部落は、ことし（＝昭和三十年）の一月一日から和泉《いずみ》部落と一緒に三瓶《みかめ》町に編入され、残りの六部落は二月一日に八幡浜《やわたはま》市に編入された。

生者必滅《しょうじゃひつめつ》、会者定離《えしゃじょうり》(1)、これで双岩《ふたいわ》村は解体消滅して了ったわけである。

明治十八（一八八五）年の一月に若山ほか四カ村戸長《こちょう》役場が新設されて若山《わかやま》、中津川《なかつがわ》、釜倉《かまのくら》、和泉、谷《たに》、布喜《ふきの》川《かわ》、横平《よこひら》、鴫山の八部落が一自治行政ブロックに統一されてから七十一年、同二十三年の三月に市町村制実施、新しくこれに双岩の村名が冠せられてから、また六十有余年おそらく双岩の地理的名称は永久に滅び、ただ沿革史上にのみその名が微《かす》かに残ることであろう。

（1）生者必滅〔大涅槃経〕すべては無常であって、生命あるものは必ず死滅する時がある。（『広辞苑』第五版）
会者定離〔仏〕この世は無常で、会うものは必ず離れる運命にあるということ。

二

双岩村というものは、もともと地勢の上から東西二つに分かれており、一つの分水嶺《ぶんすいれい》によって八幡浜湾に河水《かすい》が流れ込む東四部落と、三瓶湾にそれぞれの注ぎ込む西四部落とは、その交通の上から、また生産取引の上から自ら別乾坤《けんこん》(1)をなしており、これを一自治区域に統合したことに、すでに多くの無理が存していたのである。

おそらく明治の初年に庄屋制を廃し、その数カ村、浦を併合統一するにあたり海岸の村々と山間の村々をそれぞれ別々に組み合わした結果、勢いこうした不自然な統合をやらざるを得ざることになったものだろうと思われる。

もしそうでなかったならば西四部落は当然、三瓶湾内のいずれかの村浦と組み合って一村を作ったか、もう少し戸数があったなら、おそらく四部落が独立して一つの小自治ブロックをなしていたことと、わたしは信ずる。

だから、こうした不状な地勢のもとにあった双岩村が、今回市町村の整理統合時代を迎えたことであるから、もし村の当局が賢明にして公平な立場に立ち、また村の将来、全村民の幸福を考えて立案善処したであろうなれば、それは勿論東西二つに分割編入のほかにはできなかったのである。

それを反対に強引に全村合併の線でもって押し切ろうとした指導方針には、どうしてもわれわれ西側の部落民には首肯《しゅこう》し得ざるものが存したように思う。

その結果、合併問題が種々紛糾し、スムースに行くべきものが、あれこれと醜態を呈することになったのは、まことに遺憾千万のことであつた。

（1）二つで一組をなすものの順序をあらわす語。

三

要するに我田引水は、われわれ人間の免れることのできない欲性《よくせい》であり、村は村で部落はまた部落で、それぞれに我田引水の策動をくり返したのが、すべての紛糾の一つの種子であったのである。

もし西の四つの部落を三瓶町に合併させたであろうならば、いま村の中心をなしており、いろいろなる生産施設ないし文化施設などを、すっかり独占している若山部落はどうしたって、その現状を維持することはできない。その衰微と退歩はおそらく単なる時の問題であろう。

それから西ブロックの横平と鳴山、これに東ブロックの布喜川が一つになって三部落でもって一小学校をもっている。しかもその小学校はずっと横平部落に設置されている。

もし分村合併になって三瓶町につくことになると横平部落は小学校がその部落を離れて了うことになる。それは何が何でも困るというのが、要するに横平部落の我田引水論、そうして以上二つが因となり果となり、何だかだと実はもめ続けることにもなったわけであった。

四

最初村当局は全区域合併でもって村民をリードし、或いはすらすらと、それがやれるものと、たかをくゝっていたかも知れないし、そうして県の合併方針が一元全区域でなければならぬとか何とかかとかいっていたようであったが、これに敢然《かんぜん》と勇敢に反抗の態度に出たのが和泉部落であつた。

元来和泉部落は、吉田藩時代には影平《かげひら》といって現在三瓶町を構成せる朝立浦《あさだつうら》の枝村であり、その庄屋の支配下にあったくらいで、三瓶町には最も接近しており、最も密接な関係を持っている。

だから、百方村当局が力説これ努め、種々ゴマ化してみても、なかなかこれに乗らない。結局県庁に行って村長がいうように、どうしても分村を許さないのかと詰問したり陳情したりしてみると、県の方では必ずしもそんなわけではないと明言、すっかり村当局のゴマ化しが暴露して了い、和泉部落はテコでも、もう動かないことになって了う、さすがの村当局もサジを投げて分村合併に急転直下する。

その和泉部落が、さらに三瓶町にその編入を交渉すると、町の方でも勿論ＯＫと来る。おまけに

「いま貴部落に設けられている、小学校の分教場はいかにモダンであり、その校舎が新築されたまゝのものでも、二十七人や八人の初年クラスだけでは、ほんとうの教育などできません。町の方で通学バスを手配しますから、それで完全な教育のできる三瓶校に児童をよこしなさい」

という町の説得で、多年の難問題もたちまち解けて了った。

これを聞いた鴨山部落が今度は
「それなら、われわれも三瓶町に合併しようではないか。そのバスに乗り遅れまいぞ」

とばかり和泉部落の尻馬に乗る。

その分校を本校になおしグラウンドを広げたり、校舎を改築したりして着々とその基礎を固め、永劫《えいごう》末代孫子の末までも横平から学校を動かすものかと威張っていた横平部落も、これにはいさゝか狼狽《ろうばい》、部落の有志を総動員したり、ＰＴＡの婦人たちを狩り集めたりして、やいのやいのと鴨山部落の翻意哀願《ほんいあいがん》の猛運動も行われたりしたが、結局なにもならず、鴨山部落にもいろいろと迂余曲折《うよきょくせつ》の醜態《しゅうたい》もあるにはあったが、どうやらものは納まるべきところに納まって落ちついた次第、まずは、めでたしめでたしというところである。

玉くしげ双岩という　めごし名も
六そ七とせの　よはひなりしか

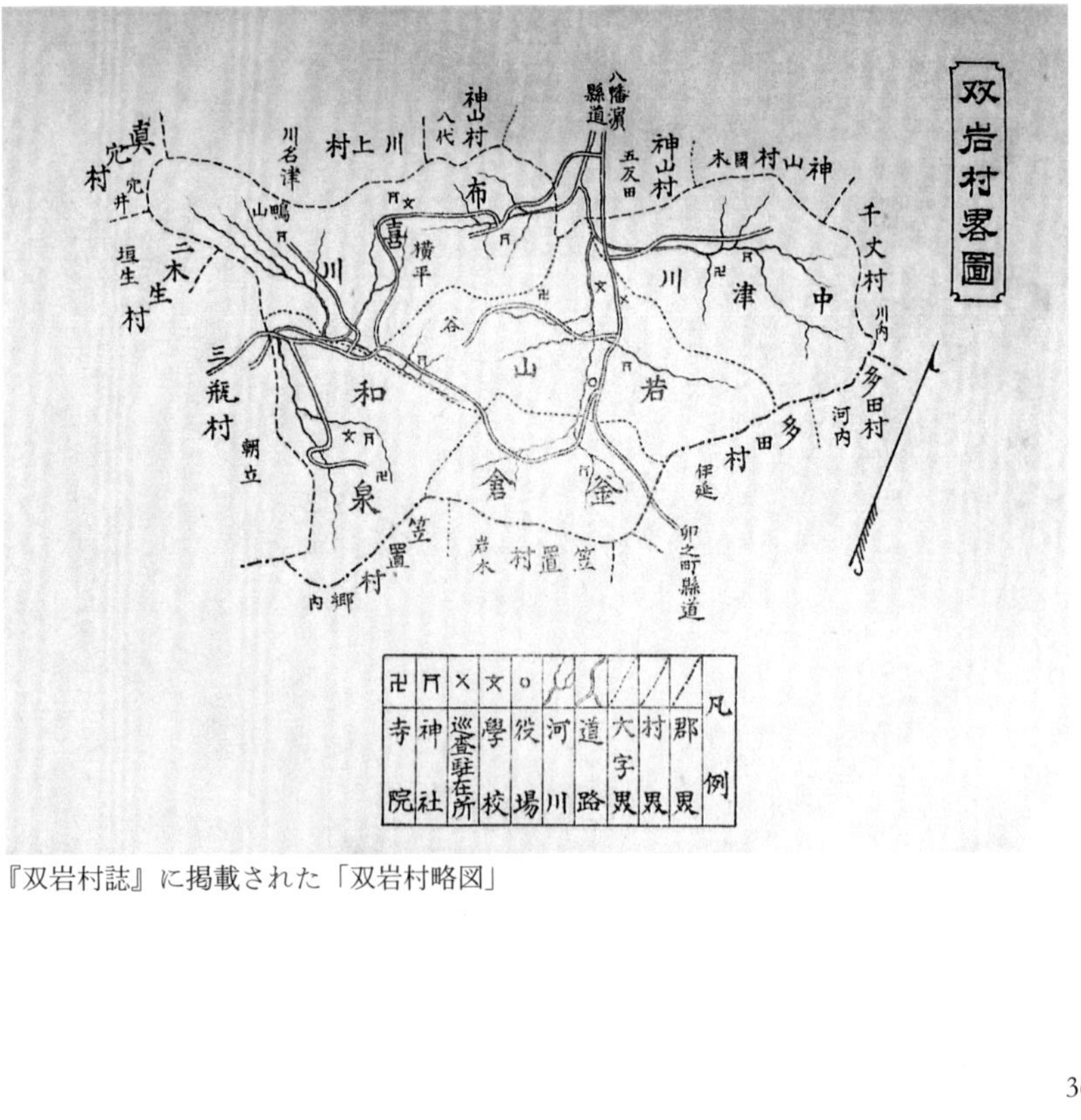

『双岩村誌』に掲載された「双岩村略図」

三友興亡記（続ふる郷もの語）

「三友興亡記」について

この作品は　達川久吉が戦後発行していた『四国公論』という新聞に正堂が寄稿していたものですが、残されていた新聞はかなり傷んだもの二部のみで、その中に「三友興亡記」の四と九、十が載っていました。残りの記事を探そうと県立図書館で調査してもらいましたが、愛媛県内の図書館ではどこにも保存されていないだろうとのことで、従って四、九、十だけでも載せることにしました。

のちに別の『四国公論』一部を発見し、そのなかに七と八が載っていましたので、本書には四、七、八、九、十の五話を収録することができました。（編者）

〔一、二、三は原本欠〕

四

達川君(1)、甚《はなは》だ相済まないことで、また筆が大すべりにすべった。そこでサテ本筋はどこだったかな。そうだわれわれのふる郷における子供時代、その懐かしい子供時代の夢にわたしの筆を逆転させなければならない。

わたしの部落というものは当時三十何戸のまことにさゝやかな部落、わたしが故郷《ふるさと》を立って遊学の途にのぼった当時の子供友達はざっと六、七名、まず隣り同志の遊び友達が高倉清治、西村新治郎、それから曽我伝市の三人、わたしは実は幼名伝市だったのである。それから宇都宮政市、菊池藤三郎、松田儀一郎、三好松治とこうかぞえてみると都合七人になる。

このうち清さんはわたしの隣家の三男であったが家督をついで百姓をやり男女七人の子供をあとに残し五十台で死んで了った。藤三郎さんはわたしとおないどしであったが日露戦役で戦死、儀一郎さんは一つ二つとし上だったと思うが巡査を志願、巡査部長で松山署に勤務していたこともあり、後年八幡浜《やわたはま》に隠居、これまたすでに相果て、故人、松さんはたしか三男坊で九州の炭坑で多年金をためて帰郷、立派な家を建て、土地をもとめ精励《せいれい》刻苦《こっく》、わたしが疎開して帰った頃はまだ健在だったがやがて病死、あとは未亡人と養子でいまは押しも押されもせぬ部落の有望な一農家。

そこであとに残ったのが政市さんと新治郎さんとわたしのまた三人ということになる。たしか三人で写真をうつす機会はついになかったが、生きのこりの三人がサテ人生最後の幕をどうとじるか、お互いに皆かけ隔《へだ》てて八十年の人生の長い旅路をつゞけて、いずれはおくれ先立《さきだ》つ葉末《はずえ》の露《つゆ》、何万円か何千円か途方もない高価を伝える、珍しい万年青《おもと》の青い葉の尖《さき》に宿る一滴の玉の露も、また貧弱な道芝《みちしば》の葉末につゝましく置く白露も、露にはそこに何の貴賤高下《きせんこうげ》もありはしない。その後《おく》れ先立つ三老友のある姿、ありし日の姿をこゝにわたくしはしみじみと物語ってみたいのである。

それはいまからたしか三年ほど前だったと思う。われわれには一番年かさの政市君が遥々《はるばる》数日前東京から帰省、そのまた帰京する日の朝のことだった。わたしはこれが最後とも知らず、彼を見送るために彼のうちに送って行った。そこへ新治郎さんもまたやって来た。誰だったか二、三枚バチバチと写真をとるものがあった。わたしは彼のタクシーに乗るのを見たうえで帰って来た。

その後わたしは何かのついでに新治郎さんにわれわれの年齢について聞いたことがある。新治郎さん曰くには「わしらの時代のものは皆一年ずつ生年月日をずらして若くしてありますよ。政市さんは戸籍面通り明治十年丑の春生まれだということにしておられるが、アレもほんとの生まれた年は明治九年の子《ね》の春で、わしも明治十一年の寅どしになつているがほんとうは十年の丑《うし》がほんとうです。あなたのおとうさんが村役場に勤めていられたので厚意でもって一年ずつ若《わこ》うしてもらったのですよ」

と、そんなことを話してくれた。だが

（何のためにソンなことをわたしの親爺がしたんかな）

「それでも待って下さい、わたしの親爺が村役場に出ていたのはわたしが生まれたずっとあとのことですよ。その頃にはわたしの親爺はたしかに村役場になど出てはいなかったですぞ」

「そうですかな、それでもその頃は徴兵が問題で、徴兵忌避のために三好喜市さんなどは岩木村かどこか宇和地方に一人ボッチのお婆さんがいてその籍に入れてもらってから末光喜市になったんですよ。われわれの年齢が一年以上ずらして若くしてあるのは、なるべく大人になってから兵隊に行かそうというためだったということですよ」

「それはいかにもそうかも知れないがわたしの親爺はまだ村長でもなし助役でもなし、収入役でもなし、書記でもなかった。どうもその点は少しおかしい何か錯誤があるね」

いかにもわたしも年齢にずれがある。ほんとに生まれた年月日は明治十一年正月二十五日らしい。それをわたしは陽歴になおしてみると三月一日になった。だからわたしの誕生は一八七八年三月一日だが、戸籍面は明治十二年すなわち一八七九年七月十五日になっている。それをわたしも不思議に思って親爺にたずねたことがある。

［以下、原本破損］

（1）達川久吉　柳原極堂経営の伊予日々新聞記者をへて、海南新聞記者、後に『愛媛日曜新聞』（後に『愛媛新聞』に改題。現在の『愛媛新聞』とは関係ない）を創刊。戦後、四国公論社を興し『四国公論』を創刊。

［五、六は原本欠］

七

彼（＝西村新治郎）はわたしのうちから一軒置いて隣の家であったから幼友達のうちでも朝に晩によく行ききして仲よく遊んだものだった。

その頃おそらくわれわれの赤坊であった時代にわが部落に流行した民謡にたしかこんなのがあった。オヤケ金持ちゲンパチ田持ちカミの伴《ばん》さんよい子持ちというのである。オヤケというのは、東づけ（＝東側）の政市君のうちのことであり、ゲンパチというのは西づけ（＝西側）で、わたしの屋敷名、またカミというのは、新次郎君のうちをいうのであった。

彼の兄さんたちは鹿、慶、熊、源、友、留の六人で、いずれも百姓の子としては揃ってできのよい若衆であり、彼の上にももう一人ヒサノさんという姉さんがあって、彼は一番の尻ッ子であった。

彼も兄貴たちに劣らぬ利巧者で何でもよくできたのに、養子にも行かず結婚もせず、一生独身で暮らした。わたしはよそにばっかりいたので詳しいことは知らないが、わたしが松山に落ちつき、ときどき帰省するようになっては彼は、Nのうちの大きい家があいていたので、その留守番かたがたそのうちに住み込み経師屋《きょうじゃ》をやり、掛地《かけじ》の注文に応じたり、屏風《びょうぶ》を張ったり襖《ふすま》を張ったりしていた、傍《かたわ》ら野菜を植えたり甘藷も作ったりしてノンキに暮らしていた。

彼は小学校を出たばかりで、別に学歴はなかったが、日々の新聞などを隅々までよく読んでなかなかのもの知りであった。傍ら骨董を商ったり、また囲碁、将棋いろんな趣味も持っていた。だから人に知られて、その交際も相当広かった。わたしの親爺なども彼のドル箱の一つで、書画を持って来ては売りつけたり、また書画の表装もしてくれたりして、わたしが手に入る書画を親爺に送ってやると、すぐにそれは彼の手によって表装されたものと見え、わたしのうちの軸物だけでも彼が手がけたものは全く大変な数にのぼっているようである。

わたしは松山から帰省すると外に話し相手もないので、いつも彼のところに遊びに行くことにしていた。むかし穴井の神職のうちに、またそのほか海岸のあちこちに滞在したことがある。そしていつか米山《べいざん》の書を四、五枚手に入れて持って帰っていた。皆くれろといったら、よろこんでくれたのであったが、わたしはそう沢山は欲しくなかったのでそのうちのできのよい双幅《そうふく》を一つ表装してくれるように頼んで置いた。その次に帰省したときに彼はチャンと掛け軸にしており、わたしに渡してくれた。とても気もちのよい米山で、閑居可以養志、読書可以自娯とあり、いまもわたしはそれを珍蔵《ちんぞう》している。

八

それから敗戦後ぞくぞく山に疎開するものが殖《ふ》えて、彼もやがてその居を逐《お》われて彼の甥のうちのせまい部屋にうつり、同時に表具屋をやめ、誰でももうそうしなければ自活のできなかった敗戦後のことで、甘藷を作ったり麦を作ったりしてほそぼそ暮らしていた。

それから戦後、世の中が落ちついて来ると彼はとても器用なので花を作ってそれをひさぎ（＝売り）、また楽々と暮らしを立てていた。

でもやはり頽齢《たいれい》八十の坂をこゆるとサスガの彼も急に老い込んで了《しま》った。それから道でよく会うと、鍛《きとう》（正堂の本名）さん、あなたは元気で結構ですが、わたしはぼれてもういけませんわい。そういうのがついに彼の口癖《くちぐせ》になって了った。

彼は一生独身を貫《つらぬ》きそれこそほんとに自給自活で、洗濯もすればまた炊事万端《ばんたん》一切自分でやり、とても器用でいつ裁縫を学んだでもなく、いつ料理を研究したのでもなく自ら日本の婦人のやることなら何でもやるようになり、育児以外はおそらく何人にもまけないであろうと思われたほどであった。

簡易上水道のできる直前のことであったろう。彼はひょろひょろと水を汲み、それを（天秤棒《てんびんぼう》で・編者加筆）かついで帰りつつあった。わたしはそれをわたしの宅から見て気の毒だなと思った。

彼と最後に会って話したのはどうもわたしが菜園尻に甘藷を伏せている日のことであった。曽我さん、あなたはまた忙しそうに今日もやっていなさるな、わたしはぼれて了ってな、とまたもそんなことをいうのであった。わたしは鍬を杖にたたずんだまま話したり笑ったりした。かく別の要談もなかったのか、彼はまた漂々《ひょうひょう》と帰って行った。いま思うとそれが彼と会って話した最後であったのだ。

おそらく彼が楢山《ならやま》行きに悩んで再び相談に来たわけでもなかったであろうが、いまにして考えると、ひょっとするとそうだったかも知れない。あのとき甘藷を伏せる（＝サツマイモを植える）のを止めて、わたしのうちへ案内して、もっと心ゆくまで何やかやと話し合ったらよかったなとそうまたわたしは思ってみる。でもそうした問題をわたしとしてあまり深く立ち入って、かれこれといえることでもなし、まさかそうでもそれはなかったのであろう。それはわたしのいまの心の迷いに過ぎないであろう。けれどその後まもなくわたしは病に臥《ふ》し、彼は急に養老院に入れられて了った。

彼は入院してからもトッテモ憂鬱《ゆううつ》で快々として楽しまず、ときどきぬけ出しては街々を彷徨《ほうこう》し、知人に会うとどこか三畳ほどでもよいから置いてくれるうちはないか、わしには雑居生活はとても堪えられない。いつでも手続きをとって出るがなといっていたそうであり、わしはこうして生きているより死んだ方がいい、どうしたら苦もなく死ぬことかな、などともいっていたということである。

それはたしかにそうであったに違いない。もの心ついてから不羈奔放《ふきほんぽう》、一人でいて自由気儘《きまま》にやっていた彼が、急に束縛を受けることになったんである。われわれ家庭を営んでささやかな群居生活をしているものでも急に養老院などへたたき込まれたら、必ずその窮屈《きゅうくつ》に反感を持つであろう。況《いわ》んや一生孤独ではあったが、同時に誰の束縛も受けず、また誰の干渉もゆるさなかった彼が、老人なるが故に引っぱられて急に養老院など入ったのであったら、じれったがるのがそれは当然のことである。

おまけに彼は秘結性であり、雪隠《せっちん》に行くとまず三十分も五十分もかかる習性があり、孤独生活者にはそんなことは少しも問題でないけれど、同居生活になるとそうは行かないので忽《たちま》ちそんなつまらぬことまでが問題になる。


そんなことから何だかだとイザコザが起きるが、若い者ならそんなことなどすぐ不境遇に同化し、順応して大した苦痛ではなかったかも知れないけれど、六十年七十年をかけて一つの型をこしらえあげてその型のなかに暮らしているわれわれ老人というものはそうは行かない。そんなつまらぬことが忽《すなわ》ち生か死かの大問題に結びつく養老院の経営というものはわれわれ日本人にとってはどうも一つの問題だとわたしは思う。

九

彼（＝新治郎）は自分でもぼれたといい、近所の人もまたぼれた、ぼれたといっていたようだけれど、そのぼれたというのは形骸《けいがい》動作の上のことで彼のシンは少しもわたしはぼれてはいなかったと思う。八十歳にもなれば誰だって髪が白くなり頭がはげてくる、耳が遠くなり眼が霞んでくる、その動作がよぼよぼとのろくなる、それは老人になった証拠だけれどその老人の精神は形骸動作と必ずしも一致するものではない。

彼は養老院で死んだけれどその死んだあとに銀行になお六万円ばかりも貯金していたと伝えられている。然《しか》るにその印鑑を彼は遺族の手の届くところに残してはいなかった。やはり彼の頭はまだ狂ってもぼけてもいなかったといまもわたしはかたく信じている。

いまわたしは彼の死について考えるとき、またわたしがその頃大患の病床に横たわって生死の境を彷徨していたことをまたしみじみと考える。でもわたしは助かり彼は死んだ。それはなぜだろう。若《も》しわたしが彼に代わって養老院に収容され、そしてひどい肺炎にかかったとしたならばわたしは疑いもなく死んでいた。それはなぜだろう。わたしはくり返し、くり返し少し病気がよくなってから病床でそれをつくづく考えた。

わたしの肺炎は相当重病で決してそれは気まぐれなものではなかった。約二、三ヶ月間もよかったり、またわるくなった。度々わたしの命は風前のともし火であった。少し意識を回復したかと思うとまたやがて意識を失ってこん睡に陥る。水薬を口に注ぎいれてものどに達しない。よだれとともに口の外に流れ出て了う。やがて主治医がとんで来て注射してくれるとやっと意識が出て来る。何でもそんなアンバイであったらしい。

そしてわたしは不思議な夢を見たりまたうつらうつら幻視幻聴に悩まされていたのである。命が尽きなかったといえばそれまでだけれどよく生きていたものだと思う。信心深い方はそれは神様の大みこころだよとそういうかも知れない。またみ仏の救いの力によったんだよとそういうかも知れない。シカシ愚かなわたしはくり返しくり返し考えてやっと一つの結論に達した。

端的《たんてき》にいうと当時死と生のそのどちらともつかない一線に立てるわたしをついに生の領域に引きずり込んでそうして死から救うてくれた力の三十パーセントはたしかにそれは近代医学の力であり、直接には主治医の適切な処置乃至《ないし》投薬の力だと思う。それからもう一つの三十パーセントは老妻や娘や実弟や、そうした骨肉愛の純真な献身、捨て身の力だったと思う。この二つのものの協力がなかったならわたしはもちろん疑いもなく死んでいたのである。それからもう一つの三十パーセントはおそらくばわたしそれ自らの体質、からだの素質によったものとそう思う。主治医は

「あなたの血圧も心臓もなかなかよく耐えています、もう御老体大丈夫です」

とそんな意味のことをいったこともあった。そこで残りの一〇パーセントだがそれはどうもいまのところわたしにも全くXである。これまでわたしは甚だ無信仰無信心でキリストの愛も、弥陀の慈悲も乃至儒教の天の如きものもよくわたしにはわからなかったが、今回の大患でどうやらそれがわかりかけて来たように思う。それは外でもないこのわたしを生きかえらせ、わたしを病から救ったところの如上《じょじょう》三つの各三十パーセントとあと一〇

パーセントの総合せる愛の力、それがどうも神仏ではないかと思います。
四、五日前でした。わたしの幼い孫が小学校から帰って来て
「お爺チャン神様はどこにいるの、そんな神様なんてどこにもいないでしょう」

とそういいます。

（ハハア彼も気がついたかな）

とわたしは、

「それはおいでるんだよ」

といろいろと話してやったがなかなか承知しない。

「ソンなことをいったってお爺チャンがうそをついているんだ。それは作ったむかしのお話でほんとにお爺チャンも神様に会ったことなどないんだろう」

となかなか承知しない。

「神様はわれわれ人間や犬や山羊のようなそんな方ではないからね。お前がお爺チャンを見るようにまた山羊や犬に手でふれたり眼に見たりすることのできるような、そんな理屈にはいかないよ。もう少し大きくなったらそれがわかるがね、いまは子供だからわからない。ただわるいことをすると神様はいけない子だなとお困りになさるからいけない子にならぬことだね」

「そんなこといったってわからぬわからぬ」

と飛び出して了ったが、それからもときどき
「神様のことはほんとはお爺チャンは知らないだろう」

などとからかったり、また
（もっと納得の行くように話してくれればいいのに）

とどうも考えているようにもとれました。わたしはこうした大切な思想の芽生えを孫に認めたとき、これをどう指導してやればよいか自分にその教養のないことを心から残念に思った。せめて今日の小学校や中学校にもう少しこうした宗教教育でなければ一つの情操教育、精神教育を入れてもよくはないか、そうわたしは思うのに、それどころか文部省の道徳教育まで何んだかんだと先生方はケチをつけて反対したりする、いまの先生方の心がわたしにはどうしてもわからない。

十

かくの如くわたしが病床に悩み、新治郎君もまた養老院で死んで了《しま》ったとき、その頃東京では政市君がまた不治の病患で命旦《めいたん》せきに迫《せま》(1)ると伝えられた。

わたしが政市君と会って談笑した最後は、彼がたしか二、三年前の夏に帰省したときであった。それは彼が八幡浜や宇和島の重立《おもだ》つ有志を八幡浜市の梅月《ばいげつ》に招待したときで、わたしは朝彼と自動車に同乗、また、夕方一緒に山に帰ってきたのであった。その頃すでに彼は多少その健康を害《そこな》っているように思われた。

「足がわるくて歩けないでね。東京ではどこへ行っても自動車による外なく、それで自然足が弱くなるんだね」

といっていた。だが彼はそればかりでなく何だか老い込んで弱々しくその顔もだいぶ痩せて老人らしくなったなとわれわれは思った。

それでも快活に

「お互いに長生きして曽我君また会おうね」

といって別れた。だがわたしは何だかさびしかった。

「わたしの五代ほど前の先祖は君のうちから養子に来た人でたしか九十三まで生きてなかなか豪気の老人であったらしい。それからわたしの曾祖母は九十一、祖父は九十八、親爺もまた九十四で死んだ。お互いは長寿の血統なんだからな。君も屹度《きっと》長生きするよ。少なくとももう一度会うまでは死ねないね」

などとわたしは強がりを言ったりもした。だが、やっぱりあのときの帰省が彼の最後の暇乞《いとまご》いであった。

わたしももう一人の新次郎君も一緒だったのは鴨山簡易小学校だけ、それから君は川上尋常小学校、八幡浜高等小学校、それから宇和島でチョット姿を見せたがスグ君は姿を消して了った。わたしは山の小学校を出ると双岩尋常小学校それから半年ばかり吉田町で漢学を勉強、読むだけ□□《の事な》ら自分のうちで□□《勉強し》て沢山だと祖父の（□□《農業》）を手伝ったりぼつ□□《ぼつ》雑誌などを読んでい□《た》が、また宇和島に□□《戻る》ことになり宇和島□□《明倫》館に学んだ。病後□《に》卒業名簿を取り□□《出して》見ていると、君も□□《同様に》明倫館にい□□《たよう》で原級のところ□□□□《に名前が》載っていた。□《し》□□《ばらく》学籍を置いた□□《のだが》一度も出席はし□□《なかっ》たものらしい、そ□□《れか》ら君は村に帰ってきて村□□《役場》の書記をやって□□《すご》したらしいが三瀬村長に叱られて発憤《はっぷん》東京に遊学したんだという伝説がある。(2) しかしその時代に三瀬返一氏が果たして村長だったかどうかわたしはそれは何だかデマでないかと思う。

その後わたしは松山中学校を明治三十四年の春卒業、ついで早稲田学園を志して上京した。そのときに彼はスデに日本法律学校を卒業、弁護士たるべくしきりに準備をしていた。わたしは上京早々彼を神楽坂《かぐらざか》の下宿に訪れたことをよく記憶している。最初君は東京専門学校にも学んでいたらしいがまもなく日本法律学校に転じこれを卒業したものらしい。

それがわたしが駿河台《するがだい》の明倫館に寄宿していたときか、それともその後のことか、その点少しハッキリしないが故郷《ふるさと》を思う会をやろうじゃないか、来てほしいという案内を受けてわたしは二、三の郷友と下谷《したや》の君の宅に行って御馳走《こちそう》になったことがある。その二、三の者が誰であったかすっかり忘れて思い出せない。ただ佐海直隆が彼のうちの書生であり一座したことだけをわたしは記憶している。そのとき彼が

「業《ぎょう》成って故郷に帰らざるは、錦を着て夜行くが如《ごと》しと支那の将軍がそういったが、われわれも故郷に錦を飾ろうではないか」

といった。

その彼の言葉をふといまわたしは思い出した。彼にはいかにも似つかわしい詞《ことば》だなとほほえましくわたしは去りし日の彼を思う。

彼は必ずしも富貴にあこがれる黄金乃能の信者とばかり思われない。少なくも彼には　を愛し、また先輩と後輩に対する温かい友情があった。この頃わたしは亡くなった親爺やわたし宛の夥《おびただ》しい古い書簡のカラを整理している。それは孫たちが珍しい郵便切手が欲しいというのでぼつぼつやっているわけだがまだ半分ほどしか整理していない。そのほかに彼が旅行先からわたしの親爺に宛てて出した絵はがきを夥しくわたしは掘りだした。全くわたしは驚いている。

（1）命旦夕《めいたんせき》に迫《せま》る　臨終のときが今夜か明朝かという状態になる。

（2）□は原本破損のため判読でない箇所を示す。傍注に編者の文脈からの類推を記す。

特別寄稿

『ふる郷もの語』が伝えるもの

山本武利《やまもとたけとし》

一、佳作『双岩村誌』の誕生

著　者　曽我鍛《きとう》（筆名正堂）
出版社　双岩村《ふたいわ》（愛媛県）　大正八年（一九一九）　一九三頁
（国立国会図書館デジタルコレクション所収）
目　次　第一編：省略　第二編：人文誌　第一章　沿革　第二章　人口　第三章　官公衙　第四章　経済及財政　第五章　生業　第六章　教育　第七章　軍事　第八章　神社、宗教　第九章　民俗　第十章　衛生　第十一章　交通　第十二章　団体　第十三章　名勝旧跡　第十四章　人物小伝

民俗では衣食住、吉凶の儀式、言語、俗謡、事物の変遷、気質などが対象となっている。また全編で鴫山《しぎやま》の口碑（一三頁）、谷、和泉《いずみ》の口碑（二一～三頁、五六頁）、中津川の口碑（六七～八頁）、老人懐旧談（四八～九頁、六六～七頁）といったくちコミュニケーションのソースも活用されている。

全頁がコンパクトな情報で集約・整理されている。刊行後、愛媛県宇和《うわ》地方の一農村共同体の特色ある民俗、生活をダイナミックに描いた点での評価が高く、これまで活用されてきた。国立国会図書館ビジュアル図書として収蔵され、公開されている。

この『双岩村誌』の著者が『ふる郷もの語』の著者である。

二、曽我三代記

曽我正堂は祖父孫之進《まごのしん》を次のように描写している。

「九歳のときにその父に死別《しにわか》れ、山の百姓の人生を辿り始めて九十八歳で大往生を遂げるまで終始一貫、純の純なる、典型的一人の百姓であった。いわば土の権化《ごんげ》とも称すべき人物であった。（中略）十三歳のときにはもう立派に一人前の働きができ、村の公務なども特に許されて自らこれに当ったということである。（中略）若しこの祖父というものがいなかったならば、乃至はその祖父が孜々営々《ししえいえい》として働くことをしなかったならば、おそらくわたしの今日の一族一門というものもなく、またおそらくは今日のわたしそのもの存しなかったことであろう」（「故祖父を語る」『曽我正堂文集』五二頁、一九六〇年）

この孫之進は山の水源地にため池を造成し、段々畑を開発し、自己の農作地や小作地を広げ、地域最大の農家を築いた。その息子太郎市《たろういち》は最初は行商、その後に「わが村の村役場の書記になったり、収入役になったり、助役になったり、最後には村長になったり、それから郡や地方のいろ〳〵な公職に就いたりしてその一生をのんきに過ごした」（前掲、五六頁）。

政治的側面ではやはり父太郎市の子供への影響はあったのだろう。片道一時間半の双岩尋常小学校を卒えて一年間農業をしたが、農業知識だけでは将来がないと考えた父が宇和島の名門明倫館への入学を勧め、子供はそれに従った。実際、小学校時代から、正堂が社会問題にめざめていたことは大阪の『少文林』や東京博文館の『少年世界』を愛読し、投書までしていたことを示唆している（本書「32　少年雑誌」参照）。こうした購読、投書の積極的な活動は当時の中学生以上の『国民之友』の読者の特徴であったが、小学生としては早熟の方であろう。息子の意欲的な姿勢を見た父親は自分では体験していなかった正式な学業の習得のために、当時の最高のコースへの孫の進学に祖父を説得したとおもわれる。

「それは中学一年のときであったかと記憶する。八幡浜の劇場で志賀重昂《しがしげたか》氏や山村豊次郎氏などの政談演説会が開かれたとき、わたしは夏期休暇で郷里に帰省していて、たゞ一人でそれの傍聴に出かけたことがある。もちろん帰宅したのは夜半過ぎであった」（本書「100　夜路」）。志賀はこの時期も進歩派の論客として全国的に知られた人物であった。

明治維新期に宇和島藩の上甲振洋《じょうこうしんよう》という儒学者が一八五四（安政元）年八幡浜で塾を開く（後の謹教堂塾）。いったん一八七二（明治五）年閉鎖されるが、一八七五年再開し、青石洞書院と改称。上甲の名声を慕い、四国はもちろん遠く九州、中国からの入門者が集まり、その数は三千名を超える。民権運動で投獄第一号の末広鉄腸《すえひろてっちょう》、大津事件を裁いた硬骨の裁判官児島惟謙《こじまこれかた》（一八七八年死亡）はこの塾で学んだ（『八幡浜市誌』一九七五年、年表参照）。自由民権派の西河通徹《にしかわつうてつ》、滝本誠一《たきもとせいいち》も同門の宇和島藩士の子弟だった（門奈直樹『民衆ジャーナリズムの歴史』一九八三年、二七〜八頁）。

曽我家は豪農ではあったが、士族ではなかった。孫之進も太郎市も旧士族出身の運営する八幡浜の上甲塾には入らなかったと思われる。しかし正堂は宇和島藩の学校に入ると政治熱を高め、演説会に参加して、二時間の夜道帰りとなった。

正堂は松山中学を経て早稲田大学文学部英文科に入り、多くの学友と親交を結ぶが、彼らの政治家志向には乗らず、むしろ文学、文化の方向とくにジャーナリズムへの関心を高めた。しかし新聞界の企業への就職は果たせなかった。卒業後、帝大資料編纂所の臨時職や三井文庫の定職を得た。ともに地味な職場であったが、後の『双岩村誌』の仕事に役立つ専門的知識や資料整理のノーハウを学んだ。結婚はしたものの結核となった。東京生活は長びかず、明治末期にふる郷鴫山にひきあげた。そして養生しながら、父親の勧めで五年間を同誌の編纂、執筆に費やした。その期間に同村の歴史、風土、風俗などの知識、視角を広げ、記述力を強化させる。大正期半ばに健康回復し、それから三十年間におよぶ松山での新聞記者、雑誌編集発行者を中心とするジャーナリスト活動が始まる（本書曽我健解説参照）。

三、正堂のジャーナリスト活動が広め深めた郷土社会の危機分析

包み隠さず自家の失敗を語る客観的姿勢

新渡戸稲造《にとべいなぞう》の松山での軍部批判のオフレコ報道では『海南新聞』などが姿勢を強めたのに対し、正堂はダブル所属していた『大阪毎日新聞』地方版に依拠して新渡戸の主張を擁護した（曽我健解説）。

いくつかの権力の欺瞞性をソフトに衝く、その論調の事例を若干紹介しよう。

「その時代には、今日のような養蚕はまだ行われていなかった、従って山村の農家の収入といっては山田に収穫された僅かばかりの米、それから甘藷の切り干し、はぜの実、楮皮《ちょひ》、雑穀、菜種等々で、まことにそれは貧弱なものであった。山林収入といってもまた今日とはとても比較にならず、山野の大部分は焼け野として放棄され、僅かにその一部に薪炭林《しんたんりん》と竹薮《やぶ》が造成されるに過ぎなかった。」（「山荘随観（五）」一九三七年八月十三日）

かれによれば少年時代はその富がきわめて平均していた。米を主たる収入源に、甘藷、切り干し、はぜの実などでわずかの収入でおぎなっていた。

養蚕はなかった。農民は村中均等に働きながら、勤勉していた。

ところが最近はどうだ。正堂が昭和十一年十一月二日から『伊予新報』で連載していた随筆「銃後に念う」でいう。

「ひとり農家に限らず、借金というものは、その収入の増加とともに寧ろ不思議に膨張するものである。今日のわが山村農家の負債も、要するに欧州大戦後の好景気と、養蚕による急激なるその収入増減の結果に外ならない

のだ。どしどし金の儲かるインフレ時代に借金して、それを不景気になってからぼつぼつ返済しようという、その皮肉な、矛盾した人間の生活現象をわれわれが称して農家の疲弊困憊というに過ぎないのである」（「山荘随観（五）」昭和十二年八月十三日）。

今日では山村から出て行って働き口を求めなければならなくなった。

「千人針キャンペーンのバカバカしさの新聞記事」と筆は鋭くなる。「千人針　わたしの村の国防婦人会などでも、千人針の銃後の行事がいましきりに行われている。（中略）一千人の女性のよって縫われた弾丸除けの帯が果して爆弾や機関銃の弾丸をよけるだろうか。（中略）たまよけの千人針の客観的無効果は極めてはっきりしている。それにもかかわらず、千人針を縫わねばならない女性群、またそれを帯びなければならない応召の若人たち、科学と信心の衝突、智と情の矛盾、信仰と迷信の交錯、そこに、わたしは、われわれの人間というものの弱さ、あさはかな、悲しい一面を見る」。「千人針がよし一万針、百万針であっても、わたしはそれが弾丸よけになろうとはどうしても思えない」（「山荘随観（一七）」（昭和十二年八月二十五日）（今西晋「反戦記者の苦悩」『愛媛新聞』二〇二〇年九月二十九日および本書「99　橘伍長」参照）。

このような記事やコラムが官憲の目をくぐって紙面に挿入されていた。彼が得意とする民俗的情報の発散はストレートな政治情報よりもソフトな権力批判を帯びていた。そこにはソフトな筆法が筆禍を回避できる道との巧みな戦略的意図が秘められていたと推測される。

「わが国はいま支那と戦っている。現にわが村でも、その戦いに参加し、若しくは参加せんとしているいくたの若い勇士がいる。しかもそれは断じて支那を征服し、蹂躙し、亡国たらしめようとする戦いではない（中略）。ほんとの東亜の安定、ほんとの東洋の平和（中略）日支両国民がほんとに相認識し、相理解しあった（中略）平和のための戦である」（「山荘随観（二二）」（昭和十二年八月三十日）。

「出征したり、阪神その他へ出稼ぎしたり若《も》しくは入営せんとしている青年が十六名ばかりもある。そのうち半数がざっと軍務関係であり、青年を持つ家庭では一人か二人は必ずこれを村外へ出勤せしめている。いま村に残っている者は家庭の事情どうしても動けない者か然らずんば病気の者のみである。」（本書「127　帰省日記」）。政府、軍部は村に食料増産を求めながら、兵役にとられる農家が悲鳴をあげている現状の数値を無視する。新聞記者としての取材活動、客観性が故郷を冷徹に描写したのである。

国家、集落への愛着が出兵批判という勇気ある発言を引き出した。彼自身の『伊予日日新聞』と『大阪毎日新聞』とのダブル在職がふつうの地方記者にない広い拠点を強めた。それに長い取材体験が冷徹な分析力を深めた。さらに海軍の反骨ジャーナリストといわれる水野広徳《みずのひろのり》系統の松山中学時代の人脈の相互影響も軽視できない。その間に『双岩村誌』執筆と三十年の記者体験が『ふる郷もの語』の元原稿を生み出した。

自営農民の誇り高い独立生活圏構築の記録を集大成したのが『ふる郷もの語』である。それは、一九四〇年までの戦前のピーク時の産物であった。曽我三代が歩んだ明治・大正・昭和の世相史、生活史を展望できる畢生《ひっせい》の記録である。

正堂が記した記事にはメディアの驚くべき普及率の記録が随所に例示されている。

「ラヂオか蓄音機――現在五戸――かをもたないうちは一軒もないという電化文化時代を現出することであろう。わたしがまだ小学生の時代であった、わたしの父が「愛媛」（『愛媛新報』）であったか「海南」（『海南新聞』）であったかを購読、それに付箋をして新聞の読める若い人々の間に廻覧せしめていたことがあった。それはどうも日清戦争時代であったと記憶する。最終者はどうせ一週間も十日もたった古い新聞を読ませられたわけであったろうが、今日はとにかくその日付の新聞が午後に配達されており、大阪朝日三、大阪毎日二、伊予新報九、計十四枚（うち郵送二）二戸に一枚の普及率を示している」（「山荘随観（一一）」一九三七年八月十八日）。（山本武利「日中戦争時の大新聞の部数拡張狂奔の実相――大阪朝日専売店・愛媛県八幡浜市大登新聞舗所蔵の資料分析」『Intelligence』二十三号、二〇二三年参照）。この先進的ともいえる文化圏は戦中も残存していた。

四、戦後の生活誌

ＧＨＱ農地改革の苦難の克服と郷土への貢献

終戦直前、松山の空襲を避けて故郷へ疎開した。

ところが敗戦。さらに夢想もしなかった農地改革という台風に直撃された。「わたしは農地改革で農地の多くを解放して失い、小作米は絶対に這入らない（中略）ミゼラブルな農奴生活」に陥った（『曽我正堂文集』七三頁）。それでも彼は農地改革にかかわる双岩村農地委員会長などという二律背反の難しい任務を引き受けつつ、祖先が残した家産を守り、農業収入増を図った。ここに祖父以来の素封家の矜持がうかがえる。

終戦直後の小学校生活の回顧（寄稿者）

双小（双岩小学校）に入学したのは、敗戦直後の一九四六年であった。そこは正堂の通った学校であった。低学年の頃は教科書も満足に行き渡らぬほどの物資不足の時代であった。各生徒は順番に教科書を家へ持ち帰って、親にうつしてもらっていた。私も美濃半紙に毛筆でうつしている母のうしろ姿を今でもはっきり思い浮べる。とにかくひどいインフレ時代であった。

私の家でも農地改革で田んぼは二反四畝にまで半減し、母は八人の食料確保のため必死であった。家族全員が農作業に動員された。〝白まんま〟にありつくのも、白砂糖をなめるのも、年に指折り数えるほどしかなかった。学校の給食もお粗末だった。腹ぺこで栄養失調気味の私たちでも、のどをとおすのがやっとというＧＨＱ提供の米国牧畜用食料を「代用ミルク」と称した白色のくさい液体がいつもの給食にでた。

たしかに私たちの給食はまずかった。教材を十分にあたえられなかった。ところが私には双小の頃が不思議になつかしく思いだされる。なぜだろう。私は学生生活が長かったので、いろいろの先生に教えられたし、たくさんの友人とつきあった。しかし本当によい先生や友人にめぐりあえたのは、この双小時代ではなかっただろうか。とくに先生の想い出はなつかしい。一、二年の管先生、三年の菊池先生、四年の宇都宮先生、そして五，六年の片山先生と、いい先生を担任にもつことができた。

それだけでもって先生たちが私になつかしく思いだされるのではない。私を教え、導いてくださった先生は、親身になって生徒のことをやさしく心配してくださった。その頃が戦後の混乱期で、生徒みんなが戦争の大きな傷あとで苦しんでいるだけに、先生のご配慮は子ども心に深くしみこんでいった。私も戦争で父を失い、家庭がもっとも苦しい頃だっただけに、先生がたのやさしい心づかいが、ありがたく強く心にきざまれた。

私は先生をとおして双小時代をふりかえる。先生と行った南伊予のあの山、あの海、どれもなつかしい。遠足で先生をかこんで開いた弁当は、母の心づくしの日の丸弁当。今では私たちの食生活は豊かになった。だがよごれた都会の空気でおいしいものをたべるよりも、双岩のきれいな空気のなかで、先生や友人と語らいながらなめた梅ぼしの方がずっとおいしかった。そして双岩村のコミュニティにはみんなが支え合うあたたかさがあった。

（記念事業委員会編『双岩小学校開校百周年記念誌』一九七四年）

高校入学時の新鮮な印象——村落共同体からの脱出のケース（寄稿者）

兄も姉も、そして弟も八高（八幡浜高校）出身である。それどころか父は八商（八幡浜商業学校）、母は八女（八幡浜高等女学校）を出ている。八高一家といってよい。八高のことは子どもの頃からよく耳にしていたので親しみがあった。小学校低学年から兄に連れられて、八高グランドへ野球の対外練習試合を見に行っていたし、夏には、毎年といってよいほど、県予選の応援に松山球場へ足を運んでいた。だから、志望校を決めるのに迷うことはなかった。

その私が八高に入ったとき、えもいわれぬ新鮮さと緊張感を覚えた。私が入学したのは、一九五六年である。三十五年も前の入学時のことをなぜこんなにも感慨深げにふり返るのであろうか。その後、大学、大学院と入学の体験を重ねてきたが、八高入学時ほどの強いインパクトは私には感じられなかった。

駅から校門への道順はよく頭に入っていた。古い校舎やグランドにもなじみがあった。どうやら、新鮮なおどろきとかとまどいといったものの原因は、同級生にあったと思う。

生まれてから十六年間、同じ場所から動いたことがなかった。私は双岩中学の出身である。小・中学校とも五十人ほどの同級生と顔をつき合わせていた。国鉄職員の親の転勤で変わる級友が二年に一人ほどあらわれる程度で、ほぼ全員と九年間も同じ学校ですごした。そのため、お互いに性格ばかりか家族のことまで知りすぎるぐらいよく知っていた。そんな村落共同体から抜け出て、市内や西宇和郡一帯の広い校域から出てきた級友と接するときの感動は小さくなかった。

市内出身の級友たちを観察してみると、山村出身者には〝都会人〟といった印象を受けた。八高に入るまで、私は〝キミ〟ということばを使ったことがなかった。二人称はたいてい〝オマエ〟であった。かなり年長の人にもそれを使っていた。ところが、かれらは〝キミ〟をあたりまえのように使っている。かれらに融けこむために〝キミ〟を使うのは、後に東京に出て〝ネ〟を語尾に使うのと同じくらいの抵抗感があった。〝キミ〟を私が平気で使えだしたのは、卒業が近くなった頃と記憶する。

一方、佐田岬半島の方面から来た級友もまた別の印象を与えてくれた。かれらとなると、〝オマエ〟どころか〝ワレ〟ということばを使っていた。私以上に〝野蛮度〟が高いと、かれらと話してみてほっとした。当時、獅子文六の『大番』が『週刊朝日』に好評連載され、私も愛読していた。それは宇和島南部の漁村出身者が主人公となった小説である。そのなかに出てくる〝ヨバイ〟を自ら体験したことがあるという半島出の級友の驚くべき〝告白〟を私は現在まで信じている。〝都会人〟の会話に聞き耳をたてていると、ハリー・ベラフォンテとかブリジット・バルドーといった歌手や女優の名が出ていた。こんな海外のタレントの話ができる友人は中学時代見あたらなかった。

閉鎖的な山村以外にほとんど人間的な交流をもたなかった〝素朴〟な私にとって、広い地域から多様な〝異人〟を集めた八高の入学時は、ことのほか強烈な印象を残している。その後の私の体験からみれば、この時期に出会った友人が住む範囲はごくごく狭いものである。しかし当時の私が四国を離れたのは、中学の修学旅行で関西へ行ったときだけであった。東京は高校の修学旅行ではじめて行った。私にとって松山は大都市であった。それどころか、八高のある市内も立派な都会に見えた。

東京に住みだしてから、甥や姪が中学生の頃、ときおり上京し、私の家に泊るようになった。かれらを見ていると、東京という大都会への接触にさしたる感動や感慨をいだかぬようである。肩ひじ張ることなく、すんなり東京に融けこんでいる感じである。それに比べ、私は小都市にある高校入学時に強い解放感や緊張感をおぼえたのである。

当時、八幡浜にはテレビはなかった。クルマも冷蔵庫も私の家にはなかった。現在のように、都会の情報や流行が素早く伝わる時代ではなかった。ＳＬの蒸気機関車が出す煙にむせびながら通学する列車はのろかった。道はひどいデコボコであった。松山や東京にちょいと出かけられる時代ではなかった。

しかし私の高校時代は日本の高度成長の胎動期であった。停滞のなかにも、なにかダイナミックなものが動きはじめた時代であった。それは駅周辺のにぎわいにも感じされた。その雰囲気はわれわれ高校生の生活にもあらわれていたように思う。貧しい生活から抜け出ようとする当時の日本人の大人を反映するかのように、なにか新しい、躍動するものを求めたいとする気持ちが八高生にも感じられた。それは都会へのあこがれだけではなかった。

落ち着いた環境のなかで、新鮮なものを与えてくれた八高の先生と級友に今でも感謝したい気持ちである。

（愛媛県立八幡浜高等学校編『創立９０周年記念誌　歴史を越えた今　輝く伝統、新たな息吹』一九九〇年）

五、民俗の位相――鳴山と若山

以上、寄稿者自身の二つのケースを、同時体験として一般化しつつ共同体生活の模様を描いた。

本書の「幼き頃の思い出」にある十五首の正堂作成の短歌は小学校の頃の私の行動を思い起こさせる。とりわけ「それは我が三つのときにて　ありきとてつねに語りて　祖母は笑ひぬ」という歌は生れて青春期に入る頃まで親身に可愛がってくれた祖母と同じもの言いを思い起こす。その彼女はユキエという名で祖父の後入りに我が家に入った人であったが、私の高校入学式当日に彼女が亡くなるまさにその日まで、彼女と私に血がつながっていないことを知らなかった。死に際の布団から明日の入学式におくれないようにとやさしく声掛けをしてくれた。彼女は盂蘭盆会などのささやかに行う儀式の場を導いていた。そうした今の我が家にない年中儀礼を忠実に実行してくれていた。本書に登場するさまざまな伝統行事や催事は七十年以上昔になった今でも想起できる。それらの項目を読むと、なつかしさで涙ぐむ。農作業や病疫などの対処の仕方や言い回しも鳴山と若山でほぼ共通する。しかし兎狩りや野焼きは若山では体験しなかったし、見聞きしなかった。直線距離で十キロほどの距離にある二つの集落でもその間に大きな山が存在するために、生活様式や文化に違いが発生していたのだ。もちろんこの本の記事が出た新聞は昭和戦前期から戦争を挟んで三十年ほどのずれがあるので、両者の位相に差が出るのは当然であろう。

山村、農村、漁村の位相差の解消

正堂は戦前、養蚕業が山村の経済の投機的変動を促したと指摘した。戦後復興のなかで様々な企業が高度成長を担ったため、農村からの離農が全国的に進んだ。村の人口はどこも大都市集中で減少した。

鴨山は確かに孤立した山村の小集落であったため、独自の山村文化が生じた。しかし一山を越えれば、真網《まあ》代《じろ》、穴井《あない》といった海岸にでる。郵便も交易も行政も相互に活発となった。テレビ番組に見る〝ポツンと一軒家〟のような孤立性がなくなったといってよい。それどころか農山漁村の多様な生活圏のネットワークが交錯してきたことが分かる。また日本の村落共同体の連結も敗戦後の荒廃のなかからよみがえっていた。

私が高校に入る頃にまでは、双岩青年団が愛媛新聞社主催の南予駅伝での優勝の常連であった。振り返るに双岩中学校も愛媛県での長距離走で優秀であった。競技の代表者は通学できたえられ、結果として健脚者となった同級生だった。私は双岩村の中心地の若山に住んでいたので、運動会のマラソンは大の苦手だった。しかし一九五五年の町村合併で双岩村は消えた。若山は八幡浜市に、鴨山は三瓶町（現在の西予市）に分裂、吸収された。五六年の卒業時に同級生五十五名のなかでわずかにいた鴨山の井上紀明、西村量、宇都宮秋子は今どこに住んでいるのだろうか。

あとがき

『ふる郷もの語』が書かれて約八十二年、冊子となって生まれ変わって十二年が過ぎた。私の祖父正堂のスクラップブックに残された彼の書いた「ふる郷もの語」をたまたま読み、生まれ故郷の昔の人々がずいぶん生き生きと描かれているのに興味を持ち冊子にすることを思い立った。

しかし出版の経験など全くなかったので、八幡浜新聞社の社長松井一浩氏の教えを請い、やっと冊子の形を整え西予市宇和町の大成社に持ち込んだ。大成社の方々の協力を得て二百五十冊作った。

私家版で非売品としていたので、近辺の図書館や高校・大学に寄贈し、五十冊ほどは八幡浜新聞の読者に配った。知人、親類縁者にも配ると二百五十冊はあっという間になくなった。評価はおおむね好評であった。本書はこの『ふる郷もの語』を底本としている。

正堂は本書で自らのふる郷である双岩村について、江戸末期、明治、大正、昭和と書き綴っている。江戸末期と明治初期については彼の父、太郎市の話と、太郎市が書き残していた記録をもとに書いている。明治中期から戦前の昭和までは彼の目で見、耳で聞いた話である。中心となるのはもちろん彼の生まれた鴫山であるが、鴫山はとりたてて周りの村々と異なったり目立ったりするところがあるわけではなく、どこにでもある平凡な小さな山村である。このような平凡で小さな山村にも他村と同様に過去から今までに多くの人々の興味深いドラマが生まれ、長い歴史がきざまれてきたのである。

しかしながら全国の多くの山村はいまや消滅の危機を迎えている。この流れはもうだれにも止めようが無いのだろうか。本書によりわずかでも山村に関心を持っていただけたなら編集者として望外な幸せである。

今回、郷土の大先輩であり、一橋大学名誉教授および早稲田大学名誉教授でＮＰＯ法人インテリジェンス研究所理事長である山本武利先生の熱心なご推薦を受け、『ふる郷もの語』を再び出版することとした。先生からは温かいご指導と熱心な励ましをいただいた。この場を借りて心からの感謝を申し上げる。

本書の出版を快く引き受けてくださった文生書院社長小沼良成氏、およびいろいろご教示いただき、サポートしていただいた同社の目時美穂氏に厚く御礼を申し上げる。

二〇二三年　盛夏

曽我　健

ふる郷《さと》もの語《がたり》
ある地元新聞記者が記録した、四国山間部集落における幕末から昭和戦前の生活世相

2023年10月31日　初版発行
定価はカバーに表示してあります。

著　者　　曽我正堂
編　者　　曽我　健

カバー画　遠藤瑞己
編集協力　皆川　秀（241～255頁）

発行者　小沼良成
印刷・発行所　株式会社 文生書院
〒113-0033　東京都文京区本郷6-14-7
Tel 03-3811-1683　Fax 03-3811-0296
e-mail : info@bunsei.co.jp

製　本　株式会社望月製本所

ISBN978-4-89253-654-0
乱丁・落丁はお取り替え致します。